Eduard Rudolf Autor Grisebach

Die deutsche Litteratur seit 1770

Eduard Rudolf Autor Grisebach

Die deutsche Litteratur seit 1770

ISBN/EAN: 9783744697446

Hergestellt in Europa, USA, Kanada, Australien, Japan

Cover: Foto ©ninafisch / pixelio.de

Weitere Bücher finden Sie auf **www.hansebooks.com**

DIE
DEUTSCHE

LITERATUR

SEIT MDCCLXX

GESAMMELTE STUDIEN

VON

EDUARD GRISEBACH

STUTTGART

VERLAG VON GEBRÜDER KRÖNER

1877

VORWORT

Abgesehen von einigen zusätzen auf pp. 107, 108, 249 ist in dieser zweiten ausgabe nur der abschnitt über H. Heine, dieser aber gründlich umgestaltet worden; eine arbeit, die übrigens schon im december 1875 im manuscript vollendet war.

Das gesammturteil über Heine zu ändern war freilich so wenig als zur reformirung der ansichten über Lessing u. a. ein anlass. Die gegner mögen sich hier an folgendes wort erinnern lassen, welches Schiller, am 21. januar 1802, an Körner schrieb:

„Es ist im charakter der Deutschen, dass ihnen alles gleich fest wird, . . . deswegen gereichen ihnen selbst treffliche werke zum verderben, weil sie gleich für heilig und ewig erklärt werden und der strebende künstler immer darauf verwiesen wird. An diese werke nicht religiös glauben, heisst ketzerei, da doch die kunst über allen werken ist. Es giebt freilich in der kunst ein maximum, aber nicht in der modernen, die nur in einem ewigen fortschritt ihr heil finden kann." (Briefwechsel mit Körner, 2. vermehrte auflage, herausgegeben von K. Goedecke. Leipzig, 1874. II, 396.)

Berlin, den 10. januar 1877.

Der Verfasser.

INHALTSVERZEICHNISS.

Seite

Einleitung I

G. C. Lichtenberg II

J. G. Herder 8o

G. A. Bürger Io8

Die Parodie in Oesterreich 175

Die Romantik und Clemens Brentano 214

Heinrich Heine 254

Inedita . . . . 8. 17—36. 68—72. Io6. 270.

EINLEITUNG.

Das jahr 1770 bezeichnet eine gleichwichtige epoche für die deutsche philosophie wie für die deutsche dichtung.

Im jahre 1770 veröffentlichte Immanuel Kant, fast fünfzigjährig, die erste bearbeitung seiner kritik der reinen vernunft, die schrift «De mundi sensibilis atque intelligibilis forma et principiis»; und um das selbe jahr erschienen von dem sechsundzwanzigjährigen Johann Gottfried Herder die «Kritischen Wälder», denen 1767 die «Fragmente zur deutschen Literatur» vorangegangen waren.

Wie vor Kant eine deutsche philosophie noch gar nicht existirte, so besann sich Herder auf die deutsche poesie des mittelalters zurück, auf Wolfram, Gottfried von Strassburg, die minnesänger, das volkslied, und, kühn über alle seitdem gewesene und noch den tag beherrschende poeterei das verwerfungsurtheil aussprechend, rief er eine ganz neue erkenntniss über das wesen der poesie ins leben.

Wie auf Kant eine reihe sein system weiter
denkender köpfe gefolgt sind, bis auf Arthur
Schopenhauer, der ihn zu ende dachte: so
stand, nachdem Herder das losungswort der
poesie ausgesprochen, in Deutschland ein geschlecht von poeten auf, das den grossen
dichtern des deutschen mittelalters nicht un-
würdig an die seite treten konnte.

Es ist nicht gleichgültig zu bemerken, dass
die urheber dieser grossen umwälzung in philosophie und dichtung preussische bürger waren,
beide aus Ostpreussen und beide getragen von
dem preussisch-deutschen nationalgefühl, welches die glorreiche regierung Friedrichs des
Grossen, nach langer politischer ohnmacht, neu
entzündete. — Alle deutschen stämme hatten in
der folge ihren antheil an der von Preussen
ausgegangenen philosophischen und künstlerischen entwicklung; die politische erbschaft
Friedrichs des Grossen aber trat Preussen
allein an und im widerspruch, ja, zuletzt im
blutigen kampf gegen das übrige Deutschland
errichtete preussischer königssinn, preussische
staatsweisheit, unermüdliche arbeit, patriotische
selbstaufopferung aller die grundlagen zu dem
gebäude des deutschen reiches, in eherner
wirklichkeit, wie es jahrhunderte lang nur im
traum des Rothbart ein schattenhaftes dasein
gehabt.

Angelangt an jenem grossen markstein der
geschichte, den das jahr der erfüllung, 1870,
gesetzt, wird der rückblick auf das abgelaufene
jahrhundert, von der geburt der deutschen

philosophie und neuen deutschen kunst im
jahre 1770 an, freier und unbefangener ausgeführt werden können, als dies je zuvor möglich
war, und wir werden uns eingestehen dürfen,
dass philosophie und naturwissenschaft, auch
ohne auf dem grunde eines grossen, natio-
nalen staates zu ruhen, ihres kosmischen charakters wegen, zu hoher vollendung gelangen
können und gelangt sind; dass zwar die subjektive kunst der lyrik, selbst in politisch trau-
rigen zeiten blüten trägt und trug; dass aber
das höchste und herrlichste gut einer nationalliteratur, das drama nur am baume eines mächtigen, siegreichen staates als goldene frucht
sich einstellt.

Ich beginne den in aussicht genomme-
nen literarischen rückblick, welcher eine vollständige übersicht über das geben soll, was
meiner meinung nach die deutsche literatur des verflossenen jahrhunderts (1770—1870)
ausmacht, ich hebe mit demjenigen philosophi-
renden zeitgenossen Kants an, dessen werke
zugleich eine stelle in der nationalliteratur einnehmen; während Kant sowenig wie Hegel
als wirkliche nationalschriftsteller gelten können, vielmehr beide nur fachgelehrte waren,
deren stil und sprachbehandlung nichts weniger als mustergültig.

Dieser zeitgenössische mitdenker, dessen
weltruf noch keinesweges so feststehend wie
der Kants begründet und der von den
bisherigen literarhistorikern nicht durchaus
richtig begriffen worden — ist der 18 jahre

jüngere G. C. Lichtenberg. Ihm ist daher die erste ausführliche skizze *) gewidmet, der ich durch ungedrucktes aus seinem
nachlass einen besonderen schmuck verleihen
konnte.

In noch weit höherem maasse als Lichtenberg ist Arthur Schopenhauer, der noch
16 jahre mit Kant zusammen lebte, von seinen
zeitgenossen verkannt worden und wird es bis
auf den heutigen tag. Der «schwer zu ken-
nende», wie ihn sein älterer freund, Goethe,
nannte, ist heute durch zahlreiches, aber bisher
noch nicht kritisch gesichtetes biographisches
material besser zu verstehen und sein durch
die Gwinner'sche biographie zur karrikatur ver-
zerrtes bild verlangt eine neue darstellung, in
welcher die angeborne liebenswürdigkeit, herzensgüte, milde, freundlichkeit und hoheit
seiner adligen natur endlich zu ihrem rechte
kommt. Noch in den vorstudien zu dieser
neuen, auf nicht unbedeutendes, ungedrucktes
material gestützten, biographie begriffen, muss
ich mir beim gegenwärtigen mangel an allen
literarischen hülfsmitteln die ausfüllung dieser
lücke meines buches — denn auch Schopenhauer gehört der nationalliteratur an — für
später vorbehalten.

Der speciell der schönen literatur gewid-
mete theil dieses werks fängt naturgemäss mit

------

*) In erster bearbeitung vor dem betreffenden
bande von Brockhaus' sammelwerk «Lichtstrahlen» erschienen (Leipzig, F. A. Brockhaus 1871).

Herder*) an, den es hoffentlich gelungen ist,
namentlich dem so vielfach überschätzten
Lessing gegenüber, in das richtige licht zu
stellen. Herder allein ist der chorführer der
neuen zeit und Lessing, Klopstock, Wieland
und wie sie alle heissen, sie haben nichts gemein mit ihm.

Auf Herder folgen dann die dichter, die
seine lehre ins leben der literatur einführten:
zuerst G. A. Bürger, Reinhold Lenz, vor allem
Goethe. Mit Bürger, dem so vielfach mis-
handelten, vom schicksal, von seinen zeitgenossen, von den literarhistorikern und von
seinen herausgebern, wird sich eine breiter gehaltene skizze beschäftigen; während Goethe
aphoristischer und nur gelegenheitlich behandelt wird, weil seine erstaunliche grösse weit
über sein vaterland hinaus so unerschütter-
lich anerkannt, sein leben und seine werke
so bekannt sind, dass es schwer wäre, über
den grossen dichter und ebenso grossen naturforscher für den intimen kenner etwas neues
zu sagen. Man möchte fast auch auf Goethe
anwenden was Emerson von Shakespeare sagt:
There is in all cultivated minds a silent ap-
preciation of his superlative power and beauty,
which, like Christianity, qualifies the period.
(Representative Men, ed. 1855 p. 125).

Das eingreifen der gleichzeitigen öster-

---

*) Der erste entwurf dieser skizze, sowie der-
jenigen über Bürger erschien vor «G. A. Bürgers
Werken» (Berlin, G. Grote 1872).

reichischen literaturbewegung zur hoffnungs-
reichen josefinischen zeit, in unmittelbarem
zusammenhang mit Bürger, wird sodann an
Blumauer illustrirt und auf die entwicklung
der parodieliteratur in der alten und neuen
literatur überhaupt ein übersichtlicher blick
geworfen. *)

In dem flüchtigen umrisse der auf Goethe
gefolgten romantik, nebst der weltliteratur-
dichtung und der romanliteratur, wird Clemens Brentano am eingehendsten behandelt und sodann gezeigt werden, wie H. Heine
gerade in seinen glänzendsten sachen aus
Brentano hervorgegangen ist. Mit H. Heine,
dessen «sämmtliche werke» und nachlass erst
zu ende der sechziger jahre publicirt wurden,
schliesst meiner meinung nach das letzte jahrhundert der deutschen literatur ab. Heine ist
«trotz alledem und alledem» -unser letzter
grosser lyriker und hat seit dem 22. märz 1832
keine rivalen gehabt.

Ich habe über das deutsche drama in dem
gegenwärtigen buche nichts gesagt, weil wir
meines dafürhaltens noch kein wahres, nationales drama besitzen, wie es die Inder und
Griechen, die Spanier, die Engländer und die
Franzosen, alle zur zeit ihrer höchsten poli-

---

*) Die erste bearbeitung (1871) der parodielite-
ratur erschien als einleitung zum 35. bande von
Brockhaus' «Bibliothek der deutschen Nationalliteratur»
(Leipzig, F. A. Brockhaus 1872); die der biographie-
skizze Brentanos (august 1872) vor der Grote'schen
ausgabe des märchens «Gockel, Hinkel und Gackeleia».

tischen blüte gehabt haben. Aber die vorläufer des ächten nationaldramas sind doch
auch schon dagewesen: H. von Kleist, Grabbe
und Hans Graf Veltheim.

Da der letzte name ein den literargeschicht-
schreibern und dem publikum ganz unbe-
kannter ist, so bemerke ich, dass Hans von
Veltheim im jahre 1818 zu Göttingen geboren
ist. Anfangs für den staatsdienst bestimmt,
und in Göttingen jura studirend, wurde er
durch den tod seines bruders majoratserbe
des grossen väterlichen gutes Harbke in
Braunschweig. Er lebte im winter in Braunschweig, im sommer auf Harbke, ausschliesslich mit musik, zeichnen und poesie beschäftigt. Er zeichnete seine sachen selbst auf stein
und liess davon erscheinen ein heft von 22
folioblättern «HÉLIOGABALE XIX ou biographie du dixneuvième siècle de la France:
dediée À LA GRANDE NATION en signe de
sympathie par un Allemand» (o. o. und j.) Die
ganze auflage wurde jedoch von seinem vater, damaligen braunschweigischen premierminister,
mit beschlag belegt; nur der französische ge-
sandte hatte sich ein exemplar zu verschaffen
gewusst, und so sollen diese beissenden karri-
katuren des juliköniglichen Frankreichs am
hofe Louis Philipps grosses aufsehen gemacht
haben. 1846 liess Veltheim erscheinen «Dramatische Versuche» (Braunschweig, Leibrock'-
sche Hofbuchhandlung). 1847 machte er mit
dem maler Tischbein und Blasius, dem berühmten zoologen und russischen reisenden,

eine fast einjährige reise durch Südeuropa. In Venedig schrieb er auf das weisse blatt eines mitgenommenen operntextes folgende verse:

Wer auf der Ehrsucht prunkendem Schiffe
  stolz wie Venetias fürstlicher Herr,
  sich zu vermählen dem Geist der Geschichte
  auszog in das Getümmel des Meers —
    schon zu weit in die Stürme der Wogen
      der widerstrebenden,
      klippenumgebenden
      drang er hinaus,
      nimmer zurück
      an die Ufer der Lebenden
      führt sein Geschick.

1850 erschienen seine «Dramatischen Zeitgemälde» (Braunschweig, Leibrock). In diesem von den zeitgenossen unbeachteten werke hatte sich der dichter wirklich dem geist der geschichte, in Deutschlands politisch trostlosester zeit, vermählt. — Am 5. april 1854 erschoss er sich im park zu Harbke. Auf seinem tische hinterliess er ein blatt mit folgenden versen aus dem «Seekönig» (Dramatische Versuche p. 106):

  Ich such im Sternenheere
    den, der Verstoß'nen glänzt;
    ich suche nach dem Meere,
    das meine Leiden gränzt.

  Ich suche nach dem Dome,
    der meine Heil'gen pflegt;
    ich suche nach dem Strome,
    der lecke Barken trägt.

Jch suche nach dem Morgen,
    der mir nicht Fluch gedacht;
ich suche nach dem Abend,
    der nicht den Fluch vollbracht.

Die Nacht auf meine Sünden,
    die Nacht auf dieses Haupt;
die Nacht nur laß mich finden,
    die mir kein Morgen raubt.

Der erbe seiner kunst, der dichter des
«Alexander», des «Kaiser Friedrich der Rothbart» und des «Jerusalem», Hans Herrig
aus Braunschweig, hat zuerst auf den grafen
Veltheim öffentlich aufmerksam gemacht und
eine skizzirung seiner stücke gegeben im
feuilleton des «Berliner Börsenkourier» vom
december 1872 und wiederum im «Magazin
für die Literatur des Auslandes» no. 24, 25
& 27 (Berlin juni und juli 1874) in dem leit-
artikel «der Niedergang des deutschen Theaters
und das historische Drama.» Dr. Herrig hat
die kühnheit (in einem andern zusammenhange
und mit völlig andern consequenzen und zielen
freilich) über die Schillerschen dramen das nämliche urtheil auszusprechen, welches der verstorbene Otto Ludwig in seinen «Shakespeare-
studien» niedergelegt und ausführlich begründet
hat. Wir sollen uns nicht einbilden, auf den
lorbeeren des Wallenstein und Wilhelm Tell
oder gar lyrischer gedichte wie Goethes Tasso
ausruhen zu können. Schiller folgt bewusst
Shakespeares vorbild und bleibt weit unter
ihm; Shakespeare ist «der stern der höchsten

höhe,» dem Goethe alles zu verdanken ge-
steht. Das deutsche nationale drama, dessen
aufgabe und besonderheit in dem Herrigschen
aufsatz in leuchtenden zügen gezeichnet wird,
es ist noch nicht da. Es muss erst kommen.
Und es wird kommen, da wir wieder eine
nation geworden sind.

Geschrieben zu Constantinopel im august 1874.

G. C. LICHTENBERG.

eorg Christoph Lichtenberg wurde am 1. juli 1742 zu Oberramstadt, einem dorfe bei Darmstadt, in dem weinumrankten pfarrhause dicht neben der kirche, als das achtzehnte und jüngste kind des dortigen pastors aus der selben ehe geboren. Drei jahre später wurde der vater als stadtprediger nach Darmstadt berufen und 1749 zum generalsuperintendenten daselbst ernannt. Er war ein gelehrter theologe und vortrefflicher prediger von wahrer religiosität, zugleich aber nicht ohne kenntnisse in der mathematik und den naturwissenschaften, worin er seinen kindern selbst unterricht ertheilte. Doch erlebte er nur noch die aufnahme seines letztgeborenen in das darmstädter gymnasium, während die mutter erst um das jahr 1770 gestorben sein muss. Sie wird als eine sanfte, heitere und thätige frau geschildert, mit lebhaftem natursinne begabt. Ihrem tiefen einfluss scheint des sohnes fast schwärmerische religiosität zuzuschreiben zu

sein, die bei ihm freilich mit dem schärfsten
denken wie mit der ausgelassensten laune zusammen bestand. Er widmete dieser mutter
selbst eine an anbetung grenzende verehrung.
So bemerkt er später in sein tagebuch: «mein
glaube an die kräftigkeit des gebets; mein
aberglaube in vielen stücken; knien, anrühren
der bibel und küssen derselben; förmliche anbetung meiner heiligen mutter; anbetung der
geister, die um mich schwebten.» Und an einer
andern stelle: «die erinnerung an meine mutter
und ihre tugend ist bei mir gleichsam zum
cordial geworden, das ich immer mit dem
bessten erfolg nehme, wenn ich irgend zum
bösen wankend werde.» Vier jahre vor seinem
tode schreibt er noch an seinen bruder: «den
sterbetag unserer unvergesslichen mutter, den
11. juni, habe ich wie einen heiligentag begangen.»

In seinem achten jahre traten die wirkungen eines unglücklichen falles hervor, den er
durch die unvorsichtigkeit einer wärterin gethan: er wurde buckelig. Nicht mit unrecht
kann man in diesem umstande die ursache seiner satirischen begabung, mancher grillen,
whims und oddities suchen. Wenn ihn aber
diese misgunst der natur zuweilen empfindlich
oder hypochondrisch machte, wie er denn einmal (den 19. mai 1789) an Georg Forster
schreibt: «Ich selbst, du gerechter gott!—ich
kann nichts schlimmeres sagen, ich gehe so wie
mich leider gott geschaffen hat»: so vermochte
es sein freier geist doch, selbst den eigenen

verwachsenen körper mit witzigen streiflichtern
zu beleuchten. In den tagebüchern fängt ein
abschnitt, welcher den titel führt: «charakter
einer mir bekannten person,» nämlich seiner
eigenen, mit den worten an: «Ihr körper ist
so beschaffen, dass ihn auch ein schlechter
zeichner im dunkeln besser zeichnen würde,
und stände es in ihrem vermögen, ihn zu ändern, so würde sie manchen theilen weniger
relief geben.» An einer andern stelle der tagebücher heisst es: «Wenn es der himmel für
nöthig und nützlich finden sollte, mich und
mein leben noch einmal aufzulegen, so wollte
ich ihm einige nicht unnütze bemerkungen
zur neuen auflage mittheilen, die hauptsächlich
die zeichnung des porträts und den plan des
ganzen angehen.»
Nachdem sich der junge Lichtenberg auf
dem gymnasium schon mit astronomie, aber
auch astrognosie, und mathematik und noch
eingehender mit der alten literatur beschäftigt,
hielt er im jahre 1763 seine abgangsrede in
deutschen versen über das für ihn sehr charak-
teristische thema «von wahrer philosophie und
philosophischer schwärmerei.» Wahre philosophie und schwärmerei, sogar aberglaube, waren
und blieben zwei seiten seines geistes. So heisst
es im tagebuch: «Einer der merkwürdigsten
züge in meinem charakter ist gewiss der seltsame aberglaube, womit ich aus jeder sache
eine vorbedeutung ziehe und in einem tage hundert dinge zum orakel mache, z. b., wenn ein
frisch angestecktes licht wieder ausgeht, meine

reise nach Italien daraus beurtheile. Jedes krie-
chen eines insekts dient mir zur antwort auf
eine frage über mein schicksal. Ist das nicht
sonderbar von einem professor der physik? Ist
es aber nicht in der menschlichen natur ge-
gründet, und nur bei mir monströs geworden,
ausgedehnt über die proportion natürlicher
mischung, die an sich heilsam ist?» Ferner:
«Jeder mensch hat seinen individuellen aber-
glauben, der ihn bald im scherz, bald im ernst
leitet. Ich bin auf eine lächerliche weise sein
spiel oder vielmehr ich spiele mit ihm. Die
positiven religionen sind feine benutzungen
jenes hanges im menschen.»

Neunzehn jahre alt, bezog er die Universität Göttingen, um unter Kästner und Meister
mathematik zu studiren. Sein naturwissen-
schaftliches talent war so bedeutend, dass Kästner schon 1767 seines schülers bemerkungen
über das lissaboner erdbeben in den «Göttinger Gelehrten Anzeigen» mittheilte.

Ausser mit seiner fachwissenschaft beschäftigte er sich auch hier fortwährend mit philosophie, geschichte und schöner literatur, wo
ihn neben den alten besonders die englische
literatur interessirte.

Sein «busenfreund» und studiengenosse seit
1766 war der schwede Ljungberg, welcher
1780 professor der mathematik in Kiel wurde
und als dänischer finanzrath 1812 in Kopen-
hagen starb. «Ljungberg ist ein einziger denker; er hält gern die fackel der wahrheit an
die perrüken der geistlichen, so wie ich» —

urtheilte der freund später in einem seiner
briefe. Er führte mit demselben eine grosse
correspondenz, wie unter anderm aus dem
schlusse eines an seinen spätern freund Dieterich
gerichteten schreibens vom 17. juli 1772 her-
vorgeht: «Jetzt schreibe ich an dem grössten
briefe, den ich je in meinem leben geschrieben
habe. Ich bin schon weit im 5ten bogen (ganze,
versteht sich) und bin willens, noch drei hin-
zuzufügen. Hr. Ljungberg, an den er gerichtet
ist, thäte nicht unrecht, wenn er ihn unter dem
titel drucken liesse: Geheime und öffentliche
geschichte des prof. Lichtenberg, enthaltend
allerlei beobachtungen von menschen, mädchen, sternen und insekten, nebst einer menge
theils artiger, theils unartiger reflexionen und
spintisationen über alle viere, von ihm selbst
entworfen.»

Nach Ljungberg's fortgang von Göttingen
fühlte sich Lichtenberg tief vereinsamt, und wir
finden darüber folgende ergreifende stelle in
seinem tagebuche: «An hrn. Ljungberg schrieb
ich am 2. december 1770: Nun habe ich keinen menschen, mit dem ich vertraut umgehen
kann, auch nicht einmal einen hund, zu dem
ich Du sagen könnte. Zu meinem grossen
glück habe ich unter diesen umständen noch
ein gutes gewissen, sonst hätte ich mich je eher
je lieber schon zu der ruhe begeben, wovon
den Hamlet die träume, die er in derselben
fürchtete, zurückhielten.»

Diese weltschmerzliche stimmung wurde
nicht durch äusseres misgeschick hervorgerufen.

Vielmehr war der junge gelehrte schon 1769 zum ausserordentlichen professor in Göttingen ernannt, nachdem er einen ruf seines frühern landesherrn, Ludwig VIII., der ihn auch auf der schule und universität unterstützt hatte, zu einer professur in Giessen ausgeschlagen hatte.

Er machte dann im april 1770 eine reise nach London, wo er vier wochen blieb, verbindungen mit den dortigen gelehrten anknüpfte und sich dem könige vorstellte, der ihn mit grosser auszeichnung empfing. Nach Göttingen zurückgekehrt, kündigte er seine vorlesungen durch ein d e u t s c h e s programm an: «Betrachtungen über einige methoden, eine gewisse schwierigkeit in der berechnung der wahrscheinlichkeit beim spiel zu heben.»

Um diese zeit fällt auch der anfang seiner intimen freundschaft mit dem göttinger buchhändler Johann Christian Dieterich und dessen familie. Dieterich war 1722 geboren, also zwanzig jahre älter als der junge professor, den er doch um einige monate überleben sollte.

Infolge eines zu London vom könige erhaltenen auftrages führte Lichtenberg 1772 und 1773 umfassende astronomische berechnungen der längen- und breitengrade aus und hielt sich zu diesem behuf die jahre 1772 und 1773 hindurch namentlich in Hannover, Osnabrück und Stade längere zeit auf. Diesem umstande verdanken wir eine rege correspondenz mit seinem neuen freunde, die wir als ersatz für den vermuthlich verloren gegangenen briefwechsel mit Ljungberg betrach-

ten dürfen. Lichtenberg offenbart sich in diesen briefen ganz ohne rückhalt, wie denn von
dem briefe Hannover den 11. märz 1772 an das
brüderliche *Du* anhebt und eine freundschaft
inaugurirt, die bis zum tode ungetrübt fort-
dauerte. Noch am 11. august 1797 schreibt
Lichtenberg an eine freundin: «Ihr besster
freund ist unser ehrlicher, wohlmeinender alter
Dieterich. Glauben Sie mir auf mein wort.
Niemand kennt ihn so wie ich und niemanden
offenbahrt er sich so wie mir»*). — Und an
den freund selbst in dem nämlichen jahre von
seinem gartenhause aus: «Neues ist in der
gotteswelt (darunter verstehe ich die stadt
Göttingen) nichts vorgefallen, was des berich-
tes werth wäre. Nur werde ich kränklicher,
schwächer und gleichgültiger gegen alles; nur
in einem stücke, wovon mich kopf und herz
deutlich überzeugen, habe ich zugenommen,
und das ist in der unbegrenzten liebe und
freundschaft gegen dich.»
Ein beträchtlicher theil des briefwechsels zwischen Lichtenberg und Dieterich ist in dem VII
bande der die korrespondenz enthaltenden
abtheilung der «Vermischten Schriften», (1844)
abgedruckt worden; inwieweit dabei mit genauigkeit verfahren, lässt sich nicht mehr
beurtheilen. Jedenfalls lässt der umstand, dass
von dem band VII, p. 111 abgedruckten
briefe an die gattin Dieterichs gerade das

---

*) Diese abgerissene notiz aus bisher ungedruck-
ten nachlasspapieren.

Dr. Grisebach, Literaturgeschichte   2

besste stück einfach ausgelassen worden ist,
(so dass ich es aus dem nachlass im «Deutschen Museum» vom 20. december 1866
p. 780—782 publiciren konnte), nicht auf
eine allzugrosse sorgfalt bei edition dieses
briefwechsels schliessen. Indessen sind durch
einen glücklichen zufall gerade drei der läng-
sten und interessantesten, in jenen VII. band
nicht aufgenommenen briefe Lichtenbergs an
Dieterich in meinen besitz gelangt und habe
ich dieselben bereits im jahre 1866 dem damaligen herausgeber des seitdem eingegange-
nen «Deutschen Museums», Dr. Karl Frenzel
in Berlin zur publikation übergeben. Da diese
drei briefe jedoch a. a. o. nur mit sehr wesentlichen auslassungen, änderungen und druck-
fehlern veröffentlicht worden sind, so gebe ich
hier zum ersten male einen authentischen, mit
diplomatischer genauigkeit hergestellten abdruck jener briefe, die zur charakteristik ihres
verfassers mehr beitragen werden als alle doch
nur aus zweiter hand geschöpften mittheilun-
gen des biographen.

Hannover Mittwochs d. 11. Mertz 1772
bey einem entsetzlichen Wetter.

Liebes Gevatter Paar

So werth mir auch sonst Dieterichs Briefe sind,
(denn würcklich schmachte ich jetzo recht nach Ihnen)
so habe ich doch bey dem letzten über der Verbrämung beynah vergessen den Stoff selbst anzusetzen.
Ueber der Verbrämung, denn so nenne ich mit Recht

die wenigen Zeilen, die seine Frau an den Rand
geschrieben hat, ich habe sie mit einer kleinen englischen Scheere von den Relationen von Kriegs Geschrei, Sermon und Feuerwerkerey, wo sie nicht hin-
gehören, sorgfältig abgeschnitten und in das kleine
Büchschen gesteckt, in welchem ich allerley kleine
Raritäten und Siegeszeichen aufbewahre, Dinge, die
zusammen noch kein halbes Loth wiegen, nach
Gumprechts Gewicht, allein auf Boricks Wage ge-
wogen, du lieber Gott! den Gumprecht und seine
gantze Herrlichkeit so sicher aufwiegen, als Spicker-
mann mich. Ich hatte just die vorige Nacht von
dem Canapee geträumt, und repetirte so eben meinen
Traum hinter dem Fenster (denn ich repetire meine
Träume, und präparire mich auf sie) als mir der
verbrämte Brief in die Hand gegeben ward, ob zur
glücklichen oder unglücklichen Stunde, weiß ich nicht,
genug, heute wird wohl schwerlich an etwas anderes
als an das Canapee gedacht werden können, wenn
ich nicht Gewalt brauche und von andern Dingen
zu schreiben anfange, wozu ich denn jetzo gleich
Anstalt machen will.

Gestern wollte ich Herrn Hänger besuchen, als
ich aber auf die Leinstrase kam traf ich ihn vor
dem Schlosse an, wir gingen in Gesellschaft mit dem
Wache habenden Officier etwas auf und nieder, alsdann ging er mit nach Hauß, wo wir bei sehr guten
Austern, die mir Mad. Schernhagen geschenckt, Deines Hauses Gesundheit unter klingendem Spiel tran-
ken. Hänger bedauerte dabey, daß er Dich nicht eher
habe kennen lernen, er würde manche von seinen
Streichen, wozu ihn die Langeweile gebracht hätte,
nicht unternommen haben, denn bey Dieterich ist doch

2*

noch polite company sagt er, wenn Du verstehst was
das heißt, so ist es gut, wonicht so suche nicht im
Wörterbuch sondern frage Hrn. Boie. Wir wünschten
uns alle beyde nur diesen Abend eine Stunde da
seyn zu können, mit einer Sehnlichkeit (besser Sehnsucht), daß ich gewiß etwas an Can— schon wieder
Canapee, also geschwind abgebrochen, sonst träume
ich wieder eine Seite voll. — Man ist hier wegen
des Tumults sehr auseinander, was wird der gute
Landdrost sagen, der seinen Sohn für so unschuldig
hielt, würcklich sagte der letztere in einem Brief,
der am Donnerstag, aber vermuthlich noch vor dem
Schlag auf den Kopf datirt war, er danke Gott, daß
er während des Lärmens bey dem Major gewesen
wäre, sonst hätte er leicht mit herein können gezogen werden. Wie doch der Teufel es sich gleich
merkt wenn man Gott etwas dankt. Wenn ich einen solchen Schlag bekommen und einen Vater hätte
es ihm zu beichten, so würde ich sagen: ich danke
es dem Teufel, daß ich er ect.

Höre, Schatz, Hänger hat nicht unrecht; Hannover
ist kein so übler Ort bey dem bösem Wetter, was wird
er erst beym guten seyn, ich habe nun den Wall und
einige Spatziergänge gesehen, und mit meiner Ein-
bildungskraft hier und da das fehlende grün und die
fehlende Gesellschaft hinzugesezt, ich kan dir nicht
beschreiben wie sie sich ausnahmen. Doch Hänger
geht zu weit, ich bin überzeugt daß ihm Hannover
besser gefällt als sein angebohrenes London, er ist
würcklich außer sich und ein ganz anderer Mensch
als in Göttingen, allein Frau Gevatterin, ich weiß
nunmehr die Straße und das Haus sogar, das er
Hannover nennt, der arme Teufel, ich wolte nicht

wenig darum geben, wenn ich ihm Heilung verschaffen
könte. Wohl dem, dessen Heilung, Glück und Vergnügen nur so hoch hängt, daß er sie allenfalls ohne
sich auf die Zähen zu stellen erreichen kan, könnte
ich diesen Satz mit zwey Worten ausdrücken so wolte
ich ihn, so wahr ich lebe, zu meinem Wahlspruch machen.

Frau von Metmershausen ist sehr höflich und
accordirt mir alle Tage etwas mehr. Von Anfang
versagte sie mir sogar Lichtscheeren, Gläser und dgl.
jetzo bin ich schon an ihr Weißzeug gekommen, da
sie sieht, daß ich würcklich ein Mensch bin, der zu
leben weiß, der wieder dient wo er kan, und der wenn
ihm auch alle Tugenden fehlen gewiß nicht geitzig
und nicht undankbar ist, so ist sie wieder gefällig, ich
wollte sie um einen Finger wickeln, allein das ist meine
Sache nicht Weiber um Finger zu wickeln.

So gantz wohl kann ich nicht sagen, daß ich gewesen bin. Mein rechtes Auge ist mir seit gestern
förmlich entzündet, ein Umstand den ich nie gehabt habe,
ich weiß nicht woher es komt, versündigt habe ich
mich mit meinen Augen, seit meines Hierseyns noch
nicht, hingegen habe ich gestern jemanden im Dunkeln
die Hand gedrückt, und doch ist meine Hand so gesund,
zwar für unerkannte Augensünden stehe ich auch nicht,
wenn ich aber einmal weiß, daß Augen eher bestraft
werden als Hände, so kan ich ja wohl dem Schicksal
die kleine Gefälligkeit erzeigen und allemal das Licht
außlöschen.

Was Du Gevatter von belegten F**3** sprichst
verstehe ich nicht und bitte ich mir eine Erklärung
auß, oder ich befrage meinen Bruder über diese Tiro-
nianische Note, die mir nicht viel gutes verspricht.

Wenn das 3 nicht darin wäre, so wolte ich wohl eine
Erklärung finden, aber Wörter die sich mit einem F
anfangen und in welchen ein 3 ist kenne ich, oder
besinne ich mich noch zur Zeit nur auf vier: Fratzen,
Franzosen, Frauenzimmer und dann eins, das mir
die Schamhafftigkeit zu nennen verbieten würde, wenn
mir nicht Gelehrsamkeit lieber wäre als Schamhafftigkeit und das ist Fürtze, doch am Rhein haben wir
eins, das auch beym Bergbau gebraucht wird Flötze,
fartzen wird hier nicht mitgerechnet. Also welches
hast Du gemeint? Ich denke fast aus dem Zusammenhang must Du Frauenzimmer gemeint haben, aber
mein Himmel, warum schreibst Du Frauenzimmer
mit Sternchen? Du kommst mir vor wie der Bauer
der einmal wider meinen Bruder sagte: Ich habe
den Mann gekannt wie er noch, mit Respect
zu sagen, keinen Laib Brodt im Hause hatte.
Nein, solche Geschöpfe, und ihre Nahmen, muß man
nicht mit Sternchen schreiben, die nur für den T***l
und seine Engel gehören, nicht wahr Frau Gevatterin?
    Nun ehe ich es vergesse, wenn ich rothe Dinte
hätte, so wolte ich folgende Zeilen damit schreiben
Zeige meine Briefe nur sehr wenigen Personen, so bekommst Du immer offenhertzi-
gere, sündigst Du aber darwider, (und wenn
Du sündigst so erfahre ich es gleich) so bekommst Du, so wahr ich jetzo Dein Freund
bin, (die heiligste Versicherung die ich kenne,)
keine Zeile mehr, oder wenigstens solche
Zeilen, die so gut sind als keine. Zu Personen,
die meine Briefe sehen können schlage ich allein
Hr. v. Tönnies, Hr. v. Richter und Hr. Bole vor, willst
Du sie auch selbst diesen nicht vorlesen, so steht es

Dir frey, aber Keinem Menschen weiter darffst Du
sie zeigen.

Glaubst Du denn, daß ich so gar sehr zum Ge-
neral verdorben wäre, daß ich mir nur einen Spion
hielte, ich dächte so etwas ließe sich Kaum von einem Menschen glauben der drey Jahr über zwey
Engländer Hofmeister gewesen ist. Wisse denn, lieber
Mann, daß ich allein zur Beobachtung deines Hauses
ihrer drey habe, von deren zweyen ich heute Briefe
hatte. Relation von Universitäts Sachen erhalte ich
von 4, und sieben habe ich was Göttingen überhaupt
angeht, also in allem 14 Spione; wovon mich vier
so gar mein baares Geld Kosten.

Die Magd im Hause und ich sind etwas weniger fremd gegen einander, sie ist ein gantz sonder-
bares Geschöpf: Sie Kommt selten auf meine Stube,
ausgenommen wenn sie das Bette macht; wenn sie
zur Thüre hinausgeht so dreht sie sich herum und
sagt mit einem Knicks: ich empfehle mich Ihnen,
und zuweilen, wenn es die Zeit trifft wünscht sie
mir gesegneten Kaffee, alles in vollem Ernst, jedoch
nicht ohne das Gewürtze von Freundlichkeit, das
Mädchen ihres Standes an alle Complimente werfen,
die sie Standespersonen vorsetzen. Wenn
sie mein Nachtgeschirr hinausträgt, so wird sie gemeiniglich roth und dann sieht sie gantz artig aus.
Eine seltsame Verbindung von Ideen, denke ich,
muß jetzo unter jener Haube gemacht werden, um
bey einem Nachttopf zu erröthen. Hier habe ich
schon zwey gesehen, die ich in Göttingen gekannt
habe, und habe sie alle Beyde gegrüßt, doch hiervon
mehr ein andermal.

Heißt das nicht geschrieben? vier Seiten in folio

und doch habe ich schon einen Brief an Käftner und einen an Herrn Baumann geschrieben und einen bekommt Herr Boie noch. Nun will ich mich aber auch wahrlich empfehlen. Frau Gevatterin, wegen des Rothlaufs küffe ich Ihnen die Hände und Dich Gevatter recht fest auf die Lippen und bin mit meiner angestammten Aufrichtigkeit Ihr gantz ergebenster Freund und Diener

G. C. Lichtenberg.

Es herrscht jetzo hier eine Kranßheit woran die Leute gemeiniglich nur zwey Tage kranck sind, den dritten gehn sie gewöhnlich wieder aus!

Hannover d. 19. Mertz. 1772. Sonnabends
Morgens um 8 Uhr.

Lieber Dieterich!

Guten Morgen zum erften mal auf meiner neuen Stube, die noch einmal so groß und noch einmal so schön ist als meine andere. Gleich bey meinem Auffstehen diesen Morgen, als ich zum erstenmal an das Fenster in dieser Stube trat und das gläserne Schild betrachtete, das mein Wirth ausgehenckt hat (des beffern applausus wegen vermuthlich) machte ich sogleich eine Entdeckung, die ich nothwendig angeben muß, weil sonst im Künfftigen viel kritisches Blut verschwizt oder gar verspüzt werden könte, um mich mit mir selbst zu vereinigen, da es doch in diesem Stück unmöglich ist. Du und ich haben uns nemlich beyde in dem Nahmen meines Wirths geirrt, er heißt nicht Mettmershausen mit zwey t, auch nicht Metmershausen mit einem t, noch viel weniger

Mechmershausen mit einem ck, wie Dieterich und
sein Anhang blos gemuthmaßet haben, sondern
Mechmershausen mit einem ch, ich habe dieses von
dem Originalschild diesen Morgen abgeschrieben und
nach der Hand noch einmal verglichen, um allen
Einwürfen vorzubeugen, die etwa von meinen jetzigen
bösen Augen könten hergeholt werden. Ich schätze
mich in der That recht glücklich, daß ich noch bei
meinen Tebzeiten den Samen zu unendlichen Strei-
tigkeiten gleichsam in der Geburt erstickt und dadurch dem immer mehr einreißenden gedruckten
Packpapier nach Vermögen steure. Glaube nicht,
Gevatter, daß dieses leeres Geschwäz sey, die Hälfte
der Bücher die du hast, handeln von solchen Materien, wie Dir die Hrn. Vole und Falck erweisen
können, und unnütze Quartanten würden weggefallen
seyn, wenn sich mancher Mann hätte die kleine
Mühe nehmen wollen, einen Riegel von einem
Quartblättchen, wie ich hier gethan habe vor das
rechte Toch zu schieben. Nachdem ich nun einer
der heiligsten Pflichten, ich meine der Pflicht gegen
unsere Ur-Ur Enkel, ein Genüge gethan, so gehe ich
mit desto größerer Teichtigkeit mit Hertz und Feder
an die Beantwortung Deines Briefs.

Er wurde mir gestern Abend in einer starcken
und vergnügten Gesellschaft bei Hrn. Kriegs Sekretär
Ramberg, zugleich mit einem Glas Punsch in die
Hand gesteckt; weil mir die Wahl zwischen einem
Glas Punsch und einem Brief von dir nie schwer
fällt, so hatte ich würcklich deinen Brief schon gantz
offen in der Hand ehe ich einmal dachte, daß der
Kerl auch noch Punsch hätte. Er ist von Dieterich,
sagte ich zu Schernhagen, der neben mir saß. Nun

der gute Dieterich schreibt doch auch recht fleißig an
Sie, sagte der Mann mit seinem ehrlichen Ton; eine
vortreffliche Gelegenheit dachte ich, bey mir selbst
Dieterichs Gesundheit zu trinken, und nun nahm ich
den Punsch schloß Christelchen mit ein, und das
heiß ich mir Punsch. Das Recept kan ich euch
geben: ihr nehmt etwas Arrack und etwas Wasser
und Citronen und Zucker, dann (schade nur daß es
kein Gewürzkrämer verkauft) schließt ein empfind-
liches Hertz gantz der Erinnerung an eure Freunde
auf, und wenn euch die Hoffnung sie wieder zu sehen
Freudenthränen in euer Auge treibt, so trinckt geschwind auf ihre Gesundheit, das ist der wahre Punsch
und der wahre Comment. — —

Mein Gott was für ein Bauermägdchen habe
ich so eben gesehen! Sie hatte eine feine Serviette
über den Kopf geschlagen, und unter dem Kinn zu-
gesteckt, ich kan noch nicht begreifen, woher ich
weiß, daß sie eine Serviette um den Kopf hatte,
denn meines Wissens habe ich ihr nur immer grade
auf die Augen und auf den Mund gesehen. Zum
Unglück hatte sie nichts zu verkaufen, was ich
brauchte, und umgekehrt, was ich brauchte verkaufte
sie nicht. Gütiger Gott, dachte ich bey mir selbst,
was sind doch alle irrdischen Apotheker Augen Sal-
ben gegen die deinigen gerechnet, und mit diesem
Gedanken kehrte ich meine Augen weg, damit so
wenig als möglich von der Salbe auf das Hertz fiele.
Ich wolte deinen Brief beantworten und da kam
das Bauer Mägdchen dazwischen, also nun da es weg
ist, so wollen wir an unsere Arbeit.

Du schreibst mir, Du hättest schöne Regenspurger
Mädt bekommen, weil man nun bey mir: der Meth

sagt, so verfiel ich in einen lächerlichen Fehler und
dachte du hätteſt Regenſpurger Mägde gemeint (gantz
ohne Schertz). Nun dachte ich: noch mehr ſchöne
Mägde, wo will das hinaus, ich ſas weiter: die
wie Ungariſcher Wein ſchmecken was Henker
Regenſpurger Mägde ſchmecken wie Ungariſcher Wein das iſt doch ſonderbar, aber das muß
ich ſehen wenn ich nach Göttingen komme, nun
weiter: und haben wir Deine Geſundheit darin
ſchon etliche mal getruncken, dieſes verſtund ich
nicht und ich fing an zu glauben, das gantze ſey
eine Allegorie oder ein Mißverſtändniß von meiner
Seite, und es war das letztre würcklich; mußte auch
wohl eines ſeyn.

Zwiſchen dieſer Zeile und

dieſer: war ich etwas vor dem Thore, jetzo iſt es
3/4 auf 3 des Sonnabends und meine Augen ſehn er-
bärmlich, ich weis nicht was ich anfange, endlich
werde ich doch noch nach Hrn. Zimmermann ſchicken
müſſen. Das Bauermägdchen kan unmöglich ſchuld
daran geweſen ſeyn, unterdeſſen will ich Hrn. Zimmermann fragen. Dein Recept, das du mir verſprochen,
finde ich nicht, oder ſoll es das ſeyn, daß ich keinen
Wein trincken ſoll, am allerwenigſten ungariſchen.
Warlich nicht, geſtern habe ich 2 Gläſer leichten
Punſch nach obigem Recept getruncken, ſonſt nichts,
und der Argwohn meines Bedienten iſt ſeit neulich
ſo hoch geſtiegen, das er immer das Bette ſelbſt
machen wolte, wenn ich den gantzen Nachmittag
zu Hauſe war, es auch etliche mal gemacht hat,
dieſe unnöthige übelangebrachte Vorſicht des kerls,
der ſonſt unverbeſſerlich gut iſt, hat es, blos der
Hausleute wegen, nöthig gemacht ihm einen derben

Verweis zu geben, ohnerachtet ich nicht die mindeste
Neigung habe, mit der unausstehlichen Magd zu
spielen. Als sie zum erstenmal wieder in die Stube
kam, hatte er doch wieder so viel Eifer, daß er auf
der Deele so laut zu ihr sagte, daß ich es hören
konte, spreche sie nicht mit dem Herrn, der
hat mehr zu thun, als sich mit ihr abzugeben.
Sie sagte etwas sehr geschwind, daß ich nicht verstehen konte und trat herein. Wie nah doch Ut-
scheitels und Bediente einander sind, bald läßt sich
jener zu diesem herab und muß, und bald nimmt sich
dieser die Erlaubniß sich zu jenem hinauf zu schwingen,
ohne Befehl dazu zu haben, was aber auch der Erfolg seyn mag, so habe ich mir fest vorgenommen
dem meinigen die Flügel zu beschneiden, und die
Gräntzen genauer zu bestimmen.

Die Frau Prof. Hollmann habe ich gekannt, aber
den Hund von dem Grafen von Salmour nicht, der Tod
gefällt mir beynah seiner Unpartheylichkeit wegen,
die Frau eines Philosophen und der Hund eines
Grafen sind ihm einerlei, welcher Mensch macht
nicht einen Unterschied hierzwischen.

Hier habe ich nicht einmal einen Hund zu dem
ich sagen kan Du? (Ich muß dieses so gantz abge-
rissen hinschreiben, um mein Hertz etwas zu erleich-
tern, das mir soeben über einem gewissen Gedancken
anschwoll). Einen Papagay wolte ich mir heute kaufen, aber der Kerl forderte 6 Louisd'or, das Thier
wäre gerne bey mir geblieben. Ich will mir es sehr
gerne einen Louisd'or des Monats kosten lassen, und
mir jemand miethen den ich dutzen kan, der sich
in die Backen kneifen läßt und sonst aus einer feinen
Erde gemacht ist. Wenn ich nicht bald hierzu thue

so mercke ich schon was es geben wird, ich werde des Tages 4mal in der Bibel lesen, gelbe Ringe um die Augen bekommen und meine Briefe mit: Dero geehrtes Habe erhalten, wenn Dieselben noch wohl sind etc. anfangen.

Daß Christelchen meinen Brief nicht verschmäht hat, sagt mir auch Hr. Bole. Du kannst nicht glauben was für Festigkeit diese Ueberzeugung meinem innern gegeben hat. Ich hätte ihr heute wiederge-schrieben, um Ihr meine Danckbarkeit deswegen zu bezeugen, wenn nicht über eine Kleinigkeit die gar nicht hierher gehört etwas Unruhe innerhalb meiner wieder entstanden wäre und dieses muß erst gedämpft seyn, eher getraue ich mich nicht an Damen zu schreiben, sie bemerken Dinge die unser einer vor-bey geht. Ich höre, sie will mir wieder antworten; so unschäzbar mir ihre Briefe auch sind, so heilig ich sie aufbewahre (denn am jüngsten Tag will ich ihr sie alle noch zeigen, wenn sie sie sehen will) so muß ich doch bitten, da sie mehr zu thun hat als Briefe an mich zu schreiben, sich durch diese Correspon-denz nicht binden zu lassen, sondern sie kann mich ruhig drey viermal schreiben lassen und dann einmal mir armen Frembling wieder etwas von einer Ver-brämung dafür zuwerfen, und ich will mich gern für reichlich belohnt halten.

Montag früh um 7 Uhr.

Gestern hatte ich Besuch, der auch den Abend bey mir blieb, unter diesen war Hr. Geh. Sekr. Schernhagen, er gab mir gleich bey seinem Eintritt in die Stube das Recept für meine Augen, nebst einem Gruß und einem gerechten Verweiß von

Hrn. Dumont. Wie das Recept ist, werde ich erfahren, der Verweis ging mir just auf den rechten Fleck und war vortrefflich: Zum Beweis, hies es, das ich mehr an ihn dencke, als er an mich schicke ich ihm hier ein Mittel für seine Augen. Sage ihm für beydes in meinem Nahmen hertzlichen Danck, und versichere ihn, das ich täglich an meinen Bruder dencke und ihm noch keine Zeile geschrieben habe, ich könte ihm noch andere Personen nennen, der Mensch ist in diesem Stück überhaupt ein besonderes Ding und der Prof. Lichtenberg nun gar noch ein besonderer Mensch. Ich will ihm aber ehestens schreiben oder mich in den Briefen an Dich zuweilen an ihn wenden. Empfehle mich seinem gantzen Hause.

Den gestrigen Nachmittag hatte ich ausgesetzt, an Hrn. Boie und einige andre Freunde zu schreiben, und ich konte ihn nicht für mich behalten, daher fallen diese Freunde heute aus. Sage Hrn. Boie, das ich ihm mit der nächsten fahrenden Post antworten werde. Grüße alle guten Freunde und sey versichert, das ich beständig seyn werde Dein treuer Bruder

G. C. L.

Mit meinen Augen ist es heute wieder so ziemlich leidlich aber es hält nicht Bestand. Adieu.

An den Hrn. Grafen Wittgenstein und Hrn. Hofrath Bode vermelde meine unterthänigste und gehorsamste Empfehlung.

Lieber Dieterich

Vor allen Dingen, ehe ich es vergesse, diesen Abend trincke mit deiner Gesellschaft in meinem Nahmen die lateinische Gesundheit: ut nobis bene stet oder auch stent; ich habe sie heute auf ein Zettulgen geschrieben, worin ich etwas Geld gewickelt hatte, das ich den Armen gab, ich halte sie für den Spiegel aller Gesundheiten.

Nun weiter. Deinen Brief bekomm ich so eben erst, weil es aber trübe ist so beantworte ich ihn gleich, und wenn es für Dich und Deine Haus Ehre noch so etwas fort pocht wie jetzt, so kan der Brief ziemlich ausfallen, von der Länge allein verstanden.

Daß Du mir immer noch so im Sinn liegst, als am Tag meiner Abreise, ist die Reine Wahrheit, und wenn man die Decke über die Sinne so auf-knüpfen könte wie die Hosen, so wolte ich dir alles weisen, Nein ich halte etwas auf ihn

Herr Bruder und Gevattersmann
Es ist mir fast als hätt' er
Es mir mit etwas angethan
Bey gut und bösem Wetter,
Bei hundert tausend Zeitvertreib
Für Ober und für Unterleib,
Beym Lesen und beym Essen
Kan ich ihn nicht vergessen.

So hoch hat mein Blut lange nicht gestanden, denn höher als knittel Verse komt es jetzt gar nicht mehr. Wie doch jedes Thier seine eigne Art hat, wer solte die 8 Zeilen für eine Empfindung der Freundschaft halten, aber sie ist es wahrlich, so rein, so gantz ohne Zusatz als man sie in Deutschland im besten Grund und Boden findet, und in Frankreich zu Papier bringt.

Hr. Mag. Falck und sein Hofmeister (denn das sind die jungen Hrn. doch meistens) haben sich einige Tage bey mir aufgehalten und haben in meinem Hause logirt. Hr. Mag: hat auch eine Nacht bey mir vor der Stadt zugebracht. Ich habe ihm Herrnhausen, Montbrillant und den Wallmodischen Garten mit den Statuen allda gezeigt. Ich that allerley Fragen an ihn wegen Göttingen, weil aber der gute Mensch immer um die Zeit zu Bette ging, da ich auszugehen pflegte, so konte er mir die wenigsten beantworten.

Was giebt es denn in Deinem Haus wer sitzt auf dem Canapee und wer ist am lustigsten? Wer von deinen Freunden geht dir Ostern ab, und wer von den meinigen. Schick mir doch einen Meß-Catalogen.

Mit meiner Meßkunst für Eheleute, an der ich zuweilen schrieb, wenn ich einmal gantz für mich lachen wolte, hat es neulich ein seltsames Ende genommen. Ich wolte mir ein Buch nähen: Heinrich, sagte ich, gebe er mir eine Nadel, Zwirn habe ich, der Kerl ist ein Schneider, und hat Nadeln und Zwirn immer bey sich. Was für eine, Hr. Professor. Eine für meinen Zwirn, Heinrich. Hier ist eine Hr. Professor. Aber, Wetter, in diese Nadel bringe ich den Zwirn nicht, das Oehr ist viel zu klein. Sie müssen ihn einmal mit den Fingern spitz drehen, so geht es, Hr. Professor. Nicht doch, die Nadel gefällt mir, aber gebe er mir bessern Zwirn, der geht nicht. Können Sie diesen brauchen, der ist fein. Heinrich, der ist zu fein, der taugt zum Bücher nähen nicht, eine größere Nadel, geschwind, und den alten Zwirn, ich kann da nicht stundenlang einfädeln. Ja aber

Hr. Profeſſor wenn ſie es ſo machen wollen, ſo
werden ſie in Ewigkeit nicht welche treffen, die ſo
ſind, wie ſie ſie haben wollen, es komt auf den
Vortheil an, ſo kan man ſie alle brauchen. Heinrich,
ſagte ich, nehme er einmal das Büchelgen dort, ich
habe es geſchrieben und ſtecke er es in den Ofen.
Warum das? — Nichts, es ſteht etwas darinne, das
ich noch geſtern für neu hielt, aber ich ſehe es iſt
nichts neues unter der Sonne, man weiß alles ſchon,
und damit flog die Meßkunſt für Eheleute in den
Ofen.

Von dem Hut, den ich nicht aufſetzen konte,
habe mich vorige Woche ſcheiden laſſen und ich trage
nun einen Hannöveriſchen.

Hier iſt eine Antwort auf meines Bruders Brief,
beförbere ihn mit der erſten Gelegenheit nach Gotha,
der arme Schelm iſt gantz hungrig nach meinem
Brey, ich habe ihm daher auch das Maul recht voll
geſchmiert. Er iſt ungehalten auf dich, das du mich
wegen meines Göttingiſchen Flaußes bey ihm verklagt haſt, und ſagt er würde dir die Peruque mündlich zaußen, ſo gut ſtehn ſich Beklagte und Richter
zuſammen.

Sage mir doch, wann gehſt du denn nach Teip-
zig oder nach Gotha? und wann kommſt du wieder
zurück, vergeſſe mir nicht dieſes zu berichten oder
ich berichte dir für keinen Pfennig mehr.

Meine Geſundheit iſt ſehr gut, wäre ich in den
Monaten Januar und Februar ſo geſund geweſen,
ich hätte Wunder gethan. Hier geht alles Natürlich
zu. Ich wohne nun völlig im Garten, eine vortreffliche Wohnung für ein ruhiges Gewiſſen. Ich
kan fiſchen und habe einen Vogelheerd und ſehr

schöne Spatziergänge, zuweilen wenn ich da gehe,
zufrieden und satt, und überhaupt der Kopf mit dem
Unterleib im Gleichgewicht steht; so wünsche ich
mir öfters hier ewig in diesem Gartenhaus zu
wohnen, ich achte dann die gantze Welt nicht des
Insektes werth, das in einer Thräne ertrinckt.
Von gantzer Seele ist dieses gesprochen, ich habe
einige Abende in Hannover gantz allein zugebracht,
denen ich nur einige wenige meines Lebens gleich
setzen kan, Stunden von denen ich sagen kan,
die habe ich gelebt, und niemand weiß es, vielleicht
in eben der Stunde, da ein mitleidiger Officier sagte,
dort sizt der arme Teufel (denn ich muß gestehen
die Officiere hier bekümmern sich mehr um meine
Anstalten als irgend ein Stand hier) bey dieser
trüben Nacht, ausgeschlossen von den Freuden der
Bouteille und der — — — Bouteille, in dem Augenblicke beneidete ich selbst seinen Ober Feldmarschall,
so wenig als den Invaliden der von den Brosamen
lebt die von seiner Hundsfütterer Tisch fallen.

In dieser Verfassung denke ich oft an den Grafen Struensee in Coppenhagen, von dem mir bisher
etlichemal geträumt hat, was würde er für meine
Ruhe geben! Gottlob, daß unsre Köpfe noch so fest
stehen, hierauf gründet sich nun die Gesundheit, die
ich an deinem Tisch diesen Abend ausbringe ut nobis
bene stet.

Grüße mit Christeichen, Hrn. von Cönnies, von
Richter, Esqr. Boie, Hrn. Falck, Veyron, die Hrn.
v. Adams wenn du sie siehst, Hrn. v. Lemon, Lachney,
Browne und Vaughan, den Hrn. Grafen v. Wittgenstein und Hrn. Hofrath und den Grafen von Salmour,
das gantze Haus von Hrn. Grattenaus an bis zur

Mamsel Lenchen, die mich so derb ausschimpfen kan, deiner Kinder ja nicht zu vergessen. Dieses ist zwar viel und mühsam auszurichten, aber doch angenehmer als Paynzens Auftrag alle Göttingischen Mädchen zu küssen.

Was macht der Kirchen Rath, hat er geschrieben, oder beschäftigen sich seine Finger mit Gertrudchen. Er kan ja mit der Linken schreiben, oder wenn er links ist mit der Rechten.

Vor allen Dingen grüße mir die beyden Jungfer Köchinnen Marie und Regine, ich esse zuweilen gern etwas gutes, deswegen lasse ich keine Köchin unge — — — grüßt. Vergesse es ja nicht, ich habe meinen Spion sub Nr. 3 schon Befehl gegeben sich zu erkundigen ob es ausgerichtet worden ist. Wenn Du es nicht thust, so thut es Hr. Falck für mich, der ja wohl Marie und Regine sieht. Regine muß zugleich wissen, daß sie mir mein Bett in der Kammer die in den Hof geht parat hält denn ich besteige es sehr bald, aber doch dein Canapee noch eher.

Ich muß alle Nacht geladenes Gewehr in der Stube haben, weil in Hannover, sowie in Göttingen, die Leute nicht alle gleich ehrlich sind und es etliche giebt, die den Weg nach dem Galgen durch die Gartenhäußer nehmen.

b. 9. April.

Heute habe ich mit einem englischen Tubus, der 120 Reichsthaler kostet in einem entlegenen Hauß die Zärtlichkeit eines Cammermädchens und eines Bedienten beobachtet, der Auftritt schien dem Akteur mehr als 120 Thaler werth zu seyn. Der Kerl lag wahrlich einmal auf den Knien ich konnte ihn gantz über-

3 *

sehen aber seine Hand konte ich nicht finden, glaube ich, und wenn mein Tubus 500 gekostet hätte. Die Scene war sehenswerth.

Heute regnet es den gantzen Tag entsetzlich. Unter meinem Fenster blüht ein Apricosen Baum. Ich habe eine Schwalbe gesehen. Ich habe etwas Kopfschmerzen. Dieser Absatz klingt fast als wenn man Phrases in einer Grammaire liest, also geschwind nach der Grammaire

     Je suis le votre.   G. C. Lichtenberg.

Christelchen soll ehestens einen Brief haben wo nicht, so sage ich ihr die Ursache auf dem Canapee selbst mündlich.

So lebte der göttinger professor in Hannover in angenehmster geselligkeit; er dinirte oft bei dem kammerpräsidenten und curator der universität von Lenthe sowie beim landdrost von Münchhausen und machte die lustigsten abendgesellschaften bei dem geheimsecretär Schernhagen mit. Dem dortigen generalauditeur Johann Ludolf Grisebach (bruder meines urgrossvaters), der am 11. mai 1773 starb, widmete er einen schönen, in den «Vermischten Schriften» mitgetheilten nachruf.

In Bückeburg besuchte Lichtenberg Herder und «hatte dort einige stunden, die ihm der himmel aus nummer 1 zugeworfen», wie er in seinem ausführlichen reisejournal an Dieterich nach Göttingen schreibt.

«Montags den 29. august 1774 um 11 uhr vormittags» trat er seine zweite reise nach England an und blieb daselbst bis zum december 1775. Er erstattete dem könige bericht über die auf seinen befehl ausgeführten arbeiten und überreichte ihm unter anderm auch den ersten (und einzigen) band der werke des berühmten astronomen Tobias Mayer, denen er erläuterungen hinzugefügt: «*Tobiae Mayeri Opera inedita. Edidit et observationum appendicem adjecit G. C. Lichtenberg*» (Gottingae MDCCLXXV) Er wohnte bis zum februar 1775 zu Kew in einem königlichen hause, neben dem prinzen Ernst, speiste an königlichem tische und wurde fast täglich zum könig oder der königin befohlen; wie er auch in London sehr oft allein zu den majestäten geladen war. Daneben verkehrte er mit den wissenschaftlichen notabilitäten Englands: Herschel, Howard, Banks, Solander, den beiden Forster u. a. So oft als irgend möglich besuchte er schauspiel, oper und ballet. (Vgl. unten p. 48.) Die schönheiten der englischen mädchen, bis auf die putzmacherinnen und kammerjungfern herab, wird er nicht müde in seinen londoner briefen und tagebüchern zu rühmen. Bei all dieser fülle bewegtesten lebens und wissenschaftlicher thätigkeit — er arbeitete fortwährend auf dem ihm vom könig eingeräumten observatorium — ist es rührend zu sehen, wie er in die selben tagebücher betrachtungen wie die folgenden niederlegte:

«Den 15. april, als am sonnabend vor

ostern, ging ich des abends nach dem thee im
Hydepark spazieren. Der mond war eben
aufgegangen, voll, und schien über Westminsters-
abtei her. Die feierlichkeit des abends vor
einem solchen tage machte, dass ich meinen
lieblingsbetrachtungen mit wohllüstiger schwer-
muth nachhing. Ich schlenderte hierauf Pica-
dilly und den Heumarkt hinunter nach White-
hall, theils die statue Karl's I. wieder gegen den
hellen westlichen himmel zu betrachten, und
theils beim mondlicht mich meinen betrachtungen bei dem Banquettinghaus, dem hause,
aus welchem Karl I. durch ein fenster auf das
schaffot trat, zu überlassen. Hier fügte sich's,
dass ich einem von den leuten begegnete, die
sich bei den orgelmachern orgeln miethen, davon zuweilen eine 40 bis 50 pfd. st. kostet, und
damit des tages und abends auf den strassen
herumziehen und so lange im gehen spielen,
bis sie irgendjemand anruft und sie für sixpence
ihr stück durchspielen lässt. Die orgel war gut,
und ich folgte ihm langsam auf den fussbän-
ken, indess er selbst mitten auf der strasse ging.
Auf einmal fing er den vortrefflichen choral:
«In allen meinen thaten» u. s. w. zu spielen an,
so melancholisch, so meiner damaligen verfassung angemessen, dass mich ein unbe-
schreiblich andächtiger schauer überlief. Ich
dachte an meine entfernten freunde zurück,
meine leiden wurden mir erträglich und ver-
schwanden ganz. Wir waren auf 200 schritte
über dem Banquettinghause weg; ich rief dem
kerl zu und führte ihn näher nach dem hause,

wo ich ihn das herrliche lied spielen liess. Ich konnte mich nicht enthalten, für mich die worte leise dazu zu singen: «Hast du es denn beschlossen, so will ich unverdrossen an mein verhängniss gehn.» Vor mir lag das majestätische gebäude vom vollen monde erleuchtet, es war abend vor ostern, hier zu diesem fenster stieg Karl hinaus, um die vergängliche krone mit der unvergänglichen zu vertauschen! — Gott, was ist weltliche grösse! — —»

Das lied aus dem gesangbuch gehörte überhaupt zu seinen lieblingsliedern, wie er denn an einer andern stelle des tagebuches sagt:

«Ich verstehe von musik wenig, spiele gar kein instrument, ausser dass ich gut pfeifen kann. Hiervon habe ich schon mehr nutzen gezogen als viele andere von ihren arien auf der flöte und auf dem klavier. Ich würde es vergeblich versuchen, mit worten auszudrücken was ich empfinde, wenn ich an einem stillen abend «In allen meinen thaten» u. s. w. recht gut pfeife und mir den text dazu denke. Wenn ich an die zeile komme: «Hast du es denn beschlossen» u. s. w., was fühle ich da für muth, für neues feuer, was für vertrauen auf Gott! ich wollte mich in die see stürzen und mit meinem glauben nicht ertrinken, mit dem bewusstsein einer einzigen guten that eine welt nicht fürchten. Spüre ich einen hang zum scherzhaften, so pfeife ich «Sollt' auch ich durch gram und leid» u. s. w. oder *« When you meet a tender creature»* etc.»

Den «heiligen christabend» 1775 feierte er bereits wieder in Göttingen.

Er wurde bald·nach seiner rückkehr zum ordentlichen professor der naturwissenschaften ernannt und verliess nun diese seine zweite heimat nicht wieder.

Gegen ende der siebziger jahre lernte er seine spätere frau kennen. Margarethe Kellner war den 31. august 1759 zu Nikolausberg bei Göttingen als kind ganz armer eltern geboren. Erdbeeren verkaufend wanderte sie als hübsches junges ding in die stadt, und sie gewann sich das herz des geistreichsten mannes von Göttingen.*) Er nahm sie bald zu sich ins haus, die kirchliche trauung fand indessen erst 1789 statt, als er sich dem tode nahe glaubte und nun sofort den schritt that, den er für die zukunft seiner freundin und vor allem der kinder längst beabsichtigt hatte. «Am 5. oct. vorigen jahres,» schreibt er den 25. jan. 1790 an einen alten schulfreund, «wurde ich morgens um 5 uhr von einem krampfigten asthma befallen, das mir in der ersten woche meiner krankheit 2—3 mal und

---

*) In einem seiner frühesten collectaneenbücher sagt er darüber, unter der schon erwähnten rubrik «charakter einer mir bekannten person»: «Geliebt hat er nur ein- oder zweimal; das eine mal nicht unglücklich, das andere mal aber glücklich. Er gewann blos durch munterkeit und leichtsinn ein gutes herz, worüber er nun oft beide vergisst, wird aber munterkeit und leichtsinn beständig als eigenschaften seiner seele verehren, die ihm die vergnügtesten stunden seines lebens verschafft haben.»

darüber mit augenblicklicher erstickung drohte. Nachderhand wurde alles leidlicher, aber nicht minder gefährlich.»

Folgende eintragung habe ich aus dem kirchenbuche der St.-Johanniskirche von jenem tage ausziehen lassen: «Am 5. oct. 1789, spät abends, wurde auf nachgesuchte dispens. königl. consistorii *a publica proclamatione privatim* copulirt der hofrath und professor herr Georg Christoph Lichtenberg mit seiner bisherigen haushälterin Margarethe Kellnern.» Jördens*) bemerkt: «Seine wahl'erregte anfangs bei seinen entfernten freunden einiges bedenken, da seine gattin von geringem stande und vorher in diensten bei ihm gewesen war. Aber der scharfsichtige menschenkenner hatte nicht fehlgegriffen.» In der that war diese ehe, hinsichtlich deren an die sehr ähnlichen verheirathungen Goethe's und Heinrich Heine's erinnert wird, eine ungewöhnlich glückliche.

An Dieterich schreibt er den 7. mai 1790: «Mit meiner lieben frau bin ich am sonntag früh im felde herum und nach dem garten gefahren ... meine liebe frau und der kleine junge, der alle tage nach dir fragt, grüssen dich tausendmal. Heute pflanzen wir türkischen weizen und schnittkohl.» Und den 26. mai 1791: «Deine liebe frau und kinder, meine liebe frau und kinder und ich sehen alle aus und stehen so frisch wie deine gärten.» An Georg Forster den 30. august 1790: «Von

---

*) Lexicon deutscher Dichter und Prosaisten (1808).

meiner lieben frau, dem einzigen geschöpfe,
dessen sorgfalt ich mein leben zu danken habe,
von dem einzigen weiblichen, das für mich gemacht war, und meinem kleinen jungen,
meinem einzigen trost und dem vermuthlichen
quell meiner geistesgesundheit, künftig einmal weitläufig.» Jördens gibt die zahl der
kinder auf fünf an, es sind aber, wie ich
berichtigen kann, acht. Vor dem 5. oct. 1789
war der älteste sohn, Georg Christoph, ein
1785 verstorbenes kind, und eine tochter, den
24. juni 1789 geboren. Am 22. oct. 1791
wurde sein zweiter sohn, Christian Wilhelm,
geboren, dem 1793 eine tochter folgte. Eben
so konnte er 1795 seinem bruder in Gotha
melden: «Der himmel hat am vergangenen
sonnabend unsere kleine heerde wieder mit
einem mutterschäfchen vermehrt. Ich
schreibe dieses mit empfindungen, die mir
kaum noch die fähigkeit dazu lassen. Sprechen
würde ich nicht können, wenn ich dir dieses
in der wohnstube vor dem bett sagen sollte.
Die güte, die geduld und das vertrauen auf
den himmel bei dieser vortrefflichen frau und
unsere wechselseitige liebe sind nicht für
worte. Sie sowol als das kind sind so gesund,
als es nur möglich ist. Ich bin überzeugt, der
himmel wird sorgen. Sparen und arbeiten
muss freilich die *ordre du jour* sein, und in
der welt gibt es dazu für menschen von gefühl
kein grösseres reizungsmittel als kinder und
eine solche ehe, von der noch gestern gesagt wurde, sie habe wol nicht viele ihres-

gleichen. Friede und häusliches vergnügen den ganzen tag, liebe für unsere kinder und unserer kinder für uns, keinen pfennig schulden u. s. w.: wer das sehen will, der komme zu uns.» Auf diese tochter folgte noch ein sohn, «ein herrlicher junge», mit dem ihn seine «liebe vortreffliche frau am 24. juli (1797) erfreute.» Derselbe starb zu ende der dreissiger jahre, ohne verheirathet gewesen zu sein. Als achtes kind endlich wurde am 11. märz 1799, einen monat nach Lichtenberg's tode, eine tochter geboren, welche wie alle übrigen unverheirathet verstorben ist.

Die familien Lichtenberg und Dieterich wohnten in e i n e m hause und bildeten fast nur e i n e grosse familie. Uebrigens hatte Lichtenberg wenig umgang in Göttingen. Er hatte immer «nur wenige freunde» und «für assembleen sind sein körper und seine kleider selten gut, und seine gesinnungen selten . . . . genug gewesen.» («Charakter einer mir bekannten person»). «Ein mittagsmahl», sagt er anderswo, «übersetzte ein franzose: *mal de midi*. So sind in Göttingen öfters wahre *maux de midi.*» Er meinte hiermit wol auch die speisen. Denn «höher als drei gerichte des mittags und zwei des abends mit etwas wein, und niedriger als täglich kartoffeln, äpfel, brot und auch etwas wein hofft er nie zu kommen. In beiden fällen würde er unglücklich sein. Er ist noch allezeit krank geworden, wenn er einige tage ausser diesen grenzen gelebt hat.» (a. a. o.) Bei dieser gelegenheit sei bemerkt, dass Lichten-

berg sowol rauchte wie auch «nach der dose
griff», obgleich es einmal im tagebuch heisst:
«Ich muss gestehn, dass von allen den gelehrten, die ich in meinem leben kennen gelernt
und die ich eigentlich genies nennen möchte,
kein einziger geraucht hat.» Es wird berichtet,
dass er oft jahrelang kaum aus seiner wohnung
herauskam. Dann stand er, nach seiner eigenen
beschreibung (a. a. o.), «hinter dem fenster,
den kopf zwischen die zwei hände gestützt;
und wenn der vorübergehende nichts als den
melancholischen kopfhänger sieht, so thut er
sich oft das stille bekenntniss, dass er im vergnügen wieder ausgeschweift hat». In den
sommermonaten zog er jedoch nach seinem
kleinen gartenhause an der weender chaussee*),
mit seinen instrumenten, büchern und manu-
scripten. Denn «lesen und schreiben war für
ihn so nöthig als essen und trinken, und er
hoffte, es werde ihm nie an büchern fehlen».
(a. a. o.). Hier genoss er aber auch alljährlich die schöne jahreszeit. Ihm, der niemals
grossartige naturscenen gesehen, ging das
herz in um so reinerem entzücken auf über die
einfachen schönheiten eines norddeutschen
gartens. Seine briefe datirt er immer «vom
garten», auch wol mit zusätzen wie «auf dem
garten unter blüten, lusciniengesang und
alaudenklang.» Hier begrüsste er alljährlich

---

*) Nach Weende zu an der linken seite das dritte
haus von dem kirchhofe an, wo er begraben liegt.
Der blitzableiter rührt noch von ihm her.

die ersten schwalben und das erste grün. An
Dieterich schreibt er einmal: «Die tage waren
alle vortrefflich, an jedem habe ich die sonne
auf- und untergehen sehen. Am sonntag
schlug eine nachtigall den ganzen morgen in
der laube nach Willich's garten, obgleich noch
kein blättchen daran war. Was wird das nicht
werden, wenn du und die blätter kommen!»
Scherzend notirt er einmal in das tagebuch:
«Es war mir auf dem garten immer eine freude,
des sonntags so die schönen leinathenien-
serinnen vorbeigehen zu sehen.» Und weh-
müthig ein anderes mal: «Am 10. oct. 1793
schickte ich meiner lieben frau aus dem garten
eine künstliche blume aus abgefallenen herbst-
blättern. Es sollte mich in meinem jetzigen
zustande darstellen; ich liess es aber nicht
dabei sagen.»

Seine einsamkeit und das stille familien-
leben wurden indess öfters durch die besuche
von berühmten auswärtigen gelehrten unter-
brochen: Howard, de Luc, Volta, Sömmering,
Forster u. a. blieben kürzere oder längere zeit
bei ihm.

Ein so reicher und vielseitiger geist wie
der seine bedurfte aber auch der anregung
einer belebten geselligkeit weniger als jeder
andere. Seine fachwissenschaft und der antheil an der gleichzeitigen schönen literatur,
vor allem aber die ausbildung seines für die
nachwelt bestimmten «gedankensystems» füll-
ten seine tage voll aus.

Lichtenberg's fachthätigkeit, seit seiner er-

nennung zum ordentlichen professor — 1788
wurde er königl. grossbritannischer hofrath —
beschränkte sich freilich hauptsächlich auf
seine mit dem grössten eifer und fleiss abge-
haltenen vorlesungen.   Seine experimental-
physik war darunter am berühmtesten und
keineswegs blos von gewöhnlichen studenten
besucht.   So schreibt er 1785 an den sohn
eines früh verstorbenen bruders, den spätern
grossherzogl. hessischen staatsminister: «Ich
habe diesen winter in der physik 3 königl.
prinzen und ritter des blauen hosenband-
ordens, einen prinzen von Anhalt, einen
grafen Broglio aus Paris, neveu des grossen
generals, einen grafen Walmoden, 2 professoren, einen aus Lausanne und einen aus
Edinburgh, ausser diesen noch 4 engländer
und einen pariser jungen herrn.»
    Mit den ausgezeichnetsten gelehrten seines
fachs im in- und auslande stand er in correspondenz; er wurde mitglied der gesellschaft
der naturforscher zu Halle, der naturforschen-
den gesellschaft zu Danzig und der akademie
der wissenschaften zu St.-Petersburg. Wiewol
er das ganze der physik und astronomie beherrschte, brachte er es doch zu keinen um-
fassenden forschungen so wenig wie zu einer
epochemachenden entdeckung, wenn er auch
sehr daran dachte, wie folgende stelle im
tagebuch beweist: «Um die mitte des jahres
1791 regt sich in meiner ganzen gedanken-
ökonomie etwas, das ich noch nicht recht beschreiben kann. Ich will nur einiges davon

anführen, um künftig aufmerksamer zu werden:
nämlich ein ausserordentliches, fast zu schriftlichen thätlichkeiten übergehendes mistrauen
gegen alles menschliche wissen, mathematik
ausgenommen; und was mich noch an das
studium der physik fesselt, ist die hoffnung,
etwas dem menschlichen geschlechte nützliches
aufzufinden.» Allein «aufschieben war sein
grösster fehler von jeher», und so schrieb er
nur kleinere, meist populäre abhandlungen
über die fortschritte seiner wissenschaft und
gab drei auflagen von seines vorgängers Erx-
leben «Anfangsgründen der Naturlehre» mit
zusätzen heraus. Sein name lebt in der physik
fort, indem gewisse erscheinungen auf elektri-
sirten körpern «Lichtenberg'sche figuren»
benannt worden sind; ebenso ist ein ring-
gebirge des mondes auf Lichtenbergs namen
getauft.

Wir haben es jedoch weder zu beklagen
noch uns darüber zu wundern, dass der professor Lichtenberg in seiner specialwissen-
schaft nicht mehr geleistet hat. Sein interesse
war ebenso sehr der nationalliteratur zuge-
wandt, und er war sich bewusst, dass er
gerade hierin unvergängliches zu wirken berufen war.

Schon von der schule her völlig zu hause
in der alten literatur, machte er sich durch
seinen aufenthalt in England auch die englische mehr als irgendein zeitgenosse zu eigen.
Aber auch die Franzosen verehrte er hoch, besonders Voltaire, mit dem er noch 36 jahre

zusammenlebte, und die grossen moralisten
des 16. und 17. jahrhunderts.

Von der gleichzeitigen deutschen literatur
wollte er dagegen wenig wissen und nur aus-
erwählte, wie seinen «lieben Liscov», liess er
gelten.

Die erste schönwissenschaftliche schrift
von bedeutung, welche Lichtenberg herausgab, waren seine an den gründer des hain-
bundes, Boie, gerichteten briefe aus England,
welche im «Deutschen Museum» von 1776 ab
erschienen. Die charakteristik des grossen
Shakespearedarstellers Garrick war der erste
beweis von der eminenten beobachtungsgabe,
welche den professor der naturwissenschaften
auch auf andern gebieten des lebens auszeichnete.

Im jahre 1778 übernahm Lichtenberg die
redaction des bei Dieterich erscheinenden
«Göttingischen Taschenkalenders»; er eröffnete
ihn mit seiner abhandlung «Über Physiognomik
wider die Physiognomen», welche damals un-
geheures aufsehen machte und trefflich wirkte,
jetzt aber nur noch ein historisches interesse hat.

Schon früher hatte er anonym gegen Lavater
erscheinen lassen «Timorus, d. i. vertheidigung
zweier Israeliten, die durch die kräftigkeit der
Lavaterischen beweisgründe und der Göttingischen mettwürste bewogen den wahren glauben
angenommen haben.» Das witzigste ist jedoch
schon im titel enthalten.

Gleichfalls durch Lavater veranlasst, aber
ebenso gegen Goethe damals noch Lavater's

freund, und andere «drangdichter» gerichtet
war das «Fragment von Schwänzen», ein kost-
bares kabinetsstück des witzes, das zuerst in
Baldinger's Neuem Magazin für Aerzte, V, 589
fg. publicirt wurde.

Die übrigen beiträge Lichtenberg's zum
Göttinger Taschenkalender, kleine aufsätze
über allerlei gegenstände aus den naturwissenschaften, der geschichte, sittenkunde, reiselite-
ratur etc., sind im ganzen ohne dauernden
werth, waren nur für ein taschenkalenderpubli-
kum berechnet und verdienten nicht den wiederabdruck in den «Vermischten Schriften»,
wo sie in der zweiten auflage weit über 600
enggedruckte seiten füllen. Er urtheilte selbst
darüber in einem briefe an Eschenburg (1785):
«Alles ist für einen kalender bestimmt, der oft
in der nächsten stunde schon von einem andern verdrängt wird und gewiss am ende
sammt seinem verdränger in den kinderstuben
sein grab findet. Ich hätte diese jährliche be-
schäftigung schon längst aufgegeben, wenn
ich nicht damit einen ganz beträchtlichen
hauszins bezahlte.»

Doch flocht Lichtenberg in jene kalender-
beiträge gelegentlich sentenzen ein, die wir in
den «Gedankenbüchern» seines nachlasses
wiederfinden, und dies sind dann meistens
perlen.

Neben diesem taschenkalender, den er bis
an sein lebensende fortführte, gründete er im
jahre 1780 mit Georg Forster das «Göttingische
Magazin». Wie er bereits Lavater und seinen

anhang gegeiselt, so hält er hier den deutschen
romanciers und schauspielschreibern eine ge-
pfefferte strafpredigt in seinem «Vorschlag zu
einem Orbis-pictus»:

«Ich glaube gleich beim eingange zu diesem
aufsatze ohne weitern beweis annehmen zu
dürfen, dass die seichtigkeit der schauspiel-
sowol als romanendichter unter uns zu einer
grösse gediehen ist, bei der sie sich mit dem
credit, den sie findet, nur bei einem publikum
erhalten kann, das sich jetzt über gewisse
prachtphrases, modebilder und modeempfin-
dungen verglichen und dahin vereinigt zu
haben scheint, den werth oder unwerth einer
schrift blos nach dem grade der annäherung
an jenes conventionssystem zu bestimmen.
Die gabe, das kapital von bemerkungen über
den menschen zu vergrössern und eigene
empfindungen mit dem verständlichsten indi-
vidualisirenden ausdruck zu buch zu bringen,
und dadurch auch noch männer zu unter-
halten, die jenes system nicht kennen und
mehr als transscendente setzerkünste von
einem schriftsteller verlangen, scheint von tag
zu tag mehr zu erlöschen. Und was wunder? Die hellsten köpfe unserer nation, leute
von welt und erfahrung, lesen nun, nachdem
sie sich so viel hundertmal betrogen gefunden
haben, die neuen producte dieser art gar nicht
mehr, und die beurtheilung, anpreisung und
vergötterung derselben ist grösstentheils in den
händen von exprimanern, die jenen werken
ihre erste form sowol als nachherige ausbil-

dung zu danken haben, und von leuten, die
die welt so wenig kennen, als die welt sie. Das
maculatur von heute rühmt das maculatur
von gestern, und pfefferdütencredit gründet
sich auf pfefferdütenlob.»

Lichtenberg wollte diesen autoren im «Orbis-pictus» daher wirkliche beobachtungen über
natur und menschen geben zur benutzung für
künftige werke. Mit feiner ironie gab er aber
nur sehr realistische betrachtungen über bediente, männliche und weibliche. Chodowiecky
lieferte die bilder dazu.

Ueber die gesammte sturm- und drang-
dichtung liess er sich anderswo also vernehmen:

«Kaum war die losung gegeben: Wer orig i-
ginal schreiben kann, der werfe seine bis-
herige feder weg, als die federn flogen wie
die blätter im herbste. Es war eine lust anzusehen: dreissig Yoricke ritten auf ihren stecken-
pferden in spiralen um ein ziel herum, das sie
den tag zuvor in einem schritt erreicht hätten;
und der, der sonst beim anblick des meeres
oder des gestirnten himmels nichts denken
konnte, schrieb andachten über eine schnupf-
tabacksdose. Shakespeare standen zu dutzen-
den auf, wo nicht allemal in einem trauerspiel,
doch in einer recension; da wurden ideen in
freundschaft gebracht, die sich ausser Bedlam
nie gesehen hatten; raum und zeit in einen
kirschkern geklappt und in die ewigkeit ver-
schossen; es hiess: eins, zwei, drei! — da gescha-
hen tiefe blicke in das menschliche herz, man

4 *

sagte seine heimlichkeiten, und so ward menschenkenntniss. Selbst draussen in Böotien *) stand ein Shakespeare auf, der wie Nebucadnezar gras statt frankfurter milchbrot ass und durch prunkschnitzer sogar die sprache originell machte. Niedersachsen summte seine oden, sang mit offenen nasenlöchern und voller gurgel patriotismus und sprache und ein vaterland, das die sänger zum teufel wünscht. Da erklangen lieder und romanzen, die es mehr mühe kostete zu verstehen, als zu machen. Kurz, die originale waren da; und das publikum — was sagte das? Anfangs beschämt über die unerwartete menge stutzte es, dann aber erklärte es feierlich: das wären keine originale, das wären dichter aus dichtern, und nicht dichter aus natur, durch sie würde das kapital nicht vermehrt, sondern nur die sorten verwechselt, bald silber in kupfer, bald gold in silber umgesetzt, u. s. w.» — Mit dem Shakespeare in Böotien kann nur der autor des Götz gemeint sein, über dessen Werther Lichtenberg jedoch im jahr 1782 bereits das gerechte urtheil fällt: «In Werthers leiden sind feine aber feste züge, dergleichen noch in keinen deutschen roman gedrungen sind.»

Seinen herbsten spott liess Lichtenberg aber

---

*) «Zeilen in böotischem dialekt: Gab's 'n, wollt 's n't fress'n. Siehst 's Genie? wie's 'n wolk'n webt? Ob d's Genie siehst? Wenn d's nit siehst, host d'n nosen nit, 's Genie z' riechen.»

in dem selben Magazin an den damaligen lyri-
kern in der person des «hrn. rector Voss» aus.

Er war mit demselben auf folgende art in
streit gerathen:

Voss hatte im «Deutschen Museum» ausgeführt: man müsse, wo in griechischen namen
η vorkäme, dies durch ä im deutschen wieder-
geben. Die Griechen hätten nämlich η wie ä
gesprochen, was sich besonders daraus ergebe,
dass sie den naturlaut der hammel durch βη βη
ausdrückten. Diese thiere blökten aber bekanntlich bä bä, und folglich müsse man auch
nicht mehr Athen, sondern Athän, Homäros,
und nicht Homer schreiben. In seinem übrigens wenig bedeutenden magazinaufsatze «gnä-
digstes sendschreiben der erde an den mond»
hatte sich nun Lichtenberg über diese recht-
schreiberei ganz gelegentlich mocquirt. Voss
hatte darauf im «Deutschen Museum» geant-
wortet: Lichtenberg wüsste nicht, wovon die
rede gewesen.

Hierauf rückte der angegriffene 1781 in
seinem magazin mit dem aufsatze ins feld:
«Ueber die pronunciation der schöpse des alten
Griechenlands, verglichen mit der pronunciation ihrer neuern brüder an der Elbe: oder
über beh beh und bäh bäh. Eine literarische
untersuchung von dem concipienten des send-
schreibens an den mond», und 1782: «Ueber
hrn. Vossens vertheidigung gegen mich im
märz des Deutschen Museums 1782» mit dem
motto:

To bäh or not to bäh, that is the question.

Weil Voss in seiner vertheidigung Lichtenberg's briefe über Garrick «caricaturmässig»
genannt*), so ergriff dieser nun die willkom-
mene gelegenheit, auch seinerseits eine kritik
Vossischer poetischer erzeugnisse zu üben. Er
zeigte an praktischen beispielen aus verschiedenen perioden der Vossischen poesie, wie es
mit letzterer stand: abstractes ansingen des
vaterlandes, der freiheit und des «himmlischen
glaubens», hohle, übertriebene idealempfin-
dungsfloskeln über freundschaft und liebe im
allgemeinen, hausbackene malereien der idylli-
schen schönheiten des landlebens u. dgl., statt
wahrer poesie, «die der natur den spiegel vor-
halte»; dazu zahllose incorrecte, sinnlose, ja
oft haarsträubende bilder und durch die fremden metra hervorgerufene sprachverrenkun-
gen, zum beweise, dass, wie Voss und seine
genossen weder tiefe gedanken noch welt- und
menschenkenntniss hätten, sie auch ebenso
wenig meister der poetischen form seien.

Sein langgehegter groll gegen den Hainbund
überhaupt ergoss sich in diese Anti-Vosse. Er
hatte das treiben der bundesjünglinge von ihrer
wiege an in Göttingen genossen. Er erinnerte
sich noch, wie der ebenangekommene Voss
dem philologen Heyne von Boie angemeldet

---

*) «Will hr. V. sich einmal daran machen und
über einen ähnlichen gegenstand, der eigene beobachtung voraussetzt, etwas schreiben, das meinen
bemerkungen über Garrick vorgezogen wird, so will
ich ihn solang ich lebe in bier freihalten.»

wurde «als ein bauerjunge, der verse machen
könne». Ihm, der Wieland, den schüler des
grossen Voltaire, liebte, musste es kindisch
vorkommen, wenn diese jungen leute, die sich
für grosse dichter hielten, die «Komischen
Erzählungen» an Klopstock's geburtstag feierlich verbrannten, während am obern ende
der tafel auf einem leer gelassenen lehnstuhl3
die *Opera omnia* des «Vater Klopstock» para-
dirten. In einer stelle seines tagebuchs gab
er dem selben hass gegen diese «sogenannten dichter» ausdruck: «Die enthusiastischen
bewunderer Klopstock's waren unausstehliche
pinsel, denen vor den wissenschaften, die sie
eigentlich erlernen sollten, ekelte. Musen-
almanache waren eine hauptlektüre für sie.
Waren es juristen, so lernten sie nichts; waren es theologen, so wurden es frühzeitige
prediger, und die kamen noch am besten
weg. Mediciner, die ethusiastisch für Klopstock eingenommen gewesen, habe ich nicht
gekannt.... Es ist eine ganz bekannte sache,
dass unter Klopstock's eifrigsten bewunderern
einige der grössten flachköpfe der nation gewesen sind.»
So witzig aber die Anti-Vosse auch stellen-
weise sind, so haben doch auch sie als blosse
gelegenheitsschriften ohne allgemeine bedeutung und bei ihrer vielfach sehr persönlichen
natur nur ein literarhistorisches interesse, wie
denn auch Lichtenberg selbst am 21. februar
1785 an Ebert schrieb: «Ich hatte nie den
gedanken gehabt, diese schrift wieder abdruc-

ken zu lassen.» Er wollte nämlich damals
eine auswahl seiner vermischten schriften herausgeben, die jedoch nicht über den prospect
hinaus kam.

Seine abneigung gegen den hainbund übertrug Lichtenberg indess keineswegs auf den
doch auch mit jenem wenn auch sehr entfernt
sich berührenden dichter der «Lenore». Er
unterstützte ihn mit rath und that und redete
ihm namentlich zu, über die Kant'sche philosophie vorlesungen an der universität zu halten.
Die realistische, aus dem quell der volkspoesie
genährte ader des Bürger'schen talents war ihm
durchaus sympathisch, und mit tiefer betrübniss stand er im juni 1794 auf dem balkon des
Dieterich'schen hauses und sah seinen unglücklichen freund zu grabe tragen.

Mit Goethe, gegen den Lichtenberg wie wir
gesehen anfangs das selbe missfallen wie gegen
die andern «Krafthasen» kundgegeben, war er
1794 in eine physikalische correspondenz ge-
treten. Aber er huldigte ihm nicht nur als
naturforscher: den 12. october 1795 schreibt
er ihm: «Für die mir übersandten schriften statte
ich Ew. Hochwohlgeboren unterthänigen dank
ab und nehme mir zugleich die freiheit, Ihnen
das 2. heft von meinen skandalösen excursionen
über den Hogarth vorzulegen. Obgleich zwischen
meinem dank und meiner anmeldung eines kleinen geschenks die copula «und» steht, so muss
ich doch sehr bitten, mir zu liebe diesesmal
lieber alles in der welt bei diesem *und* zu denken, als eine copulam zwischen beiden, ich

meine, so was wie ersatz für das gedankenfest,
das mir Ihre unnachahmlichen schriften gewährt
haben.»

Die «Erklärung der Hogarthischen kupfer-
stiche» beschäftigte Lichtenberg schon seit
1779, und diese arbeit wurde die letzte von
ihm selbst edirte.*) Er, zumal bei seiner kenntniss englischer zustände, war ohne zweifel der
beste commentator dieser bilder, welche das
englische volksleben ebenso mit dem griffel
fixirt haben, wie Lichtenberg das menschen-
leben überhaupt auf seinen geheimsten regungen mit der feder zu ertappen versuchte. Diese
glänzend geschriebenen, witzigen, oft nur zu
feinen excurse werden stets in gleichem werth
wie die bilder selbst gehalten werden. Als
selbständiges werk ohne jene können sie freilich nicht gelten. Der verfasser schrieb darüber an Ebert (1794):

«Ganz ohne scherz, mir gefällt das ding
gar nicht, es ist doch viel schaler witz darin.
Allein ich habe wirklich bei diesem unternehmen keine andere absicht, als mir geschwind
etwas zu verdienen.» Und an seinen neffen:
«Ich habe mich zu dieser arbeit entschlossen
meiner familie wegen. Ich weiss meine müssi-
gen stunden nicht besser anzuwenden, wie du

---

*) Alle fremden überliefen ihn, um sein exemplar
der englischen ausgabe des Hogarth zu sehen. «Es
ging mir damit wie einem manne, der eine schöne
frau hat.» Er schenkte das «familienkreuz» daher
der göttinger bibliothek. (Matthisson, Briefe, II, 111.)

mir zugeben wirst, wenn ich dir im vertrauen
sage, dass ich für das erste heft 80 louisd'or
erhalten habe, und das habe ich spielend
in etwa 20 sommermorgen zusammenge-
schrieben.»

Die «erklärungen» erschienen zuerst im
«Göttinger Taschenkalender», wurden dann
von Lichtenberg sehr erweitert und selbständig in lieferungen herausgegeben. Es erschienen von dieser ausführlichen ausgabe
aber nur 5 lieferungen (Göttingen 1794—99).
Die folgenden lieferungen, 6—12, (1800 fg.)
wurden von einem ungenannten freunde
Lichtenberg's besorgt, der jedoch in dessen
nachlass gar nichts benutzbares vorfand und
daher nur die kurzgefassten erklärungen
aus dem kalender zu jedem bilde wieder
abdrucken liess und dazu eigene zusätze
schrieb. 1850—53 erschien eine neue mit
weiteren, fremden beiträgen vermehrte ausgabe.

Ueber dieser arbeit fühlte Lichtenberg inzwischen das alter und sein ende, unter fast
beständiger kränklichkeit, immer mehr heran-
nahen.

«Auf dem garten, den 27. april 1796»,
schreibt er an Dieterich: «Ich verspüre nur zu
deutlich, dass die zeit ziemlich schnell heran-
rückt, wo wir uns zum letzten male sehen
werden; ich werde mich wol zuerst entfernen.
— Doch das ist genug getrauert für einen so
herrlichen tag wie der heutige. Das übrige
wollen wir auf einen winterabend, etwa von

1809, versparen, der für uns beide, wie ich glaube, ein ganz sonderbarer winter sein wird.»

Am 24. februar 1799 starb er «an brust-beschwerden», wie das kirchenbuch sagt; während ihn seine wittwe fast ein halbes jahr-hundert überlebte, sie starb den 17. september 1848.*)

Sein alter lehrer Kästner hielt ihm in der gesellschaft der wissenschaften eine feierliche gedächtnissrede: «*Elogium Georgii Christophori Lichtenberg in consessu Soc. reg. scientiarum recitavit Abrahamus Gotthelf Kæstner.*»

Lichtenberg liegt auf dem weender kirch-hof neben seiner frau und im verein mit Dieterich, Kästner und Bürger begraben. Das grab ist im jahre 1863 mit einem einfachen steinkreuze, worauf nur name, geburts- und todesdatum, ausgezeichnet worden. Sein hundertjähriger geburtstag wurde in Oberram-stadt festlich begangen. Die bald darauf er-schienene neue ausgabe der «Vermischten Schriften» enthält eine abbildung seines ge-burtshauses.

---

*) Die beiden ältesten söhne nahmen bedeutende stellen im staatsdienst ein: der eine starb 1845 als königl. hannov. generaldirector der directen steuern, der andere 1860 als steuerdirector und bevollmächtigter des zollvereins in Stettin. Beide hinterliessen zahl-reiche söhne und enkel; ein sohn des generaldirectors war cultusminister im vorletzten hannoverischen ministe-rium, jetzt präsident des consistoriums der provinz Hannover.

Bildnisse Lichtenberg's sind ziemlich zahlreich vorhanden. Eins befindet sich vor dem
49. bande der «Allgemeinen Deutschen Bibliothek». Er übersendete das dazu wahrscheinlich benutzte porträt selbst an Nikolai
im jahre 1781: «Das bild von mir ist eine
copie, die aber dem originalgemälde so ähnlich ist, dass ich und andere über die genauigkeit und treue erstaunt sind. Nur ist das
original (das von dem bekannten Abel ist)
etwas flüchtig in einer eignen manier mit
wasserfarben und trocken verfertigt und kann
ohne glas und rahmen nicht gut verschickt
werden, hingegen die copie, die meinem bruder
in Gotha gehört, unstreitig feiner und zarter
mit blossen wasserfarben von dem darmstädti-
schen hofmaler Strecker gemalt. Billig müsste
darunter stehen: *in doloribus pictus*, denn ich
hatte damals zwei böse finger, die mir keine
ruhe liessen, und daher rühren die viel zu viel
geschlossenen augen. Ich sehe den leuten
offener ins gesicht als auf dem gemälde.» Im
jahre 1778 hatte er an Nikolai auch sein
schattenbild geschickt.

Ein neues bild erschien im «Akademischen
Taschenbuch auf 1792». Einen besondern
stich gibt es von Schwenterley.

An den kupferstecher Bause in Leipzig
schrieb er aber 1795: «Es existiren einige in
kupfer gestochene porträts von mir, wovon
aber keins viel taugt. Am besten hat mich
der gothaische hofmaler Specht in pastell für
das dortige observatorium gemalt.»

Wonach und von wem das bildniss vor
dem ersten bande der «Vermischten Schriften»
(1800) gemacht ist, ist mir nicht bekannt geworden.

Eine büste von Henschel ist in der göttinger Universitätsbibliothek aufgestellt. Der
nach Oesterley's zeichnung derselben an-
gefertigte stich von Lœdel steht vor der
neuen ausgabe der «Vermischten Schriften»
(1844).

Lichtenberg hatte eine hohe und besonders
sehr breite stirn mit bemerkbarer wölbung
über den augen. Aus den letztern blickte er
durchaus heiter, fast schalkhaft in die welt.
«Sein herz ist gut, aber wer hätte die streiche
hinter ihm suchen sollen, wenn er zu D. mit
seinen büchern am Adler vorbeiging: doch an
den augen kann man ihm etwas ansehen»
(«Character einer mir bekannten person»).
Auf der büste sind es mehr die ernsten, strah-
lenden augen des genies. Zu diesem den
denker ankündigenden obergesicht bildete ein
ziemlich grosser mund mit auffallend sinnlichen lippen den contrast. Der kopf sass in
den schultern, und man merkte dem sehr
kleinen manne sofort den buckel an, den er
jedoch, namentlich auf dem katheder, mög-
lichst zu verbergen strebte.

Ein facsimile seiner handschrift ist der
letzten ausgabe der «Vermischten Schriften»
ebenfalls beigegeben worden. Er schrieb ziemlich kleine, unschöne, krüppelige buchstaben,
obwol sehr leserlich. Was F. A. Wolff von

Schleiermacher's stil gesagt: «man merke demselben den buckel des autors an», das könnte man auf diese schriftzüge anwenden. Nur seinen namen schrieb Lichtenberg stets mit grossen, schönen lateinischen lettern, das G C und L mit studirter eleganz ineinander verschlungen. Auf den vielen mir vorgelegenen autographen finden sich die vornamen niemals ausgeschrieben.

Die zahlreichen literarhistoriker, welche bisher Lichtenberg's stellung in der deutschen literatur zu bestimmen versuchten, haben, neben manchem richtigen im einzelnen, doch den hauptgesichtspunkt, von dem aus seine literarische bedeutung gewürdigt werden muss, noch gar nicht oder nicht genügend hervorgehoben.

Sie haben völlig zutreffend ausgeführt: Lichtenberg habe zwar die zeitgebrechen, die schwächen seiner zeitgenossen aufs scharfsinnigste herausgefühlt und aufs witzigste gegeiselt, allein über das blosse negiren sei er nie hinausgekommen. Nicht ein grosses, schöpferisches werk sei ihm gelungen.

Ganz in übereinstimmung mit diesem urtheil habe ich seinen bei lebzeiten erschienenen schriften im allgemeinen eine nur temporäre bedeutung zugeschrieben, ja sogar eine beträchtliche anzahl selbständig erschienener werke, wie das «Leben Cook's», des «Kopernikus», den Swift nachgeahmten «Anschlag-

zettel Philadelphia's»*) u. a. nicht einmal
erwähnt. Von ihnen gilt das:

«Sie kamen, sie vergingen mit der zeit.»

Allein es ist eben eine grosse «literarische
curiosität», dass die bei Lichtenberg's leben
erschienenen schriften nur von ephemerer bedeutung, dagegen dem nach dem tode ihres
urhebers ans licht getretenen werke die unsterblichkeit zufiel.

Es fanden sich nämlich in seinem nachlass
sehr zahlreiche «Gedankenbücher», wie er sie
selbst nennt, in die er seit vielen jahren alle
seine beobachtungen über sich und andere,
alle seine philosophischen reflexionen, ein-
fälle, notizen, excerpte jeder art eingetragen
hatte. Namentlich in spätern jahren setzte er
neben jede aufzeichnung das datum. Wenige
tage sind vorbeigegangen, an denen er nicht
etwas aufgeschrieben hätte. Hier legte er alles
nieder, was er bei lebzeiten zwar nicht ver-
öffentlichen wollte, was er aber mit der be-
wussten überlegtheit des genies für die nachwelt bestimmte. So sagt er über den auto-
biographischen theil dieser aufzeichnungen:
«Ich habe schon lange an der geschichte
meines geistes sowol als meines elenden
körpers geschrieben, und das mit einer aufrichtigkeit, die vielleicht manchem eine art

---

*) Nach einem witzigen auctionskatalog Swift's ent-
warf auch Lichtenberg im Taschenkalender von 1798
einen solchen und führte hier das berühmt gewordene
«Messer ohne klinge, an welchem der stiel fehlt» auf.

von mitscham erwecken wird; sie soll mit grösserer aufrichtigkeit erzählt werden als vielleicht irgendeiner meiner leser glauben wird. Es ist dieses ein noch ziemlich unbetretener weg zur unsterblichkeit. Nach meinem tode wird es, der bösen welt wegen, erst herauskommen.»

«Ich habe manchen gedanken gehabt, von dem ich überzeugt sein konnte, dass er dem besten unter den menschen gefallen würde», heisst es an einer andern stelle; und mit naiver selbstbewunderung anderswo: «Wenn ich zuweilen in einem meiner alten gedankenbücher einen guten gedanken von mir lese, so wundere ich mich, wie er mir und meinem system so fremd hat werden können, und freue mich nun so darüber wie über einen gedanken eines meiner vorfahren.» Und wiederum: «Von manchem, der nicht die hälfte von mir werth ist und eine blos auswendig gelernte bemerkung meinem ursprünglichen bestreben entgegensetzt, werde ich ausgelacht. Man sollte doch unterscheiden lernen zwischen dem, was ein mann selbst gedacht hat, und dem, was einer abschreibt.»

Der einzige überlebende bruder Lichtenbergs (1812 als legationsrath in Gotha, verstorben) hat sich das verdienst erworben, diesen unschätzbaren nachlass in den ersten beiden bänden von «Georg Christoph Lichtenberg's Vermischte Schriften, nach dessen tode aus den hinterlassenen papieren gesammelt» (Göttingen, Dieterich, 1800—1801)

herausgegeben zu haben. 1801—1806 folgten
in sieben bänden die bei lebzeiten des verfassers in druck erschienenen schriften. 1844
fg. gaben die beiden söhne eine «neue vermehrte ausgabe» in acht bänden heraus. Die
beiden ersten, den nachlass enthaltenden
bände sind jedoch nur unbedeutend vermehrt.
Die beiden letzten bände enthalten gegen 400
briefe, unter denen jedoch eigentlich nur die
45 an Dieterich gerichteten von bedeutung
sind. Von beiden ausgaben erschienen in
Wien nachdrucke.

Es lässt sich leider nicht mehr beurtheilen,
wie die herausgeber jenes nachlasses im einzelnen verfahren sind und namentlich was sie
nach ihrem eigenen ausdruck «als der öffentlichen bekanntmachung nicht werth» unter-
drückt haben. Zu beklagen ist jedenfalls, dass
sie die vom verfasser seinen aufzeichnungen bei-
gesetzten daten weggelassen haben. Denn
diese würden, namentlich bei den philosophischen aufzeichnungen Lichtenbergs, von grosser
wichtigkeit gewesen sein für die beurtheilung
seines verhältnisses zu Kant. Allein die ori-
ginalmanuscriptenbücher scheinen beim druck
untergegangen zu sein und so haben wir uns
wohl oder übel allein an den nachlass, wie er
gedruckt vorliegt, zu halten.

Ein unmittelbarer einblick jedoch in die
werkstätte seines denkens ist mir gestattet
worden durch die einsicht eines 25 blätter
starken quartheftes, welches sich im nachlass
des bekannten professor Bouterweck zu

Göttingen vorgefunden und jedenfalls bei
herausgabe des gedruckt vorliegenden nachlasses ganz unberücksichtigt geblieben ist.
Dies heft trägt auf der ersten seite den titel:
«Industry and Idleness» und stellt sich also
zunächst als ein brouillon zu Lichtenberg's
Hogarth-Commentar dar. Dass dies heft unmittelbar vor des autors tode begonnen war,
wird durch eine notiz auf der selben titelseite
bewiesen: «1798» und «☉ kehrte um den 21. dec.
nachmittags 1^h 12», während sich auf der
rückseite des titelblattes die bemerkung findet:
«Hogarth gebohren 1698 also gerade vor 100
jahren.» Nun wissen wir ausserdem durch die
aus dem nachlass edirten Hogartherklärungen,
dass Lichtenberg grade über der beschreibung
der platten *Industry and Idleness* vom tode
überrascht wurde, nämlich bei der sechsten
platte an der stelle: «Hogarth hat den halben
löwen angegeben, dazu passt am bessten eine
halbe erklärung, und so schneide ich die
note, so wie er den text, hiermit mitten durch.»
Bis hierhin hatte der verfasser sein werk für
den druck ins reine geschrieben, als ihm die
feder aus der hand fiel. In dem Bouterweck-
schen nachlassheft finden sich nun die weiteren
ungeordneten materialien zu den sechs übrigen
platten von *Industry and Idleness*. Allein es
sind nicht diese Hogarthbemerkungen, welche
das quartheft zu einer kostbaren reliquie
machen: nach dem blatt XII folgt eine rubrik
mit der überschrift «Miscellanea» und hier
sind in der handschrift der unmittelbaren

inspiration, in genialer unordnung, eine lange
reihe jener geistreichen «gedanken» niederge-
schrieben, welche ewig sind wie die maximen
Larochefoucauld's. Ich habe in diesem heft
von 1798 eine anzahl von stellen angetroffen,
die in seinem gedruckten nachlass bereits
mitgetheilt sind und die der autor also zweimal redigirt haben muss. Er verweist in dem
hefte auch mehrfach auf das manuscriptenbuch
«L.». Was hiermit gemeint ist ergibt sich aus
der im gedruckten nachlass befindlichen notiz:
«Die kaufleute haben ihr *waste book*; (sudel-
buch, glaube ich, im deutschen) darin tragen
sie von tag zu tag alles ein, was sie kaufen
und verkaufen, alles unter einander ohne ord-
nung. Aus diesem wird es in das j o u r n a l
eingetragen, wo alles mehr systematisch steht;
und endlich kommt es in den *leidger at double
extrance*, nach der italienischen art buch zu
halten. In diesem wird mit jedem manne besonders abgerechnet. Diess verdient von den
gelehrten nachgeahmt zu werden. Erst ein
buch, worin ich alles einschreibe, so wie ich
es sehe, oder wie es mir meine gedanken ein-
geben. Alsdann kann dieses wieder in ein
anderes getragen werden, wo die materien
mehr abgesondert und geordnet sind; und
der *leidger* könnte dann die verbindung und
die daraus fliessende erläuterung der sachen
in einem ordentlichen ausdruck enthalten.»
In dem Bouterweck'schen nachlassheft haben
wir also eines von Lichtenbergs *waste-books*
vor uns. Ich theile den interessantesten inhalt

5·

dieses heftes als eine wichtige ergänzung zu dem gedruckt vorliegenden nachlass hier mit. Eine neue vollständige ausgabe des gesammten nachlasses, nebst einer auswahl des besten bei lebzeiten Lichtenberg's im druck erschienenen, wird sich sicherlich demnächst als ein bedürfniss herausstellen. Dem künftigen herausgeber seien dann die folgenden sentenzen empfohlen:

A. Zu Hogarth Industry and Idleneß.
Blatt I.

Vielleicht hier die Stelle von der Allgemeinheit Pistols zu nützen. (Fielding works IV, p. 187.)

———

Turn again Whittington. Es werden wenig Menschen seyn, die nicht in ihrem Leben einen solchen Ruf gehört haben, Ut re mi fa sol la selbst. Die Trommeln sprechen: heraus heraus ihr Lumpenhunde. Man kan sich gar an Canonen Alphabet gewöhnen. Keiner unter unsern Lesern wird seyn, der nicht einen solchen Ruf gehört hat — Eulen Ruf. Der einförmige Gesang mancher Vögel. O ich höre öfters bey schlaflosen Nächten der taktmäßigen Ermahnung einer Pendel Uhr zu, die halbe Sekunden schlägt. Mit dem schnelleren Schlag einer Taschen Uhr zugleich gehört wird der Vortrag lebhafter. Ach gerechter Gott wer will wissen aus was für Declinationen und Conjugationen offt unsere Entschlüsse, zumal die wie Eingebungen aussehen, hergeholt sind (Alphabet).

———

Blatt III.

Man sage was man wolle, wenn Kleider auch nicht Leute machen, so machen sie doch Sitten. Bände machen die Bücher nicht, aber man findet sich behaglich.

Blatt VI.

Wenn das Söhnchen gehenckt wird, so haben die lieben Eltern, vorausgesetzt, daß sie ihn bis zum 6ten Paar Beinkleider haben wachsen sehen, immer einige Fäden zum Strick selbst gesponnen. (dic cur hic).

B. Miscellanea.

Man traut den zweiten Auflagen der Menschen wenig (Editions). Hier die Roncaven Blumenblättchen.

Doppelter Louisd'or wiegt noch einmal so viel, glänzt aber nach dem Verhältniß von d².

Charakter: durch die Zähne spucken.

Im Dunckeln roth werden.

Jetzt, wo das Genie so allgemein und der Mutterwitz immer seltener wird.

Mit anderer Leute Meinungen handeln. Kein großes Licht aber ein großer Leuchter.

Er schämt sich nicht einmal ex officio.

Es gibt jetzt so mancherlei Principien, aus denen man herleiten will was man sein soll, daß es kein Wunder wäre, wenn es der swinish multitude einmal einfiele: es möge wohl am besten gethan seyn, wenn man bliebe was man ist. Denn wirklich seyn ist doch fürwahr keine Kleinigkeit! zumal im Vergleich mit dem werden wollen.

Wie mancher Mensch schleift immer an sich und wird stumpf ehe er scharf wird.

Ohne Sägespähne, die beyden Theilen gehören, ist kaum eine Distinction möglich.

Wieviel auf Vortrag ankömmt. Caffee aus Weingläsern, Fleisch bei Tisch mit der Scheere geschnitten und Butterbrodt mit Scheermesser (X. 69).

Alpen Spitzen näher der Sonne, aber kalt und unfruchtbar. X. 58.

Grün die Farbe der Hoffnung nur nicht im Ringe um die Augen.

Eine Art Muscheln bey denen der Darm Canal durch das Hertz geht. X. p. 90.

Unter allen Canälen, die die Natur für die Subsistenz unsres Wesens angelegt hat, ist wohl der Darm Canal, so wie er der längste ist, der wichtigste. Der Großhandel wird allein durch ihn geführt, das wissen die Hypochondristen, alles Uebrige

ift bloß Stapeley. Diefer Canal ift unzähliger Richtungen fähig (alle zu erklären). Ob es Gefchöpfe
giöt, bey denen der Darm Canal durch den Kopf
geht, ift bloß wahrfcheinlich, aber daß es welche giöt,
bey denen der Darm Canal durch das Herz geht
weiß ich von einer Art Mufcheln wenigftens gewiß.

———

Der Unglaube in einer Sache gründet fich auf
den Blinden in einer andern. ibid. (take care υπμ).

———

Fragen aufzufetzen über Alles auch
  die gemeinften Dinge.
Läßt fich nicht Etwas Aenliches
  in andern Dingen angeben
Was ift fein Urfprung
Wo wird es enden
Eine drollige Befchreibung davon
Eine Allegorie
Eine Fabel
Dergleichungen
Läßt es fich zu einem phyf. ver-
fuch nutzen
Was für Gedancken können damit
erläutert werden
Kann es zu einem Gleichniß
  gebraucht werden
Zu welcher Claffe von Dingen ge-
  hört es
Etwas noch nie erhörtes dabey zu
denken und zu fagen.
Ift das auch wahr?
Etwas zu transferiren (Transferings instrument).

hierüber eine besondere Abhandlung zu schreiben. (Ich verstehe mich.) Immer dieses wenigstens bey Jeder Sache einmal zu denken.

———

Das große Loos ist noch nicht gezogen in menschlichen Erfindungen.

———

Dieses sogleich nachzuahmen.

———

Die gantze Classe des Dinges fest zu setzen, und dann auf das Ding zurück zu kommen.

———

Ja nicht mit dem Anfang anzufangen. NB. NB.

———

Remote but kindred objects NB. NB. Alles was nach diesen Regeln erst umständlich ausgeführt ist nachher in wenige Zeilen zu fassen. Ein Haupt-umstand.

———

It. p. 140.

Jedem Dinge einen andern Nahmen geben.

———

Wie kann dieses 1000 mal gesagte wieder neu gesagt werden?

————

Schon aus dem wenigen soeben mitgetheilten könnte man die schriftstellerische eigenthümlichkeit des mannes konstruiren.

Er gehörte wie Larochefoucauld und Pascal, der spanier Grazian und der engländer Sterne zu jenen aphoristischen geistern, männern der intuitiven conception, die nicht die

ausdauer oder die befähigung haben, systema-
tische werke zu schaffen.

Seine kunst bestand darin: kurz und treffend, in schlagworten, witzen oder auch in
breiterer ausführung seine gedanken über welt
und leben zu fixiren, die welt sich in seinem
kopfe spiegeln zu lassen und die kenntniss des
menschen über sich selbst um ein bedeuten-
des zu mehren. Diese vereinzelten sentenzen
und maximen aber krystallisirten sich bei ihm
von selbst zu einem vollkommenen g e d a n k e n -
s y s t e m , und weit entfernt dass er uns nur inco-
härente fragmente hinterlassen, gab er uns ein
in seiner art ebenso vollendetes werk als nur
irgendein die probleme des daseins systematisch behandelnder philosoph oder ein roman-
dichter, der an einem anschaulichen grossen
beispiel die tiefen des socialen lebens darstellt.

Er stellte sich mit seinen gedankenbüchern
an die seite der grossen französischen moralisten.

Montaigne, Pascal, Larochefoucauld, La-
bruyère, Vauvenargues, Chamfort, sie alle
haben auch nichts anderes gethan, als ihre
beobachtungen über sich, über das leben, die
gesellschaft, die literatur, wie sie ihnen sich
von selbst aufdrängten, einfach «zu buch gebracht».*) Ihre werke nehmen jedes seinen

---

*) «*J'ai fait ce que j'ai voulu: tout le monde me
reconnait dans mon livre et mon livre en moi.*» Montaigne.

grossen platz in der französischen nationalliteratur ein, sie erscheinen in immer neuen, sorg-
fältigen ausgaben und sind lieblingsbücher in
der ganzen literarisch gebildeten welt.

Lichtenberg ist diesen eminenten männern
nicht nur durchaus congenial, sondern er hat
vor den Franzosen noch ein unendliches voraus. Das ist die philosophische tiefe des deutschen geistes, die ihm wie wenigen zutheil geworden.

Im anfange seines philosophischen nach-
denkens wandelte er ganz in den fusstapfen
Spinoza's. In einem frühen aphorisma
heisst es:

«Wenn nur der scheidepunkt erst über-
schritten wäre! Mein gott, wie verlangt mich
nach dem augenblick, wo die zeit für mich
aufhören wird zeit zu sein; wo mich der schooss
des mütterlichen Alles und Nichts wieder aufnehmen wird, in dem ich damals schlief als
der Hainberg angespült wurde, als Epikur,
Cäsar, Lucrez lebten und schrieben, und Spinoza den grössten gedanken dachte, der noch
in eines menschen kopf gekommen ist.»

In einem briefe vom 3. juli 1786 erläutert
er, schon mit kenntniss der Kantischen philosophie diesen «grossen gedanken», nämlich
die in der «Ethik» demonstrirte identificirung
von denken und ausdehnung:

«Sowie unsere kenntniss der körperwelt zu-
nimmt, so verengert sich die grenze des geister-
reichs. Gespenster, Dryaden, Najaden, Jupiter
mit dem bart über den wolken u. s. w. sind

nun fort. Das einzige gespenst,*) das wir noch erkennen, ist das was in unserm körper spukt und wirkungen verrichtet, die wir eben durch ein gespenst erklären, sowie der bauer das poltern in seiner kammer; weil der hier, so wie wir dort, die ursache nicht erkennt. Träge materie ist ein blosses menschliches geschöpf und etwa blos ein abstrakter begriff; wir eignen nämlich den kräften eine träge basis zu und nennen sie materie, da wir doch offenbar von materie nichts kennen als eben diese kräfte. Die träge basis ist blos hirngespinst. Daher rührt das infame zwei in der welt: leib und seele, gott und welt. Das ist eben nicht nöthig. Alles was ist, das ist eins und weiter nichts. Ἒν καὶ πᾶν, *Unum et omne.*»

Seit die «Kritik der reinen Vernunft» erschienen war, finden wir ihn ausschliesslich mit Kantischer spekulation beschäftigt. Noch 4 tage vor seinem tode schrieb er an einen verwandten:

«Kant ist gewiss ein grosser und, was wol ebenso viel werth ist, ein wohlmeinender und rechtschaffener mann. Seine «Kritik der reinen Vernunft» ist das werk eines dreissigjährigen studiums. Er hat lange über philosophische systeme vorlesungen gehalten, dadurch sind ihm eine menge von dingen ge-

---

*) Hierher gehört auch der berühmt gewordene satz Lichtenberg's: «Unsere welt wird noch so fein werden, dass es so lächerlich sein wird, einen Gott zu glauben, als heutzutage gespenster.»

läufig geworden, die es unzähligen menschen, selbst von geist, nicht sind, wenigstens
nicht zu dem grade. Daher spricht er oft un-
deutlich ehe man mit ihm bekannt wird.
Man hat bisher geglaubt, wir seien das
werk der dinge ausser uns, von denen wir
denn doch nichts wussten und wissen konnten
als was unser Ich uns angab. Wie also, wenn
es gerade die natur unseres wesens wäre was
diese welt eigentlich macht?»

Und seine diese grösste erscheinung des
achtzehnten jahrhunderts betreffenden, fast 20
jahre lang erwogenen gedanken sind so klar und
tief und denken den Kant'schen idealismus in
solcher weise weiter, dass man Lichtenberg
nicht einen blossen schüler des königsberger
professors nennen kann. Er war ein ihm
durchaus ebenbürtiger, wenn auch ganz anders-
artiger, vor allem nicht so eminent systema-
tischer denker. An kühnheit und klarheit in
dieser seiner weltbetrachtung vom höchsten
standpunkte aus übertrifft er Kant sogar, an
methodisch wissenschaftlicher durchführung
ist jener grösser.

Durch seine künstlerische meisterschaft in
behandlung der sprache ist Lichtenberg zudem, wie schon in der «Einleitung» hervorgehoben, zum nationalschriftsteller geworden,
ein ruhm der Kant versagt bleiben muss.

Wenn wir in jenen im eminenten sinne philosophischen reflexionen Lichtenberg's die
reine theorie des daseins überhaupt erblicken,
so hat er uns in dem sozusagen angewandten

theile seines gedankensystems einen schatz von
speciellen beobachtungen über den menschen,
voll staunenswerther detailkenntniss des herzens, hinterlassen. Diese bemerkungen, kür-
zern oder längern aufsätze sind theils im ernsten stil des naturforschers geschrieben, theils
von Sterne'schen humor angehaucht; oft glän-
zen sie durch den in Deutschland so seltenen
französischen esprit, den zündenden witz des
unnachahmlichen Voltaire. Lichtenberg war
hierin der vorgänger Heinrich Heine's, dessen
erste prosaische schriften auch vielfach gar
sehr an die schreibweise des ironikers von
Göttingen erinnern. (Man vergleiche z. b.
Lichtenberg's humoreske: «Dass du auf dem
Blocksberge wärst» [1799] und Heine's «Harzreise» [1824]).

Als dritter haupttheil seiner cogitata sind
sodann seine urtheile über andere autoren,
über bücher und schriftstellerei überhaupt von
bleibendem werth und um so bedeutsamer als
sie von einem manne herrühren, der mit recht
von sich sagen konnte: «Ich habe überhaupt
sehr viel gedacht, dass weiss ich, viel mehr als
ich gelesen habe.»

Die deutsche literatur hat seit Lichtenberg's tode eine anzahl ähnlicher fragmen-
tisten aufzuweisen: Goethe, Klinger, Friedr.
Schlegel, Novalis, Jean Paul, Arthur Schopenhauer.

Schlegel und Novalis hatten ein weit tie-
feres gefühl für das wahrhaft poetische als

Lichtenberg; Goethe als dichter ersten ranges und in seiner höhern socialen stellung hat eine breitere welt- und lebenskenntniss und nahm erscheinungen in den kreis seiner reflexionen auf, die der zu früh verstorbene, kleine, bucklige professor von Göttingen noch nicht einmal ahnen konnte; auch Jean Paul war ein phantasievollerer denker als der oft nüchterne und trockene physiker und Kantianer. Aber Lichtenberg wird doch neben jenen seinen eigenthümlichen rang behaupten, eine zierde der deutschen literatur, um die uns das ausland nicht beneidet, weil sein ruhm noch nicht einmal in Deutschland seinem verdienst entspricht, über den Rhein, den Canal und die Alpen aber noch nicht gedrungen ist. Er ist unser Larochefoucauld: man kann kein schöneres lob über ihn aussprechen; denn Goethe's lob: «wo Lichtenberg einen witz macht, da ist ein problem verborgen» kann nicht als erschöpfend gelten. Weit höher als Lichtenberg's witze stehen seine ernsten, die höchsten probleme der philosophie und des lebens beleuchtenden bemerkungen. Der «witzige» schriftsteller, als welcher er bisher allein gegolten, wird unendlich in schatten gestellt durch den tiefsinnigen, unerschrockenen selbst- und menschenbeobachter, den weltdenker vom erhabensten standpunkte aus. Er steht in der mitte zwischen Kant und Arthur Schopenhauer, von ihnen bei ihren lebzeiten bewundert,*) für

---

*) Ueber «Kant und Lichtenberg» siehe Dr. Min-

die nachwelt zu einem schönen dreigestirn mit
beiden für immer vereinigt.

---

den's bericht über Kants handexemplar des II. bandes
der «Vermischten Schriften», das er mit sehr zahlreichen randglossen des beifalls versehen hatte. (Alt-
preussische Monatsschrift, Vol. VIII, Heft 4. (1871).
Schopenhauer über Lichtenberg cf. Wille in der Natur p. XVII (2. aufl.); Ethik p. 140 (2. aufl.); Parerga
II, p. 21 (3. aufl.); Nachlass p. 462; u. s. w.

J. G. HERDER.

achdem die erste blütezeit der deutschen dichtung gegen den ausgang
des 13. jahrhunderts mit der höfischen
dorfpoesie des Neithart von Reuen-
thal und des Tanhusaere (beide am hofe des
1246 gestorbenen Friedrich des Streitbaren von
Oesterreich) abgestorben war; nachdem dann
die im 14., 15. und 16. jahrhundert so reichlich und köstlich strömende quelle des volksliedes *) versiegt war, und die unerquickliche
gelehrtenpoesie des die neulateinischen poeten
nachahmenden Opitz **) das 17. jahrhundert

---

*) Was den gleichzeitigen als gewerbe betriebe-
nen meistergesang anlangt, so sagt Koberstein (p. 336
der 5. aufl. ed. Karl Bartsch) von seinem vornehmsten
vertreter mit recht: «Hans Sachs, der 1514 in München sein erstes meisterlied sang, zeigt alle poetische
armuth, alle mängel und unformen der schule.»

**) «Mir wiegt Ein lied Walthers, ja Eine strophe
wie die

Ô wê war sint verswunden alle miniu jar

einen ganzen band von Opitz und Flemming auf»
ruft Jakob Grimm 1822 in der vorrede zu seiner deutschen grammatik aus.

beherrschte: erstand gegen das ende des
dreissigjährigen krieges der erste dichter, der,
zwar dem Cervantes und dem spanischen
schelmenromane folgend, doch eine deutsche
dichtung, einen roman von unvergänglicher
schönheit schuf: Christoph von Grimmels-
hausen. Aber er sang mit dem «Simplicissimus»
das schwanenlied der dichtung. Seit dem west-
fälischen frieden erlosch in dem verwüsteten
und an den gliedern seines leibes verstümmel-
ten vaterlande mit dem politischen auch alles
literarische leben. Wie viele namen auch das
ende des 17. und anfang und mitte des 18.
jahrhunderts in den literaturgeschichten be-
zeichnen: einen dichter der eine stellung in
der weltliteratur beanspruchen könnte, finden
wir nicht darunter.

Der schlesier Günther*) hatte einige rührende naturlaute gefunden, aber nur wie ein
meteor, kurze zeit leuchtend, erschien er am
horizont jener klassischen, französirten, alexan-
drinischen anti-nationalliteratur. Liscow schrieb
zuerst eine vortreffliche prosa,**) allein es
fehlte ein bedeutender inhalt.

Mit dem staatlichen aufblühen Preussens
unter Friedrich dem Grossen hebt naturgemäss
auch eine neue epoche der deutschen literatur
an. Wie sehr die begründer derselben dies

---

*) «Gedichte» erste ausgabe 1723, nach seinem
kurz zuvor, im alter von 26 jahren erfolgten tode.
**) Vollständige sammlung, von ihm selbst edirt,
1739.

selbst empfanden, zeigt Goethe, der in «Wahrheit und Dichtung» sagt: «Der erste wahre und höhere eigentliche lebensgehalt kam durch Friedrich den Grossen und die thaten des siebenjährigen krieges in die deutsche poesie. Jede nationaldichtung muss schaal sein, die nicht auf den ereignissen der völker ruht.» Nur hätte er nicht Gleim und Ramlers politische reimereien, sowie den als dichter so unglaublich überschätzten Lessing, der sich selbst bekanntlich weit richtiger taxirte, als beweis des neuen anführen sollen. Die sache ist vielmehr die, wie es ein anderer angehöriger jener neuen aera, der geniale Wilhelm Heinse, in einem briefe vom 24. januar 1779 ausdrückt: «Unser grosser könig müsse von tage zu tage stärker und jünger werden und sein lorbeer ihm immer freudiger um die schläfe grünen!.. dies bleibt immer die lebensluft, ohne welche bei allem nichts gedeihen kann.»

Nicht von Lessing, nicht von Klopstock, noch weniger von Wieland ist diese neue epoche zu datiren: sie datirt von Johann Gottfried Herder.

Herder wurde als der sohn eines tuchmachers, später glöckners und elementarlehrers zu Mohrungen in Ostpreussen, den 25. august 1744 geboren. Er empfing seine erste bildung in Königsberg, wo er Kants vorlesungen besuchte und dessen persönlichen umgang genoss, sowie den des wunderlichen Hamann. Vermuthlich durch Kant wurde er mit den schriften J. J. Rousseaus

bekannt: wie denn die biographen Kants
berichten, dass in dem studirzimmer des
königsberger weisen das portrait des philosophen von Genf als einziger zimmerschmuck am
ehrenplatz aufgehängt war. Ein gleichzeitiges
gedicht des jungen Herder schliesst: «Mich
selbst will ich suchen, dass ich mich endlich
finde und dann mich nie verliere: komm, sei
mein führer, Rousseau!» («Lebensbild Herders» I., i. p. 252). Er folgte Rousseau, aber
nicht auch auf dessen irrwegen. Sich und die
welt studirte er, und nicht nur in der heimat,
sondern auch auf reisen, im London Shakespeares und Sternes, in dem mutterlande
Ossians und in Paris, der stadt Voltaires,
Rousseaus und Diderots. Degerando, der französische geschichtsschreiber der philosophie
(übersetzt von Tennemann 1806), sagte daher
von Herder: er habe den menschen studirt auf
dem theater der gesellschaft. Dieser freie welt-
blick, sowie das zurückgehen auf die ächte, vom
conventionellen nicht getrübte natur, auf das
nationalcharakteristische im leben der völker
und in der literatur zeichnet denn Herders
erste schriften aus. Es waltet in ihnen etwas
ganz neues, ursprüngliches, schöpferisches.
Sie sind wie eine offenbarung. Ohne seinen
namen gab er im jahre 1767 ein buch
heraus «Ueber die neuere deutsche Literatur.
Erste Sammlung von Fragmenten. Eine Beilage zu den Briefen die neueste Literatur betreffend!» o. o. 1767 (180 seiten). Gleich auf

dem zweiten blatte des inhaltsverzeichnisses
lesen wir: «Alles aus dem geist des zeitalters
betrachtet» und in der ausführung dazu: «Homer, Aeschylus, Sophokles, hätten sie ihre
werke in unsrer sprache, bei unsern sitten
schreiben können? niemals! — Sowenig als
wir Deutschen je einen Homer bekommen
werden, der das in allen stücken für uns sei,
was jener für die Griechen war. So sehr ver-
zweifle ich also an übersetzung der ältesten
griechischen dichter.» Und so zürnt er denn:
«Wann wird unser publikum aufhören, dieses
dreiköpfige apokalyptische thier: schlecht grie-
chisch, französisch und britisch auf einmal zu
sein? Wann wird man den platz einnehmen,
den unsere nation verdient, prosa des guten
gesunden verstandes und philosophische poesie
zu schreiben?» — Hieran schlossen sich die
wichtigsten ausführungen über die deutsche
sprache. Wolf und andere «philosophen» hatten
eine ungeschichtliche sprachverbesserung vor-
geschlagen, alles auf ganz deutliche, abstracte
begriffe reduciren, alle «uneigentlichen ausdrücke» und überflüssigen synonyma einfach
verbannen, kurz die sprache ihres eigentlichen
geistes, ihres sinnlich-anschaulichen elements
entkleiden und eine abstracte vernunftsprache
daraus machen wollen. «In einer sinnlichen
sprache», sagt Herder, «müssen uneigentliche
wörter, synonymen, inversionen, idiotismen
sein. Die idiotismen sind schönheiten, die
uns kein nachbar durch übersetzung rauben

kann: schönheiten, in das genie der sprache
eingewebt, die man zerstört, wenn man sie
austrennt: reize, die durch die sprache, wie
der busen der Phryne durch einen seidnen
nebel, durchschimmern. — Warum haben
Shakespeare, Hudibras, Swift und Fielding
sich so sehr das gefühl ihrer nation zu eigen
gemacht? Weil sie die fundgrube ihrer sprache
durchforschten und ihren humor mit idiotismen gepaart haben. — Keine partei hat auch
in diesem stücke dem wahren genie der deutschen sprache so sehr geschadet, als die Gott-
schedianer ... Man machte sowohl die inversionen als idiotismen der Schweizer lächerlich
statt sie zu prüfen. Die sprache der letzteren
ist aber der alten deutschen einfalt treuer geblieben ... Hätte der patriarchalische B o d -
m e r auch kein andres verdienst — wie hoch
hat man Ramlern und Lessingen ihren Logau
angerechnet — und aus der a l t e n s c h w ä b i -
s c h e n p o e s i e ist doch in der sprache weit
mehr zu lernen als aus Logau.» Die «Zwote
Sammlung von Fragmenten» o. o. 1767 (380
seiten) handelt von der mythologie. «Es wäre
ein angenehmer und nützlicher versuch diese
nationalvorurtheile vieler völker zu sammeln,
zu vergleichen und zu erklären. Für die dichter sind dieses nationalvortheile ... Würde
man sorgsam sein, sich nach alten national-
liedern zu erkundigen, so würde man nicht
blos tief in die poetische denkart der vorfahren
dringen, sondern auch stücke bekommen, die
den oft so vortrefflichen *ballads* der Briten,

den *Chansons* der Troubadore, den romanzen
der Spanier, oder gar den feierlichen Sagoliuds
der alten Skalden beikämen.» Die «dritte Sammlung» erschien Riga, bei Hartknoch 1767. Sie
handelt zunächst vortrefflich von der verderblichen einwirkung des Lateinischen auf unsre
sprache und giebt übrigens vergleichungen
römischer dichter mit ihren deutschen nachahmern, wie in dem vorigen fragment eine
solche mit den Griechen angestellt war: beides
jetzt ohne interesse.

Auf der so angetretenen entdeckungsreise
nach grund und wesen der dichtung that er
schon zwei jahre später einen wichtigen schritt
weiter. Wieder anonym, obwohl durch das erste
buch schon in ganz Deutschland bekannt geworden, gab er heraus: «Kritische Wälder. Oder
Betrachtungen, die Wissenschaft und Kunst
des Schönen betreffend, nach Massgabe
neuerer Schriften. Erstes Wäldchen. Herrn
Lessings Laokoon gewidmet.» o. o. 1769
(278 seiten).

Hier widerlegte er die eben erschienene
Lessing'sche schrift als das hervorragendste
muster der bisherigen, schulmässigen, aristotelisirenden, unhistorischen kritik so gründlich,
dass von dem scheinbar scharfsinnigen gebäude
dieses gelehrten und vortrefflich schreibenden
philologen auch kein stein auf dem andern
blieb.

Lessing hatte gesagt: die bildende kunst
drücke nichts aus was sich nur transitorisch
denken liesse, weil eine transitorische erschei-

nung durch die verlängerung der kunst wider-
natürlich werde, bei einem lachend dargestellten La Mettrie das lachen bei wiederholter
erblickung zuletzt grinsen werde. «Mit diesem
grundsatz, ruft Herder (p. 111 der vor mir lie-
genden originalausgabe), «wird die kunst todt
und entseelt gemacht: sie verliert alle seele
ihres ausdrucks. Alle sinnlichen freuden sind
blos für den ersten anblick, und für ihn allein
sind auch die erscheinungen der schönen
kunst».

Lessing hatte gesagt: die bildende kunst
stelle das nebeneinander, das coexistente, körper; die poesie das aufeinanderfolgende, die
succession, folglich handlungen und nur diese
dar. Die natürlichen mittel der ersteren seien
figuren und farben im raume, der letzteren
artikulirte töne in der zeit. Herder rief aus:
«Der grund ist wankend, wie wird das gebäude
sein! Ehe wir dieses sehen, lasst uns jenen erst
auf eine andere art sichern!» (p. 200.) Er unterschied zwischen ἔργον und ἐνέργεια, die bildenden künste lieferten werke, die während der
arbeit noch nichts, nach der vollendung alles
sind; die dichtung wirke durch die energie
schon in jedem einzelnen verse und nur hier-
durch als ganzes. «Die poesie wirkt durch
kraft. Durch kraft, die einmal den worten
beiwohnt, durch kraft, die zwar durch das ohr
geht, aber unmittelbar auf die seele wirkt.
Kraft, die dem innern der worte anklebt, die
zauberkraft, die auf meine seele durch die
phantasie und erinnerung wirkt: sie ist das

wesen der poesie, nicht aber liegt es in der
folge der töne*) und worte.»

Ferner: «Ich leugne es, dass gegenstände,
die auf einander folgen, deswegen handlungen
heissen (erst durch hinzukommende kraft wird
handlung) und ebenso leugne ich es, dass, weil
die dichtkunst successionen liefere, sie deswegen handlungen zum gegenstande habe.
Wenn mich die praxis Homers auf die bemerkung führt: Homer schildert nichts als fortschreitende handlungen, so darf ich nicht den
hauptsatz darauf schlagen: die poesie schildert nichts als fortschreitende handlungen.
Homer ist nicht der einzige dichter: es gab

---

*) Durch die folge der töne, setze ich hinzu, wirkt
die musik: sie ist wesentlich eine nicht intellek-
tuelle kunst, eine kunst der natur, der materie: die
poesie ist eine kunst des geistes für den geist,
das komplement der philosophie, nur die philosophie
in anschauung übersetzt. Auch der vogel singt und
spricht durch die folge der töne seine empfindung aus
wie das höchste musikalische kunstwerk. Die musik
giebt eine weltempfindung, die oper ist «das lie-
bende weib» nach Richard Wagners definition; die
poesie, das drama giebt eine weltanschauung. So
sprach Herder oben von einer «philosophischen poesie»
und sagt anderswo: «Wenn wir von einem neuen
dichter hören, so erwarten wir zuerst und vor allem
einen laut der allgemeinen stimme, des wunsches
und strebens der nationen, den nachklang
des mächtigen zeitgeistes.» Einer weltanschauung im höchsten sinne ist freilich erst das 19. jahrhundert fähig, seitdem Kant, Schopenhauer und die
naturforschung auf der einen seite, Hegel und Buckle
auf der andern eine völlige revolution im weltge-
schichtlichen denken bewirkt haben.

bald nach ihm einen Tyrtäus, Anakreon, Pindar,
Aeschylus u. s. w. Jede gedichtart hat ihr eigenes ideal, eine ein höheres, schwereres, grösseres als eine andere; jede aber ihr eigenes. Aus
einer muss ich nicht auf die andere, oder gar
auf die ganze dichtkunst gesetze bringen.»

«Ich leugne herrn L. viel und in seinem
grunde Alles.»

Und so verkündet er denn am schlusse
dieses ersten bandes (p. 277) siegreich: «Ich
habe jetzt in der materie, die Laokoon abhan-
delt, den grund gesichert; die folge wird zeigen,
was sich darüber aufführen lasse.»

Er zeigte dies bald und zwar in den «Blättern von deutscher Art und Kunst» (Hamburg
1773), welche mit seiner abhandlung «Ueber
Ossian und die Lieder alter Völker. Ein Auszug aus Briefen» (p. 1—10) anheben und
(p. 71—118) den aufsatz «Shakespeare»
enthalten, welch letzterer schon 1771 geschrieben war (vgl. Aus Herders Nachlass III,
p. 81). Ich nehme gleich die «Aehnlichkeit der
mittlern englischen und deutschen Dichtkunst»
(im «Deutschen Museum» 1777) hinzu.

Lessing hatte an Shakespeare die selben
regeln angelegt wie an Sophokles, Corneille
und Voltaire. Herder sprach das grosse wort
aus: «In Griechenland entstand das drama,
wie es im Norden nicht entstehen konnte. In
Griechenland wars, was es im Norden nicht
sein kann. Im Norden ists also nicht und darf
nicht sein, was es in Griechenland gewesen.
Also Sophokles drama und Shakespeares drama

sind zwei dinge, die in gewissem betracht kaum
den namen gemein haben. O wenn Aristoteles
wieder auflebte und den falschen, widersinnigen
gebrauch seiner regeln bei dramas ganz anderer art sähe!» Indem Herder das griechische drama ein allegorisch-mythologisch halb
episches gemälde nannte, ein dramatisches
bild mitten im chor, dessen feierliche
handlung, von grösster simplicität, im tempel,
palast, gleichsam auf einem markt des vaterlandes vor sich ging: so wies er damit das
plastische, das objektive der alten kunst nach,
deren träger der religiöse mythus war. Indem
er von Shakespeare sagte: «die ganze welt ist
zu diesem grossen geiste allein körper, alle
auftritte der natur an diesem körper glieder,
wie alle charaktere und denkarten zu diesem
geiste züge»: so zeigte er den individuellen
geist, das subjektive als das prinzip der neuen
kunst auf. Der antiken kunst war die schönheit gesetz, uns, die wir nach Christi geburt
leben, das weltbedeutsam-charakteristi-
sche, aus dem eine weltanschauung*) re-

---

*) Dass die ersten regungen dieses modernen kunst-
geistes sich schon im Dante entfalten, auch darauf
machte Herder (1778 in seiner preisschrift «Ueber
die Wirkung der Dichtkunst auf die Sitten der Völker
in alten und neuen Zeiten») aufmerksam: «Die italienische poesie war's, die sich zuerst formte. Im
grossen Dante kämpfen noch all seine leidenschaften;
sein gedicht ist umfang seines herzens, seiner seele,
seiner wissenschaft, seines besondern und öffentlichen
lebens .... es umfasst die blüte aller mysterien und

sultirt. Als träger des englischen, wie auch
des spanischen dramas hat Herrig die n o v e l l e
und die novellistisch aufgefasste geschichte
nachgewiesen. (Vgl. p. 10). Auf der basis der
von der seite des interessanten geschehens
aufgefassten geschichte hat nun Shakespeare,
wie O. Ludwig bemerkt, die leidenschaften-
tragödie in allen ihren gattungen völlig er-
schöpft. Eine originale nachfolge ist demnach
nicht möglich und Herder'n täuscht seine
freundschaft für Goethe, wenn er den Shakespeare - aufsatz mit dem hinweis auf die gegenwart schliesst: «Glücklich, dass ich noch im
ablauf der zeit lebte, wo ich i h n begreifen
konnte, und wo du, mein freund, der du dich
bei diesem lesen erkennest und fühlst, und den
ich vor seinem heiligen bilde mehr als einmal
umarmt, wo du noch den süssen und deiner würdigen traum haben kannst, sein denkmal a u s
u n s e r n r i t t e r z e i t e n in unsrer sprache, unserm so weit abgearteten vaterlande herzu-
stellen. Ich beneide dir den traum und dein
edles wirken. Lass nicht nach, bis der kranz
dort oben hange!»*)

moralitäten, himmel und erde.» Hiemit ist zu vgl.
Burckhardt, Cultur der Renaissance 1. aufl. pp. 131 f.
305 f. 309.

*) 1774 erschien *Love's labour lost*, übersetzt von
Reinhold Lenz, eingeleitet durch «Anmerkungen übers
Theater», welchen die notiz vorangestellt war: «Diese
schrift ward zwei jahr vor erscheinung der Deutschen
Art und Kunst und des Götz von Berlichingen in einer
gesellschaft guter freunde vorgelesen.» Lenz entwickelte:

Diese ganz neue ansicht von dem natio-
nalen und subjektiv-künstlerischen in Shakespeare's dramen, von denen er jedem einzelnen wieder ein besonderes «individuelle, einen
lokalgeist» zuschrieb, führt der zweite erwähnte
aufsatz auch für die lyrik durch: «Je wilder,
d. i. je lebendiger, je freiwirkender ein volk
ist (mehr heisst dies wort nicht!), desto wilder,
d. i. desto lebendiger, freier, sinnlicher, lyrisch
handelnder müssen auch seine lieder sein. —
Vom lyrischen, vom lebendigen und gleichsam
tanzmässigen des gesanges, von lebendiger gegenwart der bilder, vom zusammenhange und
gleichsam nothdrange des inhalts der empfindungen, vom gange der melodie, und von
hundert andern sachen, die zur lebendigen
welt, zum spruch und nationalliede gehören —
davon und davon allein hängt das wesen, der
zweck, die ganze wunderthätige kraft ab, die
diese lieder haben. — Das sind die pfeile dieses

---

die griechische tragödie hätte es allein auf die handlung abgesehen, Shakespeare auf den charakter. «Wir
müssen von einem andern punkt ausgehen, als Aristoteles, von unserem volksgeschmack. Und da finde
ich, dass er beim trauerspiel immer drauf losstürmt:
Das ist ein Kerl! Das sind Kerls!» Vgl. Gruppe,
R. Lenz, Berlin 1861. p. 259. Dass Lenz, als ihm
benachbarter und mit ihm aufgewachsener Liefländer,
ganz unter Herders einfluss stand, ist gewiss. Herders
superiorität erkannte er auch sonst willig an; wie er
denn von Strassburg aus 1776 an Herder in Weimar
sein stück «Die Soldaten» mit den worten schickte:
«Hier, Hierophant! in Deinen heiligen händen das
stück.» Herder besorgte den druck.

wilden Apollo, womit er herzen durchbohrt
und woran er seelen und gedächtnisse heftet.
— Alle gesänge solcher wilden völker weben
um daseiende gegenstände, handlungen, be-
gebenheiten, um eine lebendige welt. — Ich
weiss, dass auch wir Deutschen solche gedichte
haben. In mehr als einer provinz sind mir
volkslieder, provinziallieder, bauerlieder bekannt, die an lebhaftigkeit und rhythmus, naivetät und stärke der sprache vielen der andern
nichts nachgeben würden; nur wer ist, der sich
um sie bekümmere? sich um die lieder des
volks bekümmere, auf strassen, gassen und
fischmärkten? um ungelehrten gesang des land-
volks? um lieder, die oft nicht skandirt und
oft schlecht gereimt sind — wer wollte sie
sammeln? — wer für unsre kritiker, die ja so
gut silben zählen und skandiren können,
drucken lassen? — Lass die Franzosen ihre
alten chansons sammeln! Lass Engländer ihre
alten *songs*, balladen und romanzen in prächtigen bänden herausgeben! — Unsre neuen
dichter sind ja schöner — wir haben ja me-
taphysik und dogmatiken und akten — und
träumen ruhig hin.» Und noch treffender in
der späteren abhandlung: «Aus älteren zeiten
haben wir durchaus keine lebende dichterei,
auf der unsere neuere dichtkunst, wie sprosse
auf dem stamm der nation gewachsen wäre;
dahingegen andere nationen mit den jahrhun-
derten fortgegangen sind und sich auf eigenem
grunde, aus nationalprodukten, auf dem glauben und geschmack des volks, aus resten alter

zeiten gebildet haben. Dadurch ist ihre
dichtkunst und sprache national geworden. Wir armen Deutschen sind von jeher
bestimmt gewesen, nie unser zu bleiben: immer
die gesetzgeber und diener fremder nationen,
ihre schicksalsentscheider und ihre verkauften,
ausgesognen sklaven, und so musste freilich,
wie alles, auch der deutsche gesang werden —

Ein Pangeschrei! ein Widerhall
Vom Schilfe Jordans und der Tiber
Und Thems' und Seine. —

Hohe, edle sprache! grosses, starkes volk!
Es gab ganz Europa sitten, gesetze, erfindungen, regenten und nimmt von ganz Europa
regentschaft an. Wer hats werth gehalten, seine
materialien zu nutzen, sich in ihnen zu bilden,
wie wir sind? Bei uns wächst alles *a priori*,
unsre dichtkunst und klassische bildung ist
vom himmel geregnet. — Unsre klassische
literatur ist paradiesvogel, so bunt, so artig,
ganz flug, ganz höhe und — ohne fuss auf
die deutsche erde. — Grosses reich, reich
von zehn völkern, Deutschland! du hast keinen
Shakespeare, hast du auch keine gesänge deiner
vorfahren, deren du dich rühmen könntest?
Schweizer, Schwaben, Franken, Baiern, West-
fäler, Sachsen, Wenden, Preussen — ihr habt
allesammt nichts? Die stimme eurer väter ist
verklungen und schweigt im staube? Volk
von tapfrer sitte, von edler tugend
und sprache, du hast keine abdrücke

deiner seele die zeiten hinunter? Kein
zweifel! Sie sind gewesen, sie sind vielleicht
noch da. — Nur wir müssen hand anlegen,
aufnehmen, suchen, ehe wir alle klassisch gebildet dastehen, französische lieder singen
wie französische menuets tanzen oder gar
allesammt hexameter und horazische oden
schreiben.»

Und so gab denn Herder im jahre 1778
wirklich den ersten band seiner «Gesänge der
Völker» heraus, in der vorrede die summe aller
soeben analysirten aufsätze in der definition
der volkspoesie ziehend: «Sie lebt im ohre
des volkes, auf den lippen und der harfe lebendiger sänger; sie sang geschichte, be-
gebenheit, geheimniss, wunder und zeichen:
sie war die blume der eigenheit eines
volks, seiner sprache und seines landes,
seiner geschäfte und vorurtheile, seiner leidenschaften und anmassungen, seiner musik und
seele.»

Und er, der die beschwörungsformel
über die entschlafene deutsche dichtung gesprochen, erlebte auch die freude ihrer auf-
erstehung. Er fand die schüler, die seine
lehren ins leben setzten, «die that zu seinen
gedanken»: Goethe, Bürger und Lenz. Ich
nenne hier nur die ersten, welche zugleich
wirklich persönlich durch Herder angeregt
wurden. Goethe bekannte in «Wahrheit und
Dichtung»: «Ich wurde [durch Herder] mit der
poesie von einer ganz anderen seite, in einem
ganz anderen sinne bekannt als bisher.» Auch

Bürger wird wohl Herders bekanntschaft, der
im herbst 1770 und februar 1772 in Göttingen
die bibliothek benutzte, gemacht haben. (Vgl.
übrigens unten p. 128). Dass ein solcher einfluss nicht möglich gewesen, wenn dem lehr-
meister nicht die schöpferische kongenialität
entgegengekommen wäre, versteht sich von
selbst. Ueberhaupt sprach Herder natürlich
nur aus, was im schoosse der zeit längst reif
geworden und was allen bedeutenden geistern
gleichsam auf der zunge lag. Durchaus ist
hier auch der freilich sehr selbständige, von
Wieland, dem er erst anhing, bald nicht
mehr verstandene und desavouirte W i l h e l m
H e i n s e zu nennen, der den bedeutendsten
einfluss auf die bildende kunst in Deutschland
ausübte, durch seine ausgezeichneten, noch
heute unübertroffenen briefe über die Düssel-
dorfer gallerie, seine berichte aus Italien und
seine künstlerromane.

Später suchten die romantiker Herders
initiativen durchzusetzen, wenn sie die nationale sehnsucht nach einer epoche der dichtung, der ersten herrlichen des mittelalters
ähnlich, auch nicht befriedigen konnten. —
Wie in Deutschland vollzog sich, wenn
auch viel später, bei den Franzosen die
rückkehr zu dem ersten blütenalter ihrer
literatur, zum 15. und 16. jahrhundert, zu
Villon, zu dem autor der Farce von Pa-
thelin, den *C nouv. nouvelles* und *XV joies* (Antoine de la Sale), zu Rabelais und Regnier:
hier fand man nun den ächten alten franzö-

sischen nationalgeist (*esprit gaulois*), konkre-
testen individuellen realismus, moderne sub-
jektivität. Da wehte eine andere luft als in der
klassisch eleganten hofpoesie des *siècle Louis
XIV* (wozu ich den grossen Molière natürlich
nicht rechne). Und deutsche anregungen tru-
gen dazu bei, England wieder zu Chaucer und
Shakespeare zurückzuführen.

Wie endlich die wissenschaft der deutschen
philologie durch Herder geschaffen wurde, so
waren seine «Ideen zur Geschichte der Menschheit» die vorläufer von Hegel's «Philosophie
der Geschichte».

Auf das jahr 1773 zurückzukommen, so
erschien in demselben der «Götz von Berlichingen», auf den Herder oben so rührend
hindeutet, und den Goethe wenige jahre später
durch unser grösstes nationales gedicht, den
unsterblichen · «Faust», so weit übertreffen
sollte; im selben jahre Bürger's «Lenore»;
um die selbe zeit die so wunderbar tiefen, mit
allem reiz des selbsterlebten ausgestatteten
lieder des unglücklichen freundes von Goethe
und Herder, Reinhold Lenz, sowie sein erstes,
aus der unmittelbaren gegenwart gegriffenes
drama «Der Hofmeister».

Es ist belehrend zu sehen, wie sich die
vertreter des *ancien régime* in der deutschen literatur dieser ganz neuen poesie gegenüber be-
nahmen.

Lessing zeigte durch sein bekanntes weg-
werfendes urtheil über «Werther's Leiden», dass
er von der poesie des einzigen deutschen ro-

mans, der neben dem Simplicissimus genannt
zu werden verdient, lediglich nichts verstanden
hatte. Ueber den Götz hat er sich meines
wissens nie öffentlich vernehmen lassen, eben
so wenig wie über Bürger — ein beredtes
schweigen.

Wie Wieland die deutsche ballade auf-
nahm, das berichtet die interessante einleitung
von Johannes Falk zu der 1825 erschienenen
neuen ausgabe von Herder's volksliedern.
«Die grazien», sagte Wieland zu Falk, «hatten
von jeher einen so engen kreis um mich gezogen, dass ich nicht heraus konnte. Viele
kecke worte, z. b. kurrig und dgl., welcher
sich späterhin Goethe und Bürger mit erfolg
bedienten, sind wohl auch in meinem kopf
und in meiner feder gewesen: aber ich hätte
um alles in der welt sie nicht wollen heraus-
fallen lassen. Wie heute noch erinnere ich
mich, als die Lenore von Bürger erschien und
ich mehrmals von damen befragt wurde: ob
ich denn das wundervolle gedicht von «Graut
Liebchen» noch nicht gelesen hätte? dass ich
mich ordentlich mit einer art von ekel und
widerwillen davon abwandte, weil ich «Kraut-
liebchen» verstand und irgend wieder eine
neue naivetät, im beliebten bänkelsänger-
styl, erwartete.»

Gleich der Wieland'schen gallomanie war
auch das Klopstock'sche odenwesen hier durch
die that ein für allemal überwunden. Herder
hatte zwar dem Klopstock wegen seiner edlen
patriotischen gesinnung, seines strebens die

dichtung mit nationalem gehalt zu erfüllen, ein immerhin jedoch nur relativ gemeintes lob zu theil werden lassen, andrerseits hatte er aber doch nicht unterlassen können, in seiner recension der odensammlung von 1771 im ersten buch manche stücke für blosse tiraden der phantasie zu erklären und im dritten buch sehr kunstvolle abhandlungen sehr unodenmässiger gegenstände zu finden. Auch die andern gleichzeitigen dichter hatte er in den «Fragmenten» (1767) sehr gelobt und z. b. Gleim wegen seines «Grenadiers» über den Tyrtäus gestellt: halte ich für blosse accommodation, um es nicht mit der ganzen sippe auf einmal zu verderben. Zehn jahre später spricht er schon ganz anders. Nachdem Bürger aufgetreten war, erwartete er von ihm alles, was Klopstock nicht geleistet hatte und wie er seinen aufsatz über Shakespeare mit Goethe, so schloss er den über die «Aehnlichkeit der englischen und deutschen Dichtkunst» mit Bürger: «Wenn Bürger, der die sprache und das herz dieser volksrührung tief kennet, uns einst einen deutschen helden- oder thatengesang voll aller kraft und alles ganges dieser kleinen lieder gäbe: ihr Deutschen, wer würde nicht zulaufen, horchen und staunen? Und er kann ihn geben; seine romanzen, lieder, selbst sein verdeutschter Homer ist voll dieser accente und bei allen völkern ist epopöe und selbst drama nur aus volkserzählung, romanze und lied geworden.»

Dass in der that von Klopstock der neuen

7 *

literaturepoche das heil nicht gekommen war, das beweisen am klarsten für den, der sehen will, die entwicklungen, die sich an ihn schlossen: im süden das jetzt längst verurtheilte bardenwesen, im norden der hainbund, dem unbegreiflicher weise noch immer eine bedeutung für die nationalliteratur beigelegt wird. Merck, der freund Herder's und Goethe's, verstand es besser. Als die beiden grafen Stollberg Goethe zu einer Schweizerreise abholten, sagte er: «Dass du mit diesen burschen ziehst, ist ein dummer streich ... du wirst nicht lange bei ihnen bleiben ... dein bestreben, deine unablenkbare richtung ist, dem wirklichen eine poetische gestalt zu geben, die andern suchen das sogenannt poetische, das imaginative zu verwirklichen und das gibt nichts wie dummes zeug». Und von Klopstock selbst schrieb Merck (1775): «Ich muss aufrichtig gestehen, dass ich ihn nie, nach meiner vorstellungsart, für einen wahren poetischen kopf gehalten habe». Seine vorstellungsart war, wie er sie einmal vortrefflich ausdrückt: ein dichter müsse in jedem vorgang des wirklichen lebens die magie des epos sehen.

Und was ist von Hölty, Miller, Hahn oder gar Vossens gedichten irgend bis heute wirklich am leben geblieben? Ich hoffe, man wird mir nicht des pfarrers Luise entgegenhalten.

Bürgers unsterbliche lieder, die Herder voll von den accenten des ächten volksliedes fand, erfreuten sich indess nicht des selben

lobes bei einem andern berühmten dichter
und kritiker, der mit Lessings waffen gegen
diese ganz neue liederpoesie zu felde zog, obwohl er seine literarische laufbahn 1781 mit
einem sturm- und drangstück begonnen hatte.
In den darauf folgenden 10 jahren war er
indess ein idealer metaphysiker geworden,
welcher die aesthetik der dichtung nach
Kant nacherfundenen schematismen und mit
der durch Herder längst todtgeschlagenen
Hamburgischen Dramaturgie in der hand kon-
struirte.

Die recension über Bürgers gedichte in
in der Allg. Literatur-Zeitung von 1791 erschien anonym, ist aber noch im jahre 1802
von Schiller ausdrücklich gut geheissen und
von ihm in seine werke aufgenommen worden.

Schiller ging in dieser recension von dem
allgemeinen begriff des dichters aus, der die
sitten, den charakter, die ganze weisheit der
zeit in seinem spiegel sammeln müsse: ein
ideal, dem Bürger in der that nicht entsprach
und nicht entsprechen konnte. Allein Schiller
erläuterte hier nur den ausspruch Hamlets:
«das schauspiel solle der natur gleichsam
den spiegel vorhalten, den körper der zeit gestalten und das jahrhundert in einem abdruck
zeigen», den er völlig verkehrt auch auf alle
klassen der lyrischen dichter anwendet. Ein
wirklicher dichter, der nichts thut als seine
eigenen leidenschaften mit künstlerischer
weihe darstellt, ist darum immer ein dichter,
wenn er auch nicht zu jenen ersten ranges

zählt, aus deren werken eine weltanschauung resultirt.

Lessing, argumentirte Schiller weiter, habe dem tragödiendichter zum gesetz gemacht, keine seltenheiten, keine streng individuellen charaktere und situationen darzustellen: dies gelte noch weit mehr vom lyrischen dichter. Er müsse sich einer gewissen allgemeinheit in den gemüthsbewegungen um so mehr befleissigen, je weniger er sich über das eigenthümliche des anlasses verbreiten könne und dürfe. Das individuelle und lokale müsse zum allgemeinen erhoben werden. Bürger's gedichte an Molly seien nun produkte einer solchen ganz eigenthümlichen lage und das davon unzertrennliche unideale störe den genuss. Denn der dichter müsse sich von der gegenwart loswickeln und frei und kühn in die welt der ideale emporschweben. Er müsse den gegenstand seiner begeisterung von seiner individualität loswickeln. Die Bürger'schen gedichte seien aber nicht blos gemälde einer eigenthümlichen (und sehr undichterischen) seelenlage, sondern auch offenbar geburten derselben. Mitten im schmerze dürfe man denselben aber nicht besingen, sonst sinke die empfindung von der idealen allgemeinheit zur unvollkommnen individualität hinab. — Von dem berühmten «Hohen Liede» urtheilte Schiller daher, es sei «ein sehr vortreffliches gelegenheitsgedicht, dessen entstehung und bestimmung man es allenfalls verzeiht, wenn ihm die ideaische reinheit und vollendung fehle, die allein den guten geschmack befriedigt».

Es scheint fast, dass Goethe diesen satz vor augen hatte, als er in «Wahrheit und Dichtung» schrieb: «Das gelegenheitsgedicht, die erste und ächteste aller dichtarten, ward verächtlich auf einen grad, dass die nation noch jetzt nicht zu einem begriff des hohen werths desselben gelangen kann». Wie er denn von seinem gedicht «Die Harzreise» bekannte: es sei sehr schwer zu entwickeln, weil es sich auf die allerbesondersten umstände beziehe; und im jahre 1823 zu Eckermann sich vernehmen liess: «Die welt ist so gross und reich, und das leben so mannigfaltig, dass es an anlässen zu gedichten nie fehlen wird. Aber es müssen gelegenheitsgedichte sein, das heisst: die wirklichkeit muss die veranlassung und den stoff dazu hergeben. Allgemein und poetisch wird ein specieller fall eben dadurch, dass ihn der dichter behandelt. Alle meine gedichte sind gelegenheitsgedichte, sie sind durch die wirklichkeit angeregt und haben darin grund und boden. Von gedichten, aus der luft gegriffen, halte ich nichts».

Wir sehen von allem, was Herder gelehrt, bei Schiller das totale gegentheil! Herder sagte: so individuell als möglich, Schiller so allgemein als möglich.

Herder kannte keinerlei beschränkung der stoffe, für Schiller gab es eine eigenthümliche

seelenlage, die «undichterisch» gescholten
wurde. Herder verlangte, dass der dichter in
deutscher erde, in der gegenwart wurzle,
Schiller predigte die flucht in ein abstraktes
ideales reich der schönheit. Auch den oben
von Schiller fast in Shakespeares worten auf-
gestellten allgemeinen begriff des grossen
dichters fasste er nicht in Herder's sinn auf,
sofern er eine veredlung, läuterung, d. h. idealisirung zur reinsten, herrlichsten menschheit
verlangt, — eine allgemeine humanitätspoesie,
entgegen dem nationalitätsprinzip der dichtung.

Diese Schiller'schen dogmen wirken noch
immer, wie denn Goedecke in seinem literar-
geschichtlichen quellenwerk sagt: «Bürger
führte wie Günther die poesie wieder aus dem
konventionellen zum leben, gab das besste
was er gab als ausdruck wirklicher lebens-
stimmungen, aber sein leben selbst war
ohne reine poesie».

Es gibt aber nur Eine poesie und sie enthält das ganze volle wirkliche menschen-
leben, gleich jenem tuch des Evangeliums, in
welchem reine und unreine thiere vom himmel
herabgelassen wurden.

Es ist erfreulich, dass Bürger seine dichtung
selbst sehr zutreffend gegen jene in jedem
sinne*) unästhetische recension vertheidigte

---

*) So wird Bürger am schlusse aufgefordert,
«sich selbst zu vollenden, um etwas vollendetes zu
leisten und so die krone der klassicität zu erringen»:
während der selbe Schiller zwei jahr vorher an seine

(«Vorläufige Antikritik und Anzeige» in der
selben allgemeinen literaturzeitung von 1791),
indem er über den hauptpunkt ungefähr sagte:
«Aus einer höheren sphäre ist ein reiner und
vollkommener kunstgeist heruntergestiegen ...
Er verkündet: eins der ersten erfordernisse des
dichters ist idealisirung, veredlung (ob dies
wohl synonyme sein sollen?), ohne welche er
aufhört, seinen namen zu verdienen. Nun
aber vermisst er bei mir diese idealisirkunst...
So poetisch die meisten gedichte an Molly
nach diction und versbau gesungen sind, so
unpoetisch sind sie empfunden... Nämlich
nicht meine, nicht irgend eines subluna-
rischen menschen wahre, natürliche, eigenthümliche, sondern idealisirte, das ist
keines sterblichen menschen empfindungen,
abstractionen von empfindungen, müssten jene
gedichte enthalten, wenn sie etwas werth sein
sollten.»

Herder, übrigens Schillers decidirter gegner
im leben wie in der literatur, gab seinem
urtheil über den werth von Bürgers gedichten
noch im jahre 1798 öffentlich ausdruck, als
er die Althoffsche biographie besprach. Bürger
wenigstens liess er nicht fallen, wie er den unglücklichen Lenz fallen liess, wie er sich selbst
von Goethe*) abwandte und wie er, ein lieb-

spätere frau geschrieben: Bürger, den er kennen gelernt, scheine ein gerader, guter mensch, aber der
frühling seines geistes sei vorüber.
    *) Goethes falsche klassische richtung, in der er
mit einer Iphigenie nach dem Euripides, mit Elegieen

lingsschüler Kants, gegen die «Kritik der reinen
Vernunft», das grösste werk des ganzen jahrhunderts, zu felde zog.

Zu dem letzteren unterfangen, der «Meta-
kritik», verführte ihn wahrscheinlich sein alter
lehrer, der magus des nordens. In einem, mir
im manuskript vorgelegenen briefe F. H. Jakobi's an den Kantianer Reinhold dd. Pempel-
fort den 11. märz 1793 heisst es wenigstens:
«Der selige Hamann nannte, schrecklich bos-
haft! die philosophie des transcendentalen
idealismus das formenspiel einer alten
Baubo mit sich selbst und erwähnte des
wunderlichen streites in einem alten kirchen-
liede: «wie ein tod den andern frass.» Zu
dem worte «Baubo» setzte Jakobi hinzu «trief-
äugig, unfruchtbar.» Die unfruchtbaren bemühungen waren leider auf seiten Herders.

Es erfüllt mit tiefer betrübniss, wie dies so
reich angelegte leben in der hof- und konsi-
storialatmosphäre verkümmerte und traurig
abstarb. Er, dem das nationale als das höchste
erschien, konnte in jener zeit der tiefsten ver-
kommenheit der deutschen nation, nicht gedeihen. Sein geist flüchtete sich zuletzt in die
ritterliche romantik des christlichen Spaniens

---

nach Properz (der selbst schon nachahmer des Griechen
Kallimachos), und endlich gar mit einer Achilleïs
nach dem Homer experimentirte, — dieser abweg
konnte Herder natürlich nicht zusagen; allein es war
und blieb doch immer Goethe, selbst in dieser seltsamen verkleidung, Goethe, der gleichzeitig seine unvergänglichen lyrischen gedichte schrieb.

und in prächtigen trochäen sang er uns das
grosse volkslied vom Cid Campeador, am
abend seines lebens auf die anfänge seiner
literarischen wirksamkeit zurück kommend.

Er erlebte nicht mehr die unauslöschliche
schmach des Rheinbundes. Am 18. december
1803 starb er, nur 59 jahre alt geworden.

Nachdem ihm schon längst zu Weimar ein
ehernes standbild errichtet worden, werden
seine werke jezt endlich auch in einer würdigen
ausgabe erscheinen. Einer notiz des um die
erkenntnis Herders vielfach verdienten Julian
Schmidt in den Preussischen Jahrbüchern (1876)
zufolge ist eine kritische ausgabe der sämmtlichen werke des grossen mannes, mit unterstützung des k. preussischen kultusministeriums,
bereits in angriff genommen.

G. A. BÜRGER.*)

ottfried August Bürger wurde in der nacht des 31. december 1747 zu Molmerswende in der herrschaft Falkenstein, Bisthums Halberstadt, als das zweite kind des dortigen pfarrers, Johann Gottfried Bürger und Gertrud Elisabeth, tochter des hofesherrn Jakob Philipp Bauer zu Aschersleben, geboren.

Der vater war, nach des sohnes bericht, **) ein guter ehrlicher mann, aber indolent, die mutter

---

*) Den wiederabdruck dieses aufsatzes aus der Grote'schen classiker-ausgabe hat die verlagshandlung bereitwilligst gestattet. Auf p. 144 ist z. 9—11 zu lesen: «Dass einige aus dieser akademischen tätigkeit hervorgegangene abhandlungen, wie «die Republik England», in Bürgers werken reproducirt und die ästhetischen vorlesungen nach seinem tode veröffentlicht».

**) Bei Dr. Althoff, nachrichten von den vornehmsten lebensumständen G. A. Bürgers. Göttingen 1798.

eine frau von den ausserordentlichsten geistes-
anlagen, die aber so wenig angebaut waren,
dass sie kaum leserlich schreiben gelernt hatte.
Bei gehöriger kultur würde sie die berühmteste
ihres geschlechts geworden sein. Er äusserte
mehrmals eine starke missbilligung verschiedener züge ihres charakters und glaubte
daher von der mutter einige anlagen des
geistes, von seinem vater aber eine übereinstimmung mit dessen moralischen charakter
geerbt zu haben.

Der vater starb schon 1764 im 58. jahre,
die mutter 1775; zwei kinder waren ihnen
vorangegangen, während sich die älteste überlebende tochter an einen geistlichen inspektor zu
Lösnitz im Erzgebirge, die jüngste, Friederike,
an den amtsprokurator Müllner zu Langendorf bei Weissenfels verheirathet hatte. —

Gottfried August besuchte zuerst die schule
zu Aschersleben, «von der er nachmals wegen
seiner vielen losen streiche einen unfreiwilligen
abschied nehmen musste, hatte sich des rektor
Aurbach absonderliche perrücke zum gegenstande seiner witze und spottgedichte er-
koren».*) Er wurde am 8. september 1760 im
pädagogium zu Halle, auf kosten seines mütterlichen grossvaters, recipirt. Der inspekteur der
anstalt trug über «den kleinen Bürger» folgende
notiz in sein amtliches buch ein: «Bürger, des

---

*) Nachrichten über die hiesigen prediger (der
pfarre zu Westorf im Ascherslebischen, welche Bürgers
vater kurze zeit vor seinem tode erhielt).

alten herrn provisors Bauer in Aschersleben enkel, hat ganz ungemeine fähigkeiten und einen gleich grossen stolz.» Von besonderm interesse ist, dass der schüler zur feier des Hubertsburger friedens eine deutsche ode dichtete und vortrug; sowie auch einer ode in Klopstocks manier «Christus in Gethsemane» von ihm erwähnt wird.*)

Was die solchergestalt mehrfach hervortretende poetische anlage betrifft, so berichtet Althoff darüber, dass der knabe ganz aus eigenem triebe und ohne andere muster, als welche bibel und gesangbuch ihm lieferten, anfing, metrisch völlig richtige verse zu machen, ehe er noch die allerersten elemente der grammatik erlernt hatte. Noch als mann that er sich oft etwas darauf zu gute, dass er in dieser rücksicht schon als knabe manche erwachsene und geschickte leute übertroffen hätte, die für einen fuss in der skansion zu viel oder zu wenig, für eine lange oder kurze silbe, für einen unrichtigen reim, für einen männlichen oder weiblichen ausgang kein ohr haben.

In der bibel liebte er vorzüglich die historischen bücher, die Psalmen und Propheten, am allermeisten aber die Offenbarung Johannis.

Im gesangbuch waren seine lieblingslieder: «Eine feste burg ist unser gott», dessen und der begeisterung, zu welcher es ihn oft erhoben,

---

*) Daniel, Bürger auf der schule. Halle, 1845 (im «Bericht über das K. Pädagogium zu Halle.»)

er sich noch kurz vor seinem tode erinnerte;
ferner «o ewigkeit, du donnerwort»; «du, o
schönes weltgebäude»; und «es ist gewisslich
an der zeit». «Schon als zehnjähriger knabe
suchte er zuweilen die einsamkeit und liebte
vorzüglich die freien grünen und mit spar-
samem buschwerk bewachsenen hügel, wo er
jeden busch, jede staude, jeden distelkopf um
sich her beleben konnte.»

Uebrigens erzählte er, dass er, ungeachtet
aller schläge und anstrengungen von seiner
seite, in zwei jahren noch nicht *mensa* dekli-
niren konnte, ob er gleich das ganze gesangbuch ohne schwierigkeit auswendig gelernt
haben würde.

Von seiner gesammten schulzeit urtheilte
er: es wäre sehr wenig, was er von lehrern
oder aus büchern gelernt, da es ihm immer in
den lehrstunden an aufmerksamkeit und ausser
denselben an geduld gefehlt, ein buch anhal-
tend auszulesen. Er müsse sich oft innerlich
wundern, wenn er einen blick in die vorraths-
kammer seiner kenntnisse thäte, wie und woher der plunder alle hineingekommen. Das
meiste wäre ihm hie und da und dort und überall wie von selbst gleichsam angeflogen.

Am 26. mai 1764 wurde der «der freien
künste und wissenschaften beflissene» nach
dem willen seines grossvaters als th eologe
auf der universität Halle inskribirt. Er trieb
jedoch mehr das studium der alten literatur und vertheidigte z. b. unter Meusels vorsitz mit beifall eine dissertation *De Lucani*

Pharsalia. Mit dem *Pervigilium Veneris* beschäftigte er sich kritisch, beabsichtigte einen
kommentar darüber und schrieb eine reimfreie
übersetzung. Sein hauptgönner war der herausgeber der «Deutschen Bibliothek der schönen
Wissenschaften», der durch Herder und Lessing
literarisch hingerichtete professor Klotz, welcher sich auch durch seinen lebenswandel in
Halle übel berüchtigt gemacht hatte. Sowohl
durch seinen verkehr im Klotz'schen hause,
«sein freies lustiges leben»*), als auch vielleicht durch eine untersuchung wegen der stif-
tung einer niedersächsischen landsmannschaft,
in die er verwickelt war, hatte sich Bürger als
theologe in Halle unmöglich gemacht. Das
protokoll über ein gerichtliches verhör vom
27. juli 1767 führt ihn noch als *stud. theol.* auf,
in dem am 8. august ergangenen urtheil (zu
einigen tagen carcer) heisst es jedoch schon:
studirt *jura.*

Als jurist bezog er denn zu ostern 1768
mit bewilligung seines grossvaters die universität Göttingen. Zunächst setzte er hier sein
freies hallisches leben fort und wohnte sogar
in den ersten jahren bei der schwiegermutter
des professor Klotz, deren haus in Göttingen
ebenfalls in schlechtem rufe stand. Er gerieth
in diesem hause, wie Althoff sagt, bald in noch
engere verbindungen, welche weder auf sein

---

*) Boie an Gleim, den 28. januar 1771 (Litera-
risches Konversationsblatt 1821 nr. 278.)

studiren, noch auf seine sitten vortheilhaft
wirken konnten. Der grossvater sah ihn für
einen verlorenen menschen an und entzog ihm
sogar die unterstützung. Glücklicherweise «ver-
drängte ihn jedoch ein rüstigerer liebhaber aus
dem herzen der zauberin, die ihn fesselte», und
er betrieb nun auch seine fachwissenschaft eif-
riger. Das ausleihebuch der Göttinger bibliothek, welche er fleissiger als irgend ein anderer
student benutzte, ergiebt dies. Bürger entlieh

1769 . . . 8 werke,
1770 . . . 37 »
1771 . . . 47 »
1772 (erstes halbjahr) 8 »

und zwar ausser Tacitus, Petronius, Xenophon
von Ephesus und dem spanischen dichter Juan
Boscan Almogaver nur wenige nicht in sein
fach schlagende.*)

Er lernte daher auch, nach Althoff, seine
Pandekten recht gut verstehen und arbeitete
bei einem göttinger advokaten zu dessen vollkommener zufriedenheit. So vorbereitet konnte
er daran denken, zu anfang des jahres 1772
sich um die gerichtshalterstelle im amte Alten-
gleichen bei der von Uslar'schen familie zu be-
werben. Die göttinger Professoren Meister und
v. Selchow bezeugten seinen «ausserordentlichen fleiss, seine theoretischen und praktischen kenntnisse der rechte, wie seine vorzüg-

---

*) Tittmann, G. A. Bürger. (Vor der «Neuen
vollständigen Ausgabe» der «Gedichte», Leipzig, Brockhaus, 1869.)

liche aufführung,»*) er fertigte drei proberelationen an, wurde durch majoritätsbeschluss der familie erwählt und am 1. juli 1772 zu Gelliehausen als amtmann beeidigt und eingeführt. Vorher war der grossvater selbst nach Göttingen gekommen, um des enkels «kleine, schreiende» schulden zu bezahlen und zugleich eine kaution von 600 thlr. für ihn zu deponiren. —

Wie Bürger bereits in Halle sich der theologie nicht ausschliesslich gewidmet, so fand er auch in Göttingen «noch immer zeit, die schönen wissenschaften gründlicher zu studiren, als man sie gemeiniglich zu studiren pflegt.» **) Zunächst wirkten die von Klotz empfangenen anregungen noch nach. Er arbeitete die «Nachtfeier der Venus» um zu einem gereimten carmen, welches Ramler noch weiter feilte und im Deutschen Merkur 1773 herausgab. In seiner «Rechenschaft über die Veränderungen in der Nachtfeier der Venus»***) sagt Bürger darüber: «Die Nachtfeier ist mein erstes gedicht; das erste nämlich von denjenigen, die durch den druck bekannt geworden sind. Ich habe zwar schon weit früher lieder gedichtet, allein niemals eins für werth achten können, dem publikum vorge-

---

*) Tittmann, a. a. o.
**) Boie an Gleim, a. a. o.
***) Von Bürger selbst wurde dieser aufsatz nicht publicirt, erst Reinhard nahm ihn in seine ausgaben auf.

zeigt zu werden.» Es ist bekannt, wie der dichter an diesem (völlig inhaltlosen) werke auch später, bis an sein ende, fort und fort korrigirte und zuletzt meinte: es könnte wohl für die deutsche vers- und reimkunst eben das werden, was der berühmte Kanon des Polyklet für die bildhauerei. Es war indess diese paraphrasirende übersetzung des *Pervigilium* für Bürger eben so gut nur formstudie, wie seine Ilias, von der er 1784*) urtheilte: «Ich bereue die zeit und mühe nicht, welche ich an eine jambisirte Ilias, die wirklich auch grösstentheils fertig geworden ist, aber nie öffentlich erscheinen wird, verwendet habe. Denn ich fühle, wie mich diese athletische anstrengung gestärkt hat. Das lange, beharrliche und dennoch oft vergebliche durchwühlen des ganzen sprachschatzes musste mir nothwendig eine genauere kenntniss desselben erwerben, als ich sonst jemals erlangt haben würde. Wenn ich nunmehr wirklich etwas in der sprache vermag, so habe ich es vielleicht blos jener übung zu danken.»

Eben diese Iliasstudien trieb er in der ersten göttinger zeit und veröffentlichte in Klotzen's Deutscher Bibliothek (1771) «Gedanken über die Beschaffenheit einer deutschen Uebersetzung des Homer,» nebst 425 versen aus der «ersten Rhapsodie» der Ilias. Wir fin-

---

*) In Goeckings Journal von und für Deutschland, 1. band, Ellrich, 1784.

8 *

den hier die erste einwirkung Herder's auf
ein empfängliches, kongeniales gemüth. 1767
waren die «Fragmente über die neuere deutsche Literatur» erschienen. «Lasst uns sein
buch» ruft Bürger «seite 66 aufschlagen und
bis seite 69 lesen! Was lehrt er uns hier? Auf
die frage: was sollen wir aus der alten poetischen zeit.der Griechen durch übersetzungen
für unsre sprache rauben? antwortet er: nur
nicht die sylbenmasse! Er erklärt sich
hierauf vortrefflich. Der hexameter, lehrt er,
lag genau in der sprache der Griechen; er war
ihrem ohr und ihrer kehle am gemässesten...
Wir, die wir mit weniger accenten monoto-
nischer reden, sind an die mensur eines hexa-
meters nicht gewöhnt. — Gebet einem gesunden verstande ohne schulweisheit jamben, dac-
tylen und trochäen zu lesen, er wird sogleich,
wenn sie gut sind, skandiren; gebet ihm einen
gemischten hexameter, — er wird nicht damit
fortkommen. Höret den kadenzen beim ge-
sange der kinder und narren zu, sie sind nie
polymetrisch; oder wenn ihr darüber lacht, so
geht unter die bauern. Gebt auf die ältesten
kirchenlieder acht: ihre falltöne sind kürzer
und ihr rhythmus ist einförmig. — — Nichts
kann wahrer sein, als was herr Herder hier
sagt; und wenn es gleich nicht so viel beweiset,
dass man gar keine deutschen hexameter
machen müsse, so beweiset es doch zuver-
lässig, dass Homer nicht in hexametern übersetzt werden soll . . . . Durch was für eine?
Durch eine versart, die eben so genau in der

der deutschen sprache liegt und unserm ohre
ebenso natürlich ist als der hexameter den
Griechen war. Und das sind die jamben, wie
herr Herder richtig bemerkt.» Ebenso bedeutsam sind des jungen schriftstellers worte über
die sprachbehandlung: «Unsre alte sprache
hatte eine schöne präcision, anstand, eine rührende, natürliche einfalt, starke farben und
einen männlichen charakter. Herrliche eigenschaften, die sprache einer Ilias abzugeben!...
Die poetischen bücher der heiligen schrift hat
Luther mit dem besten geschmacke für seine
zeiten so echt deutsch und so feurig übersetzt,
dass man darüber erstaunen muss. Ein fleissiger sprachforscher müsste unsre neuere sprache
mit den vortrefflichsten schätzen aus den schriften dieses bewunderungswürdigen mannes, wo-
vor unsern *hominibus delicatulis* so ekelt, be-
reichern können.*) Solche schriften, die alten
minnesänger, die rhythmen, welche in Schilters
Thesaur stehen nebst andern überbleibseln der
alten sprache und dichtkunst studire der über-
setzer des Homer ebenso fleissig als sein grie-
chisches original.»

---

*) Das wahre verhältniss der sprache Luther's
zu dem Deutsch des Meister Eckardt, des Tauler,
des verfassers der Deutschen Theologie und anderer
prosaschriftsteller des 13. und 14. jahrhunderts konnte
Bürger natürlich noch nicht aufgegangen sein; sind
doch selbst heute Franz Pfeiffer's goldene worte hierüber noch nicht zur allgemeinen ansicht geworden.
Vgl. «Theologia Deutsch» ed. 1851 p. VI und VII.

Bekanntlich wurde diese Iliasübersetzung niemals fertig, trotz der 65 louisd'or, welche Goethe als aufmunterung vom weimarer hofkreise dem dichter zukommen liess, als er 1776 im «Deutschen Museum» eine fortsetzung jenes ersten unternehmens in aussicht gestellt hatte.

1784 bekehrte sich Bürger zum hexameter und liess die ersten vier gesänge als probe erscheinen, nachdem er gleichfalls im «Deutschen Museum» 1777 schon «Dido, ein episches Gedicht, aus Virgils Aeneis gezogen», hexametrisch behandelt hatte. Die oben angeführte selbstkritik über die jambisirte Ilias gilt auch für diese hexameterversuche.

An einen wiederabdruck dieser übersetzungen kann ein verständiger herausgeber so wenig denken als an den der novelle des Ephesiers Xenophon, welche Bürger ungefähr 1769 (erste ausgabe: Leipzig 1775) übertrug und von der er in der vorrede sagt: «Leider weiss ich selber zu gut, dass ich etwas viel gescheuteres hätte thun können als ein albernes romänlein zu verdeutschen.»

Wenn diese klassischen studien auf die hallische zeit zurückweisen, aber doch schon von dem neuen, Herder'schen geist angehaucht sind, so tritt in Göttingen zugleich ein ganz neues phänomen in den gesichtskreis des Klotz'schen schülers: Shakespeare und Percy's Relics.

In der zueignung zu der 1784 erschienenen, 1777 für Schröder begonnenen Macbethübersetzung heisst es: «Diesem Macbeth, mein

ewig geliebter Biester, habe ich deinen namen
zum zeugniss vorgesetzt, wie unvergesslich
mir jene Göttingischen stunden sind, da wir
uns zusammen mit einer art andächtigen ent-
zückens des grössten dichter-genius freuten, d e r
j e g e w e s e n i s t u n d s e i n w i r d.» Mit Biester,
dem späteren herausgeber der Berliner Monatsschrift, hatte Bürger in den Göttinger studenten-
jahren einen förmlichen Shakespeareklub ge-
gründet, dem sonst noch Matthias Christian
Sprengel aus Rostock, der nachmals mit Goethe in Wetzlar befreundete baron von Kielmannsegge, der als Musenalmanachsherausge-
ber so bekannt gewordene Boie und andere
angehörten. In diesem cirkel wurde nur in
Shakespeare's ausdrücken geredet und einmal
feierten sie ihres dichters geburtstag mit so
öffentlichem jubel, dass sie ihren rausch im
carcer ausschlafen mussten. — In der vorrede
zu der erwähnten, nun auch längst, freilich
nicht durch Schiller, überflügelten übersetzung
drückt Bürger seinen Shakespearekultus noch
besonders stark aus: «Von dem stück lässt sich
fast unbedingt behaupten, dass es voll solcher
schönheiten sei, die alles übertreffen, was der
menschliche geist in d i e s e r art je hervorgebracht hat, je hervorbringen wird. Ich bin
zwar ein armer, aber doch nicht der aller-
ärmste unter allen erdenwürmern; dennoch
kriecht mein genius, auch in seinen glücklich-
sten, licht- und kraftvollsten weihestunden, so
tief unter der hoheit und grossmacht jener
scenen v o r u n d n a c h d e r t h a t im zweiten

aufzuge, als mein leib unter der sonne unsres weltsystems.»

Percy's sammlung «*Relics of ancient english poetry*» war 1765 (London, J. Dodsley, 3 Bde.) erschienen und ein auszug «*Ancient and modern songs and ballads*» 1767 (Göttingen, Victorinus Bossiegel). In der letztern gestalt wird es Bürger ohne zweifel, sogleich als er die universität bezog, zugänglich geworden sein. Althoff berichtet, dass es «um diese (erste göttinger) zeit sein handbuch geworden.»

Aber auch die Franzosen, Italiener und Spanier lasen die freunde gemeinschaftlich und Boie verwahrte 1798 noch eine novelle, welche Bürger, durch eine wette veranlasst, in spanischer sprache geschrieben.

Merkwürdigerweise verrathen nun aber die gedichte, welche bei Bürger in diesen vier göttinger jahren entstanden, von jenen eben angedeuteten mächtigen einwirkungen noch wenig oder gar nichts. Es erschienen dieselben zum theil in dem von Boie und dem ganz französisch gebildeten, später mit Goethe befreundeten, Gotter, nach dem muster des 1765 in Paris entstandenen *Almanach des muses* 1770 begründeten Musenalmanach, und zwar zuerst das trinklied «Herr Bachus ist ein braver mann» im jahrgang 1771. Boie hatte gemeint, in dieser burlesken versart könne sein freund das vorzüglichste leisten. Im Musenalmanach von 1772 standen «das harte Mädchen» nach Parnell (*Johnson's english poets XXVII*, 15); «An den Traumgott» nach Walker (*ib. XVI*, 57);

und «Das Dörfchen» nach Bernard. Also nur
übersetzungen. Ungefähr gleichzeitig mit diesen sachen sind «An ein Maienlüftchen» (mai
1769), «Lust am Liebchen» (juni 1769),
«Stutzertändelei» (august 1769); «Adeline»
nach Parnell (januar 1770), «An Arist» (1770),
«Huldigungslied» (märz 1770), «An die Hoffnung» (august 1770), welche alle zuerst in die
ausgabe der gedichte von 1778 aufgenommen
wurden. Ferner zwei kleinigkeiten «Gabriele»
(märz 1772) und «Amors Pfeil» (1772).

Ueber das «Dörfchen» schrieb der gute
Gleim, der Bürger inzwischen in Göttingen
kennen gelernt, auch gleich mit fünfzig thalern
darlehn erfreut hatte, am 1. august 1771*):

«Nur noch drei solcher gedichte, so will
ich sie sauber drucken lassen, sie dem könig,
der die Bernards, Gressets so gern liest, zu
lesen geben ... Mit Ihrem Homer bin ich
ebenfalls im höchsten grade zufrieden.»

Bürger selbst dachte über diese erstlings-
produkte zum glück anders. In einem im
Morgenblatt, december 1824, mitgetheilten
briefe an einen ungenannten vom 6. februar
1772 schreibt er: «Gedichte, die Sie von mir
verlangen, wollte ich Ihnen gern schicken,
wenn ich nur fähigkeit und musse hätte, etwas
zu verfertigen, das des schickens werth wäre.
Ich thäte wol besser, wenn ich alles versmachen
ganz und gar einstellte, denn ich bin wirklich

---

*) Liter. Conversationsblatt 1821 Nr. 298.

zu kraftlos, mich nur denen vom zweiten range
nachzuschwingen. Die übersetzung des Homer
werde ich auch schwerlich vollenden.»

Ebenso an Gleim schon aus Gelliehausen
am 20. sept. 1772: «Mein kleines poetisches
talent, wenn daran etwas gelegen ist, verwelkt
bei meiner jetzigen lage fast völlig: denn der
Actum Gelliehausen etc., der In Sachen
etc. der Hiermit wird etc. sind gar zu viel.
Statt: «Ich rühme mir mein Dörfchen hier»
heisst es:

> „Ihr Ochsen, die ihr alle seid,
>   Euch Flegeln geb ich den Bescheid etc.“

Ich habe, seitdem ich hier bin, nichts,
schlechterdings nichts, als neulich in einigen
glücklichen stunden einen lobgesang gemacht...
Meine Nachtfeier der Venus lege ich in diesem
brief mit ein. Dies wird wol das letzte sein,
was Sie von mir erhalten.» Ich schliesse an
diese wichtigen selbstkritiken gleich eine äusserung in einem briefe an Boie vom 18. juni
1773: «Der ton dieses stücks (der Nachtfeier)
ist mir schon so fremd geworden, tönt mir
schon so weit hinten in der ferne und so dunkel, dass ich kaum noch darüber urtheilen und
entscheiden kann.» Er fühlte, dass jenen ju-
gendgedichten die wahrheit und tiefe des
selbsterlebten fehlte, dass es nur schatten
poetischer vorbilder, und noch dazu dem
deutschen wesen fremder vorbilder waren,
nicht spiegelbilder der wirklichkeit.

Dass die erste ausgabe von 1778 und die

zweite von 1789 alle die genannten gedichte
trotzdem wieder enthalten, darüber erklärt sich
Bürger selbst in der vorrede zu der letzteren
ausgabe: «Ein gehöriger grad der strenge bei
dieser neuen ausgabe meiner theils 1778 bereits gesammelten, theils nachher einzeln erschienenen und endlich gegenwärtig ganz neu
hinzugekommenen gedichte, hätte vielleicht
mehr als die hälfte derselben ganz
verwerfen müssen. Ich traute mir selbst
zu diesem process nicht unbefangenheit genug
zu». Einen andern, vielleicht den wahren
grund, theilt er aber an Boie (brief vom 20.
april 1789 bei Althoff) mit: «Du glaubst nicht,
wie gleichgültig mir die meisten meiner gedichte, ein dutzend etwa ausgenommen, sind.
Ich hätte schon dieses mal (bei der zweiten
ausgabe) ein unbarmherziges gericht ergehen
lassen, wenn es nicht auf korpulenz angesehen gewesen wäre». In seinem handexemplar des ersten bandes der ausgabe von
1789 zeichnete er denn auch selbst als künftig
wegzulassen an: Mailüftchen; Stutzertändelei;
An Themire; Menagerie der Götter; Fortunens Pranger; Angebinde zu Louisens Geburtstag. So versichert wenigstens Reinhard,
der dies exemplar zu seiner 3. auflage von
Bürgers gedichten benutzte und die genannten
stücke dort ausliess. Zum zweiten bande der
ausgabe von 1789 hatte Bürger noch keine
randbemerkungen gemacht. Derselbe beginnt
mit der «Europa», die ebenfalls dem jahre
1771 angehört. Die richtige datirung des ge-

dichtes ergiebt der schon erwähnte brief Boie's
an Gleim vom 28. januar 1771. «In meinem
almanach ist das schöne trinklied von ihm,
und herr Jacobi wird Ihnen vielleicht von einer
komischen romanze «Europa» gesagt haben,
von der ich ihm fragmente zeigte und die ich
nächstens Ihnen gedruckt zuzusenden hoffe».

Dem selben genre gehören noch an : «An
Themire. Travestirt nach dem Horaz» (1773);
«Die Menagerie der Götter» (1774); «Zech-
lied» (1777) (nach *Gualterus de Mappés*);
«Fortunens Pranger» (1778). Wenn auch das
hier und da wirklich witzige in diesen burlesken
gedichten nicht zu verkennen, so irrte sich Boie
doch total, wenn er hierin Bürger's talent setzte.
Literarhistorisch ist diese opposition gegen
das schöne klassische alterthum nicht uninter-
essant, aber von eigentlich poetischem
werth ist sie nicht. Bürger kam später auch
auf diese gattung nicht wieder zurück, er über-
liess sie Blumauer, der dafür und nur dafür geboren war.

Wie es scheint, wollte der dichter auch
die Europa in der dritten pracht-ausgabe seiner
gedichte weglassen (vgl. ankündigung zu derselben, welche Tittmann [p. 315 a. a. o.] vermuthlich gesehen hat).

Im gegensatz zu den eben besprochenen,
der entwicklungsgeschichte seines talents angehörigen aktenstücken brachte der Musenalmanach von 1773 das erste wirkliche gedicht von Bürger, welches denn auch sogleich
das auge eines mannes auf sich zog, der von

Herder persönlich in das geheimniss der poesie eingeweiht und selber ein dichter war: Wolfgang Goethe's. In den Frankfurter Gelehrten-Anzeigen vom 13. november 1772 schreibt er: «Das Minnelied von herrn Bürger ist besserer zeiten werth, und wenn er mehr solche glückliche stunden hat, sich dahin zurückzuzaubern, so sehen wir diese bemühungen als eins der kräftigsten fermente an, unsre empfindsamen dichterlinge mit ihren goldpapiernen amors und grazien vergessen zu machen. Nur wünschten wir als freunde des wahren gefühls, dass diese minnesprache nicht für uns werde, was das bardenwesen war: blosse dekoration und mythologie, sondern dass sich der dichter wieder in jene zeiten versetze, wo das auge und nicht die seele des liebhabers auf dem mädchen haftete». Bürgers anderer beitrag «Die Minne» (jetzt «Lied und Lob der Schönen») scheint Goethe «schon den fehler zu haben, neuen geist mit alter sprache zu bebrämen.» In der that ist das letztere auch aus dem frühjahr 1772 und ebenso allgemein, abstrakt, konventionell, als das später entstandene «Winterlied» (diesen titel führt das «Minnelied» in den ausgaben von 1778 und 1789) schon die künftigen dem vollen leben entquollenen töne ahnen lässt. — Interessant ist die anmerkung Bürgers im register des Musenalmanachs von 1773: «der verfasser der beiden gedichte hat versuchen wollen, ob die minnelieder, die noch da sind, nicht einen grösseren einfluss auf unsre poesie haben könnten, als

sie bisher gehabt haben.» Ich erinnere an
die stelle, die ich oben aus den «gedanken
über eine Homerübersetzung» mitgetheilt.
(Seite 117).

Die nächsten gedichte, welche sich an dies
winterlied anschlossen, bleiben freilich weit
darunter. Das «Danklied» (im sommer 1772)
ist eine ziemlich überschwengliche und oft ins
platte umschlagend variation zu dem gesang-
buchslied «Wie gross ist des Allmächtgen
Güte». Ebenso schwach ist das gedicht an die
frau hofräthin Liste, die frau seines amtsvor-
gängers, in dessen hause er anfangs wohnte:
«An Agathe. Nach einem Gespräche über ihre
irdischen Leiden und Aussichten in die Ewigkeit». (Im sommer 1772). Schon der titel enthüllt die alteweiberphilosophie. Ein ebenso
schlechtes occasionscarmen ist «Das Lob He-
lenens. Am Tage ihrer Vermählung.» (Im mai
1773); sowie nicht viel besser das dem englischen nachgebildete «Des Schäfers Liebeswer-
bung. Für Herrn Voss vor seiner Hochzeit gesungen». (Im junius 1777.) Dagegen ein vortreffliches gelegenheitsgedicht ist das einzeln
gedruckte: «Zum gedächtniss meines guten
grossvaters Jakob Philipp Bauer, hofesherrn
zu St. Elisabeth in Aschersleben.» (Göttingen,
1773. 4°).

In den anfang des jahres 1773 fallen endlich noch zwei übersetzungen aus dem Französischen: «Die beiden Liebenden» nach Bürgers
angabe von Rochon de Chabannes; und «Das
vergnügte Leben» von Grécourt. Das letztere

habe ich auch unter Voltaire's Contes gefunden, sowie in Diderots *Correspondance tome I*: es ist aber nicht weit her und auch Bürger hat daraus nichts machen können. Aus den «Beiden Liebenden» hat Schiller sein argument genommen: Bürger gebe nur ein mosaïk von eigenschaften, kein bild:

Am Denken ist sie Pallaß ganz
Und Juno ganz an eblem Gange ꝛc.

Schiller hat für dies frühe gedicht, aber nur für dieses recht; in demselben kommen indess schon zeilen vor wie die folgenden:

Die Wollust ist sie in der Nacht,
Die holde Sittsamkeit bei Tage.
. . . .

Ihr Haar im Nacken reizet mich
Zu hundert kleinen Thorenspielen;
Fast nimmer müde kann man sich
An diesen seidnen Locken wühlen.

Wol hundert Launen, krauß und hold,
Umflattern täglich meine Traute.
Bald singt und lacht, bald weint und schmollt,
Bald klimpert sie auf ihrer Laute,
Tanzt hin und wieder, blitzgeschwind,
Bringt bald ein Büchelchen, bald karten,
Bald streut sie alles in den Wind,
Und eilt hinunter in den Garten.

Das sind verse, wie sie unter den zeitgenossen nur Goethe und Lenz machen
konnten.

Ich habe oben mehrere bezeichnende stellen
mitgetheilt, aus denen sich Bürgers fast völlige
verzweiflung an seinem poetischen talent während des ersten jahres in Gelliehausen ergab.
Diese stimmung waltet auch noch in dem berühmten brief an Boie vom 19. april 1773, in
welchem er die erste andeutung der Lenore
giebt. Das darin erwähnte, Miller dedicirte,
aber vom verfasser selbst «lendenlahm» genannte liedlein ist das gedicht «Minnesold»,
während mit dem andern «Liedlein» wahrscheinlich die oben erwähnte strophe an «Gabriele» gemeint ist, die in der ausgabe von
1778 «Minnelied» betitelt ist. Schon in dem
Briefe vom 22. april aber, welchem «der Raubgraf» beilag, regt sich das neue poetische leben
und in den folgenden schwelgt der dichter in
naivem entzücken über der allmäligen geburt
seines (in manchem betracht) grössten werkes,
der «Lenore».

Bereits war eine anzahl von strophen fertig,
als Boie (den 8. mai 1773) «herrliche fliegende
Blätter über deutsche Art und Kunst» ankün-
digte und am 18. juni antwortete Bürger: «O
Boie, Boie! welche wonne! als ich fand, dass
ein mann wie Herder eben das von der
lyrik des volks und mithin der natur lehrte,
was ich dunkel davon schon längst gedacht
und empfunden hatte. Ich denke, Lenore soll
Herders lehre einigermassen entsprechen».

In dem letzten der briefe an Boie, vom 11.
oktober 1773, kündigt er bereits eine neue
ballade, «den wilden Jäger», an, über welchen
er 1775 an den selben Boie schrieb: «es solle
seine sonne werden, wie Lenore sein mond».*)
Merkwürdigerweise hielt Bürger nämlich später die Lenore nicht für sein vorzüglichstes
werk, sondern pflegte sie wol gar «die alte
alberne Lenore» zu nennen. Und über eine
ebenfalls in diesen jahren entstandene ballade, «Lenardo und Blandine», meldet er
am 11. april 1776 an Boie: «es sei die königin nicht nur seiner, sondern auch aller balladen des heil. römischen reichs deutscher nation, welcher Lenore den vortritt lassen müsse».
Boie und Herder zogen auch wirklich, wie
Weinhold berichtet, diese ballade «in absicht
der kunst und festeren manier» der Lenore
vor. A. W. Schlegel hat indessen in seiner
abhandlung über Bürger in den «Charakteri-
stiken und Kritiken» die mängel von Lenardo
und Blandine im vergleich zu ihrem urbilde,
dem unnachahmlichen Boccaz, richtig hervorgehoben, wenn ich auch der formellen vollendung und mancher poetischer einzelheiten
wegen das werk nicht so niedrig stellen kann.
Ueberragt wird dasselbe jedenfalls unendlich
von «Des Pfarrers Tochter von Taubenhain»,
deren erste konception gleichfalls in diese zeit

---

*) Weinhold, Heinrich Christian Boie. Halle,
1868.

Dr. Grisebach, Literaturgeschichte   9

fällt, denn Boie schreibt am 27. september
1776 an seinen freund: «Wie steht es um die
ballade: Die Kindsmörderin?» — Es sind diese
drei balladen, die Lenore, der wilde Jäger und
des Pfarrers Tochter des dichters volles eigen-
thum, während der eben so vortreffliche Kaiser
und Abt und andere nur mehr oder weniger
wörtliche nachbildungen der Percy'schen sammlung sind, der Raubgraf, die Weiber von Weins-
berg, der brave Mann und Frau Magdalis nur
als sterne dritter grösse erscheinen.

Dass auch die Lenore im wesentlichen
durchaus original, ist jetzt nicht mehr be-
stritten. Die bekannte recension in *The
Monthly Magazine, Sept.* 1796 sagt übrigens
auch nur, dass die Lenore vielleicht durch *the
Suffolk miracle* veranlasst und macht sodann auf die eine, auch wirklich benutzte
strophe aus *Sweet Williams Ghost* aufmerksam.

Die benutzung deutscher volkslieder be-
schränkt sich auf folgendes: Herder wies (in
seiner recension von Althoff's biographie) ein
ostpreussisches zaubermärchen nach, in welchem die verse vorkommen:

> Der Mond scheint hell,
> Der Tod reit't schnell,
> Feins Liebchen, grauet's dir?
> „Und warum sollt' mir's grauen?
> Ist doch Feinslieb mit mir."

Dass Bürger diese nämlichen verse, weiter
aber auch nichts, von einem dienstmädchen
namens Christine gehört, erzählt Voss in einer

anmerkung zu den zuerst im Morgenblatt erschienenen briefen über die Lenore.

A. W. Schlegel berichtete dann noch im
Merkur von 1797 aus eigner erinnerung, dass
ihm Bürger mitgetheilt, er habe die verse eines
alten volksliedes

Wo ſiſe, wo ſoſe
Rege hel den Ring

zu der bekannten stelle der Lenore benutzt.

Die poetische idee der Lenore ist dagegen
eine sehr alte. In dem indischen gedicht
Raghuvansa heisst es im 8. buche:

„Denn der Angehörigen ſtetes Weinen
brennt den Hingeſchiedenen, alſo lehrt man.“
                    (Ueberſetzt von Rückert.)

Wilhelm Wackernagel in seiner «Einladungs-
schrift zur Promotionsfeier des Pädagogiums
zu Basel» (1835) «Zur Erklärung und Beurtheilung von Bürger's Lenore» erinnert ferner an
den vers aus Virgils Aeneide (VI, 444):

Curae non ipsa in morte relinquunt

eine vorstellung, die in Italien nicht ausstarb
und von Boccaz in der *Nov.* V. *Giorn. IV*
klassisch dargestellt wurde. Der ermordete
Lorenzo erscheint hier der weinenden geliebten mit der bitte, nicht mehr um ihn zu weinen.
Auch von einem volksliede darüber führt der
novellist die erste zeile an. — In einem serbi-
schen volksliede heisst es:

9*

> Nicht die Erd ist's, die mich drückt, o Mutter,
> Nicht die Thornbretter meiner Wohnung:
> Was mich quält, der Schmerz ist's der Geliebten.

Am herrlichsten aber wird die idee in der grandiosen poesie der Edda wiedergespiegelt: Helgi ist im kampf gefallen, ein hügel wird über seinen leichnam errichtet. Am abend sieht die magd seiner gattin Sigrun ihn zum hügel reiten. Sigrun geht hin und spricht:

> Dein Haar ist, Helgi, reifdurchdrungen,
> Ganz ist der König leichenthaubespritzt.

Helgi antwortet:

> Allein verursachst du, Sigrun von Safafiöll,
> Das Helgi ist mit Leichenthau benetzt:
> Du weinest, Goldgeschmückte, grimme Zähren,
> Sonnenglänzende, südliche, eh du schlafen gehst.

Wackernagel nennt es «geschmacklos», dass bei Bürger der geliebte der tod selbst sei. Schon in einem volkslied aus Neisse sagt aber die braut zu dem todten freier, der die hochzeit bestellt:

> „Du riechst mir so nach Erde,
> Oder bist du selber der Tod?"
>
> (Wunderhorn IV, 73 f.)

Das tadelnswertheste ist jedenfalls, dass der tod als bestrafer kommt. Der englische kritiker im *Monthly Magazin* fand bereits die moral der Lenore bedenklich: ihre strafe sei

grösser als ihre sünde. Das gedicht ist in der
that ein *monstrum per excessum* der moral.

Allein die schönheiten im einzelnen, wie
namentlich die in einem damals ganz neuen,
ächt poetischen realismus ausgeführte geniale
schilderung des nächtlichen rittes, — in jedem
vorgange die magie des epos! — wiegen jenen
allgemeinen mangel weit auf, und so bleibt die
Lenore, nach A. W. Schlegel's schönem ausdruck, «immer Bürger's kleinod, der kostbare
ring, wodurch er sich der volkspoesie, wie
der doge von Venedig dem meere, für immer
antraute». Nur dass unter dem ausdruck
«volkspoesie» nicht die anfänge derselben
allein, von denen Herder freilich hauptsächlich
gehandelt, zu verstehen sind. In jenen primä-
ren naturlauten zeigt sich zwar die individualität eines jeden volks, das subjektive element
im grossen, aber abgesehen von dem häufigen
übergang solcher uranfangsdichtung in das
blos musikalische, tritt hier die individualität
des einzelnen verfassers, zurück. Bürger's Lenore und die andern haupt-balladen sind zugleich ächt volksmässig, d. h. nationaldeutsch,
vom englischen charakter wesentlich verschieden, und zeigen überall im hintergrunde die
individualität des denkenden kunstdichters.
Beides gilt von seinen andern lyrischen gedichten in gleichem masse. — Der wilde Jäger
stellt die noch heute lebendigen, ebenfalls
uralten volksvorstellungen reiner dar, in trefflicher konkreter gestalt und in ebenso glänzen-
der künstlerischer form, wie sie die Lenore

auszeichnet. Die onomatopoetischen ausrufe in
beiden gedichten kann nur die überweisheit ta-
deln; Walter Scott bildete sie vorzüglich nach:

> « *Tramp! tramp! along the land they rode*
> *splash! splash! along the sea*». *)

Ja, der deutsche literarhistoriker kann hier mit
stolz verzeichnen, dass diese beiden werke von
dem grossen Walter Scott in's Englische übersetzt sind, welcher mit ihnen seine schriftsteller-
laufbahn eröffnete: «*The chase and William
and Helen, two ballads from the german of G.
A. Bürger. Edinburgh and London* 1796. 4°».
Dass Goethe und Bürger sogleich in die spra-
chen des auslands übertragen wurden, ver-
brieft uns erst das wirkliche dasein einer neuen
deutschen literatur. Walter Scott übersetzte
auch den Götz. Die Lenore wurde allein
sechsmal in's Englische, sodann in's Dänische,
Portugiesische, auch sogar in's Lateinische (!)
übersetzt. Joukoffsky, der berühmte literator
und lehrer des kaisers Alexander übertrug
sie in's Russische: seine «Ljudmila», hat
ein russisches lokalkolorit erhalten und ist

---

*) Diese zeilen waren als motto zu einem bilde der
grossen englischen ausstellung von 1871 gewählt, welches die Lenore darstellt: zum beweise der unverwüst-
lichen popularität des stoffes, den schon Lady Diana
Beaudere ihrer zeit illustrirte, wie später Retzsch und
viele andere. Die wilde jagd gab dem verstorbenen
weimarer maler Cordes ein traumhaft geniales gemälde
ein, das auf der Berliner ausstellung 1868 allgemein bewunderung erregte.

mit enthusiasmus in Russland aufgenommen worden.

Der recensent des *Monthly Magazine* stellte
mit feinem verständniss und in mancher beziehung mit recht des Pfarrers Tochter noch
höher als die Lenore. Der abgebrochne anfang, auf den der dichter am ende zurück-
komme, sei unvergleichlich. Für ebenso tief-
poetisch halte ich die schilderung der natur
und der jahreszeiten, wie sie zu Rosettens zustand in beziehung gesetzt worden. Das ist
keine primitive sangbare «volkspoesie», es ist
gedanke für den denkenden hörer. Das ganze
ist ein ergreifendes sociales bild in bewunde-
rungswürdiger individuell realistischer, künstlerischer ausführung. Ich kann daher Schlegel's bemerkung nur äusserst leichtfertig finden:
«Des menschlichen elends haben wir leider zu
viel in der wirklichkeit, um in der poesie noch
damit behelligt zu werden». Wie? die dichtung sollte aus solchen rücksichten in der
wahl ihrer stoffe eingeschränkt sein? Das
wäre ja wieder die alte theorie vom idealen
S c h ö n e n als ausschliesslichem gebiet der
kunst. Hat Schlegel d a s von Dante, Cervantes, Shakespeare, Herder und Goethe gelernt?

In betreff der übrigen, sowie namentlich der dem Englischen nachgebildeten
«episch-lyrischen gedichte» (wie Bürger sie
1789 nannte) verweise ich übrigens auf
Schlegel's schon citirte, sehr ausführliche abhandlung.

Die erste ballade Goethe's*) erschien 1776 in der «Claudine von Villa Bella»: «Es war ein Buhle frech genung», durchaus an den von Bürger angeschlagenen ton erinnernd. 1779 folgte der «Fischer». 1782 «Der König von Thule» u. s. w. Die grössten meisterwerke der gattung schuf Goethe aber erst 1787 : «Die Braut von Korinth»; «Der Gott und die Bajadere»; und ungefähr ein jahrzehnt später die legende «Wasser holen ging die reine» — ein unsterbliches balladendreigestirn wahrhaft «philosophischer poesie».

Konnte ich Bürger's erste dichter- und übersetzerthätigkeit (zu der noch die stücke aus Ossian nachzutragen sind, welche auch um diese zeit unter Herder'schem einfluss entstanden) und seine balladenschöpfungen skizziren, ohne von seinem leben seit 1772 rechenschaft zu geben, so wird die fortführung seines äusseren lebens nothwendig, wenn die jener mehr epischen dichtung parallele eigentliche lyrik geschildert werden soll.

Als die bereits erwähnte hofräthin Liste mehr und mehr an einer gemüthskrankheit zu leiden anfing, flüchtete sich ihr hausgenosse, wie er an Boie schreibt, aus dem Bedlam zu Gelliehausen und zwar zu anfang 1774 nach dem nahe gelegenen Niedeck. Im hause des dortigen hannöverschen amtmanns Leonhart trat er bald in ein näheres verhältniss zu dessen

---

*) Vgl. das musterhafte «Neue Verzeichniss einer Goethe-Bibliothek» (von S. Hirzel) Leipzig, 1862.

älteren tochter Dorette und heirathete sie am
23. november des selben jahres (Weinhold a. a. o.
p. 199); zog jedoch erst im september 1775 mit
ihr nach Wöllmarshausen in ein für das ehe-
paar dort neueingerichtetes bauernhaus.

«Auf eine sonderbare art, zu weitläufig
hier zu erzählen, kam er dazu, grade diese
tochter zu heirathen, o h n e s i e z u l i e b e n*)
und schon als er mit ihr vor den altar trat, trug er
den zunder zu der glühendsten leidenschaft für
die zweite [Auguste, von ihm Molly genannt] im
herzen.» Die worte «zu weitläufig hier zu erzählen» in diesem selbstbekenntniss (der «beichte»
vgl. p. 151) haben aus den kirchenbüchern eine
interessante erklärung gefunden: Dorette trug
schon ein kind von Bürger unterm herzen, als sie
vor den altar trat! Als ehrenmann hatte sich
Bürger also verpflichtet gehalten, diese ehe
zu schliessen. Aus jahrelangen kämpfen
entwickelte sich zuletzt ein doppelverhältniss
zu b e i d e n schwestern. Molly genas 1783
zu Langendorf in Ober-Sachsen im hause
von Bürger's jüngerer schwester eines sohnes;

---

*) Seine liebe zu ihr war bereits wieder erkaltet, wie
er es selbst in dem wunderschönen gedichte «Schön
Suschen» schildert. Diesem gedicht widerfuhr die ehre,
dass Arthur Schopenhauer daraus das motto zu einem
der berühmtesten kapitel seines hauptwerks «Der Me-
taphysik der Geschlechtsliebe» entnahm, wie er auch bei
jedem anlass auf Bürger, «dieses ächte deutsche dichter-
genie, dem die erste stelle nach Goethen gebüre» hin-
wies. «Schiller's kalte und gemachte und Uhland's
schlechte balladen haben 100 leser gegen einen, der
Bürger's unsterbliche balladen wirklich kennt».

Dorette kam im folgenden jahre mit einer
tochter Marianne nieder und starb an den
folgen der entbindung am 30. juli 1784.

Bürger war inzwischen seines amtes, das
ihm nie besonders zugesagt hatte, wie wir schon
aus dem briefe an Gleim sahen (p. 122), völlig
überdrüssig geworden. In einem geburtstags-
gedichte an die «gnädige frau Luise Wilhelmine
von Uslar, geb. von Westernhagen» scherzte
er zwar am 14. september 1782:

„Ein Weib — heißt Frau Iustitia —
entnerbt mich mit Careſſen.
ſie wird mit Seel und Leib mich ja
wol noch vor Liebe freſſen".

Mit tiefer bitterkeit hatte er aber schon
einige jahre vorher das glück angeklagt, welches seine gaben nach frevler laune vertheile
und für ihn nur nieten habe. Es ist in dem
gedichte «Fortunens Pranger», welches zuerst
1779 im Musenalmanach erschien:

Nieten? Nieten? Nichts alß kahle Nieten? —
nun, ſo niete dich denn ſatt und matt! —
zur Vergeltung will ich dir auch bieten,
waß noch keiner dir geboten hat.

Nicht mit Erbſen muß man nach dir ſchnellen,
wie ein Luſtigmacher etwa ſchnellt:
an den Pranger und in Eiſenſchellen
ſei, Fortuna, ſchimpflich außgeſtellt! —

Denn ſie iſt, ſie iſt die Ehrenloſe,
die daß ärgſte Schandgeſindel liebt
und nur ſelten ihrer Wolluſt Roſe
einem Biedermann zu koſten gibt.

Einen letzten verzweiflungsschritt that er, als er am 29. juli 1782 einen brief an Friedrich den Grossen schrieb und um die anstellung an einer preussischen universität oder sonstwie nachsuchte. Grosskanzler von Carmer empfahl darauf Bürgern auch wirklich dem universitäts-oberkurator von Zedlitz, erhielt aber von diesem die antwort: «Der kurhannoversche amtmann Bürger sei wie alle mit dem geniewesen sich auszeichnenden schöngeister zum erzieher und jugendlehrer nicht zu gebrauchen.» Herr von Carmer theilte dies sehr schonend und verbindlich an Bürger mit und schloss sein schreiben vom 19. november 1782:

«Dessen aber können Sie sehr gewiss sein, dass ich alles anwenden werde, den hiesigen landen einen mitbürger wiederzuverschaffen, der ihnen so viel ehre macht und dadurch der welt zu zeigen, dass man auch bei uns die verdienste des wahren gelehrten ebenso gut zu schätzen weiss, als des soldaten und des finanziers.»

Dem entschluss, sein amt aufzugeben, blieb Bürger aber trotzdem und um so mehr getreu, als er durch intriguen des hofrath Liste bei der regierung wegen pflichtwidrigkeiten verklagt worden war. Er rechtfertigte sich durchaus gegen diese beschuldigungen, nahm aber zugleich im jahre 1784 seine entlassung und liess sich unter Heyne's, Kästner's und Lichtenberg's vermittelung als privatlehrer in Göttingen nieder.

Bald nachher, den 27. juni 1785, wurden zu Bissendorf «Herr G. A. Bürger, dichter und lehrer des deutschen stils zu Göttingen und Demoiselle Auguste Marie Wilhelmine Eva Leonhart» kirchlich eingesegnet. Aber schon nach kaum siebenmonatlicher ehe, am 9. januar 1786, verzeichnet das Göttinger kirchenbuch den tod auch der zweiten frau Bürgers, an den folgen ihrer niederkunft mit einem mädchen.

Mit dem gedicht «Himmel und Erde», dessen erste strophe der dichter schon in dem briefe an Boie vom 6. mai 1773 mittheilt und das in die erste ausgabe von 1778 nicht aufgenommen wurde, eröffnen die berühmten Mollylieder, welche die herausgeber — ununterbrochen von heterogenem — zu einer ganz neuen gesammtwirkung vereinigen sollten. Dies erste gedicht enthält schon, wie eine opernouvertüre, alle themen, welche nachfolgen werden, im keime in sich. In dem ganzen haben wir die komplicirte passionsgeschichte eines modernen gemüthes, die süssesten freuden und die tiefsten seelenschmerzen einer liebe, die unendlich viel individueller als die Petrarka's oder auch der minnesänger war, finden hier ihren poetischen ausdruck. Ebenso individuell, überall dem wirklichen leben, der tiefsten empfindung entwachsen wie der inhalt ist, ist es auch die sprache: stets die anschaulichsten bilder, oft ausdrücke aus dem sogenannten gemeinen leben mit glücklichster naivetät eingeführt, fast völlige abwesenheit aller poetischen floskel und phrase.

Die liebe zu Molly und die dieselbe ver-
herrlichenden gedichte haben dem dichter natürlich den vorwurf der unsittlichkeit von seiten der philister zugezogen, während grade in
diesen gedichten und namentlich in den beiden
berühmtesten der «Elegie als Molly sich los-
reissen wollte» und dem «Hohen Lied» das
ethische gefühl zu seinem schönsten recht
kommt:

> „Denn, o Gott, in Chriſtenlanden
> auf der Erde weit und breit,
> iſt ja kein Altar vorhanden
> welcher unſre Liebe weiht.
>
> Nirgends iſt ein Spalt noch offen
> für der Hoffnung Tabeſchein
> und auch Wünſchen oder Hoffen
> ſcheint Verbrechen gar zu ſein."

Und so fleht er am schlusse nur ihn wenigstens nicht ganz von ihrem angesicht zu verstossen, indem er verspricht:

> Nicht ein Blümchen nur zu knicken,
> Das in dieſem Eden blüht.

Ebenso rührend sind dann die selbstan-
klagen, dass er jenes versprechen doch nicht
halten konnte, in dem hohen liede:

> „Auf es laut aus voller Seele:
> ſchuldlos war ihr Herz und Blut
> welches Ziel die Büge wähle,
> o so trifft sie meine Fehle,
> Fehle meiner Liebesmuth."

Und in prosa an Boie nach Molly's tode:
« Der Allbarmherzige wird mirs um seines
lieblingswerkes willen verzeihen, was ich im
höchsten taumel der liebe zu diesem verbrochen
habe. An dieser herrlichen, himmelsseelen-
vollen gestalt duftete die blume der sinnlichkeit allzu lieblich, als dass es nicht zu den
feinsten organen der geistigen liebe hätte
dringen sollen ... Aber wozu noch die worte?
Hin ist hin, verloren ist verloren.» —

Goethe's erste liebes-gedichte, nach seiner
bekanntschaft mit Herder — denn die leipziger lieder von 1770 gehören noch ganz der
alten, unlebendigen, französischen manier an
— erschienen 1775, namentlich das schöne
«Mir schlug das Herz, geschwind zu pferde»,
welches wenig Bürger'sches hat, dagegen sein
gedicht, «Hab oft einen dumpfen düstern
Sinn» (1776) sehr merkwürdig an einiges in
den Molly-liedern erinnert. Etwas ähnliches
wie «Hans Sachsens poetische Sendung» oder
« Mein altes Evangelium » (beide auch 1776),
die ersten blumen der Goethe'schen gedanken-
poesie, hat Bürger freilich nicht hervorgebracht. — Wie Goethe Bürger's erste lyrische
anfänge freudig begrüsst, so gedachte er dieses «an- und eingeborenen talents» noch im
alter (1824) mit wahlverwandter theilnahme.*)

---

*) In einem briefe an Reinhard, den dieser in
seiner vollendeten rechtmässigen ausgabe (Berlin,
Christiani) abdrucken liess. Siehe S. Hirzels Goethe-
bibliothek.

Als dritte abtheilung der Bürger'schen gedichte ergeben sich endlich die «Sinngedichte»,
die Schiller «als Bürger's starker nerviger manier nicht zusagend,» gern entbehrt hätte.

In kerniger schlagender weise stigmatisirt
Bürger hier politische und akademische zeitzu-
stände, giebt, wie Goethe «den recensenten-
hunden» auch seinerseits einige amüsante fusstritte und erreicht namentlich in den höchst
persönlichen stücken, den kurzen energischen
aufschreien des gemüths, oder in den epi-
grammatischen ohrfeigen, die er wider ihn bel-
fernden lumpen ertheilt, den gipfel der gattung.

Diese Epigramme bilden den schlussstein
seiner dichterischen thätigkeit, sie entsprechen
wie die «zahmen Xenien» dem höheren alter,
das sich bei Bürger durch seine schicksale früher, als es in seinen jahren lag, geltend machte.

Nach dem tode Mollys besuchte ihn Boie
und schrieb über seinen freund am 17. september 1787 an Voss: «Er ist der selbe und
nur äusserlich feiner geworden und sehr nie-
dergedrückt. Er mag nicht dichten und sitzt
bis über den hals in Kant vergraben, den er
sehr lieb gewonnen hat und, eine ketzerei in
Göttingen, über ihn lesen will». In dem letzteren vorsatz bestärkte ihn namentlich Lichtenberg, und Bürger las auch wirklich «über die
kritische philosophie». Mit welchem enthusiasmus und verständniss er sich mit Kant beschäftigte, geht aus dem im «Gesellschafter»
1823 veröffentlichte brief an den Leipziger
Kantianer Born hervor, der ihm in zuvorkom-

mender weise geschrieben und eine abhandlung übersandt hatte. Wahre befriedigung
hat Bürger als docent aber nie gefunden; es
fehlte ihm die gabe des vortrags und noch
mehr eine empfängliche zuhörerschaft in Göttingen.

Ausser über die kritische philosophie, las
er auch über ästhetik und geschichte. Dass
theils bei lebzeiten geschriebene historische
abhandlungen, wie «die Republik England»,
theils seine vorlesungen später veröffentlicht
und zum theil in seine werke aufgenommen
wurden, kann ich nicht billigen. Denn diese
ganze thätigkeit war des dichters sache nicht.
Dass sich namentlich in seinen vorlesungen
über deutschen stil und sprache manche interessante und noch heute beherzigenswerthe
stellen finden, ist gewiss. So heisst es in einem
dieser von Reinhardt herausgegebenen manuskripte:

«Ist irgend in dem ganzen gebiete der
wissenschaften etwas werth, dass männer sich
damit beschäftigen, so ist es die muttersprache.
Sie kann zu allem übrigen sagen: ohne mich
könnt ihr nichts thun. Ja, sogar all euer gutes
oder schlechtes thun hängt von mir ab. Wer
mich verachtet, der wird wieder verachtet von
seinem zeitalter, und schnell vergessen von
der nachwelt. Wer schlecht schreibt, und
schriebe er auch noch so vortreffliche sachen,
ist ein geschmückter tänzer mit klumpfüssen,
und fehlerhaft schreiben, ist so viel, als zer-
rissene schuhe tragen, woran die löcher mit

kartenblättern ausgelegt sind. Ich könnte
einem lieber jede andere gelehrte sünde verzeihen, als eine sprachsünde. Denn nichts
steht der ehre unserer literatur mächtiger entgegen als schlechtschreiberei, und es ist
schändlich, himmelschreiend, und, — o, was
weiss ich alles? — dass unsere grössten und
besten gelehrten so überaus liederlich oft
schreiben!»

In der ankündigung seiner vorlesung (1787):
«Nun sollte man denken, wunder wie leb-
haft, wie allgemein der eifer und das bestreben
nach vollkommener schreibart, wunder wie
auffallend und glänzend der erfolg sein müsse!
Allein nichts weniger, als dieses! Der mann
von verstand, kenntniss und geschmack sehe
doch nur die gedruckten sowohl, als ungedruckten schreibereien selbst unserer neuesten
zeiten an, und erstaune nicht über stilistische
greuel jeder art bei einem wahrlich nicht kleinen haufen unserer scribenten. Selbst grosse
weit und breit umherrauschende namen sind
davon nicht ausgenommen. Ich muss es hier
gerade heraussagen, wie sehr es auch ver-
driesse, da es meiner warmen vaterlandsliebe
noch weit mehr schmerzt, mit dürren worten,
von denen nichts abgehen kann, muss ich's
heraus sagen, dass mir aus der ganzen literär-
geschichte kein aufgeklärtes schreibendes volk
bekannt ist, welches im ganzen so schlecht
mit seiner sprache umgegangen wäre, welches
so nachlässig, so unbekümmert um richtigkeit
und schönheit, ja, welches so — liederlich ge-

schrieben hätte, als bisher unser deutsches volk.»

Stil und inhalt erinnern merkwürdig an Schopenhauers abhandlung über den selben gegenstand.

In jenen ersten göttinger jahren bereicherte Bürger auch die komische literatur um ein wichtiges prosawerk, den «Münchhausen», den er nach A. Ellissens trefflicher gelehrter einleitung zu seiner ausgabe (Göttingen, Dieterich, 1849, nur in dieser ausgabe steht die einleitung vollständig, in den späteren ist sie erheblich abgekürzt worden) freilich nur aus einem englischen original 1787 verdeutschte und nur hier und da, im verein mit Lichtenberg, erweiterte.

Rollenhagens Froschmäusler wollte er ebenfalls und zwar in den kurzen reimpaaren des originals bearbeiten; er kam indessen nicht über den prolog und die ersten 50 verse hinaus, welche Reinhard nach des dichters tode aus dem manuskript edirte, beliebter korpulenz seiner ausgabe halber.

Weitere komische anläufe nahm Bürger 1791 («Akademie der schönen Redekünste») in einem fragment gebliebenen epos «Bellin», dessen fabel er dem Ariosto entlehnte. Es sind nur zwei dutzend ottaven, aber in meisterhafter formeller behandlung, wie sie vor ihm nur Wilhelm Heinse, der erfinder der deutschen ottave rime und zwar schon 1773 in jener «Laidion» geschrieben hatte, von der Goethe bewundernd meinte, er hätte nicht geglaubt,

dass so etwas in deutscher sprache möglich
wäre.

Der laxen Wielandschen art angehörig ist
dagegen die erst im Musenalmanach von 1794
erschienene «Königin von Golconde» nach
Bouflers prosa. Bei dem Franzosen entschädigt
für die tiefe des inhalts die natürliche, bezau-
bernde frivolität der behandlung, die grazie der
sprache, die eleganz der künstlerischen abrun-
dung. Allein der leichtfertige Wieland war in der
nachahmung dieser französischen eigenschaften
glücklicher als der tiefere, deutschere Bürger,
auf den vielmehr der von ihm hinzugedichtete
schluss zu seiner 1793 erschienenen übersetzung des übrigens langathmigen und lang-
weiligen briefes Abälards an Heloise von Pope
ausschliesslich anwendung findet:

Bei dem Liebe mein und seiner Schmerzen
werde jedes Hörers Brust erregt!
denn nur der beweget leicht die Herzen,
welchem selbst ein Herz im Busen schlägt.

Sachen wie die «Königin von Golkonde»
oder Wieland's «Komische Erzählungen» kommen aber nicht von herzen und gehen nicht
zu herzen.

Wir wissen aus Althoff, dass Bürger in Göttingen sehr viel nur des honorars, das heisst
des täglichen brotes wegen schrieb, namentlich
die übersetzungen, wozu auch «Benjamin Frank-
lins jugendjahre, von ihm selbst beschrieben»,
Berlin 1792, gehört. Nur aus diesem grunde

übernahm er auch, zu dem seit 1779 bis zum tode redigirten Musenalmanach, 1791 noch ein neues, in Berlin erscheinendes journal «Die Akademie der schönen Redekünste», das er hauptsächlich durch eigene beiträge speisen musste. Der Musenalmanach brachte ihm durch seinen freund und verleger Dieterich, der ihn überhaupt oft durch vorschüsse unterstützen musste, einige hundert thaler jährlich. Und doch hätte Bürger allein von dem honorar seiner gedichte völlig existiren können, wenn ihm sein eigenster verdienst nicht durch die nachdrucker geraubt wäre. Ueber diese heillosen damaligen rechtszustände klagt er selbst mit gerechter indignation in der vorrede zur zweiten ausgabe seiner gedichte.

Unter den eben geschilderten aufreibenden thätigkeiten begann nun auch Bürger's kränklichkeit mehr und mehr zuzunehmen, das gedicht «Vorgefühl der Gesundheit. An Boie» war leider eine täuschung gewesen und Althoff theilt folgenden stossseufzer seines freundes in nackter prosa mit: «Immerwährende kränklichkeit des leibes belastet mehr denn allzu oft die natürliche kraft und thätigkeit meines geistes mit so drückenden fesseln; sie lähmt dergestalt die lebendigsten springfedern des herzens: dass bisweilen kein leben, kein streben, kein wunsch mir noch übrig zu seyn scheint, als der letzte wunsch aller mühebeladenen und müden, der wunsch, aus einem beschwerlichen zusammengepressten daseyn in die ruhe des nichtseyns hinab zu taumeln.»

Am deutlichsten und ergreifendsten tritt die ganze unglückliche göttinger existenz, in der nur das verhältniss zu den jungen A. W. Schlegel als lichtblick erscheint, uns in Bürger's so sehr schönen, (von dem ersten herausgeber und andern philistern nach ihm als «cynisch und widerwärtig» denuncirten) briefen an Meyer entgegen, die ich daher an dieser stelle nachzulesen bitte. (In dem buche: «Zur Erinnerung an Meyer, den Biographen Schröders.» Braunschweig 1847).

Der bitterste kelch war ihm aber noch für die letzten jahre seines lebens aufgespart: seine dritte ehe. Auf die in den briefen vom 14. märz 1790 an Meyer, vom 22. april 1790 an einen ungenannten (zuerst im Allgem. Litterar Anzeiger von 1799) von ihm selbst erzählte art hatte er sich mit dem «Schwabenmädchen» verlobt. Die vermittlerin dieses bündnisses, eine frau Ehrmann*) in Stuttgart, hatte die braut als ein vortreffliches und namentlich auch schon gegenwärtig vermögendes mädchen geschildert, mit sicherer aussicht auf mehrere bedeutende erbschaften, und so glaubte Bürger sowohl seinen drei unmündigen kindern eine mutter geben, als auch seine äussere lage durch diese heirat erheblich verbessern zu können.

Zwar warnte ihn Meyer durch ein ihm aus Italien mit der unterschrift «Frau Menschenschreck» zugesandtes gedicht, und auch seine

---

*) Briefe von G. A. Bürger an Marianne Ehrmann. Weimar 1802.

freundin Elisa von der Recke rieth ihm von
der heirat ab. Bürger antwortete der letzteren
in einem sehr ausführlichen briefe: «Poetisch-
phantasiereich fing mein liebeshandel an: aber
ich hoffe — meine ehe soll prosaisch glücklich
sein.» Von den übrigen inhalt dieses briefes
theilte frau v. d. Recke im Gesellschafter von
1823 noch folgendes mit:

.   «Vorzüglich ist mir im gedächtniss geblieben, dass Bürger, als durch die geistreichen
und gefühlvollen lieder und briefe des mädchens
aus Schwaben sein herz und kopf schon ganz
gefangen waren, er seine geliebte um ihr bildniss gebeten habe. Dies sei nach einiger zeit
angekommen, von einem herzlichen briefe begleitet. Mit ungeduldiger liebe habe er das
packet eröffnet, sei aber von angst und schrecken
ergriffen worden, als er das schöne bild einer
hardie brunette erblickte. Ihm war, als schwebte
seine sanfte, holde, blonde Molly, in aller milde
ihres liebreizes, seiner seele vor. Er sah wieder
auf das bild der schönen brünette hin; ihr
feuriger blick schreckte ihn noch mehr; er
warf das bild und den noch ungelesenen brief
auf den tisch, lief aus seinem zimmer, schloss
hinter sich zu, und eilte, von wunderlichen
gefühlen ergriffen, in's freie. Hier kam er an
ein waizenfeld. Die zeit wurde ihm gegenwärtig, da er das lied gedichtet hatte: «O, was
in tausend liebespracht etc.» und Molly mit
den blonden locken und dem sanften blicke
schwebte ihm vor augen. Thränen machten
seinem beklemmten herzen luft. Ihm war, als

winkte jede kornähre ihm den gedanken zu:
knüpfe kein eheband mit dem poetischen
mädchen aus Schwaben! Sinnend, wie er sich
aus diesem handel auf eine rechtliche art heraus-
ziehen könne, ging er langsam nach seiner
wohnung zurück. Hier las er nun den brief
und, wenn ich nicht irre, auch das gedicht,
welche das bild begleitet hatten. Der brief war
so innig, so zart, so liebevoll geschrieben, dass
er nun das bildniss von neuem betrachtete, und
die in jenem geäusserten gesinnungen mit dem
ausdrucke der feurigen augen des portraits zu
vergleichen suchte. Wie erstaunte er über den
angenehmen eindruck, welchen dieses bildniss
nun auf ihn machte! Und Bürger entschloss
sich, zu dem ihm jetzt so lieb gewordenen
originale zu reisen, das einen noch viel günsti-
geren eindruck auf ihn machte.»

Man darf Bürger nicht zu hart beurtheilen.
Alles was sich gegen die ehe auf seiner seite
sagen liess, hatte er selbst der mutter und
tochter in seiner ihnen übersandten «beichte
eines mannes der ein edles mädchen nicht
hintergehen will» eröffnet. Dann erschien er
persönlich in Stuttgart und erst nach stattge-
habter bekanntschaft fand die trauung, im
october 1790 statt. Als Lichtenberg erfuhr,
dass die neuvermählten im anzuge seien, sagte
er: Gut, ich werde kondoliren; und als man
ihm die schönheit der madame Bürger lobte:
Sero Jupiter diphteram inspexit.

Der letzte brief an Meyer enthüllt in kürze,
wie schrecklich dem unglücklichen mann dieser

letzte versuch, sich noch einmal emporzuraffen, ausfiel.

Ausführlich schildert diese jammervollste zeit seines lebens der in der «Ehestandsge-schichte»*) enthaltene brief an die mutter dieses verworfenen weibes, welches das haus eines edlen deutschen dichters geschändet. Diese wahrscheinlich von Reinhard publicirte dar-stellung ist ebenso zweifellos in jedem worte von Bürger verfasst, der sie sogar für welt und nachwelt bestimmte, als sie von der strengsten wahrheit auch nicht ein titelchen abweicht. Das letztre versteht sich für jeden, der Bürgers charakter kennt, ganz von selbst: zum über-fluss ist es jetzt noch durch die von G. Waitz herausgegebenen**) gleichzeitigen briefe der verwittweten Karoline Böhmer (später A. W. Schlegels und zuletzt Schellings gattin) an ihren und Bürger's freund Meyer überall be-stätigt. Ich theile die wichtigsten dieser briefe hier mit:

G. 8. März 89.

Bürger, dessen bekanntschaft ich ganz kürzlich gemacht — er führt, wie er selbst

---

*) Berlin und Leipzig. Schulz & Comp. 1812. In dem Wiener nachdruck der werke Bürgers von 1812 sind diese «Aktenstücke» ebenfalls abgedruckt, und danach in der Groteschen Bürger-Ausgabe repro-ducirt. Der Wiener nachdruck lässt jedoch, wie ich seitdem erfahren, mehrere starke stellen des originales fort.

**) Bei S. Hirzel. 1870. 1. band.

sagt, ein bärenleben und kommt selten aus
seiner höhle hervor. Bürger wird auch wohl
weggehen; er weiss noch nicht wohin, vielleicht nach Berlin. —

Marburg, 11. Juli 91.

Hätt' ich platz, so schrieb ich Ihnen literar.
dinge — von Schiller, der Bürgern um alle
menschliche ehre recensirt hat und Bürgern,
der sich nur durch ironie zu helfen weiss —
eine waffe, die in den händen der meisten
schriftsteller, weil sie meistens männer sind,
verunglückt und *à plus forte raison* in der
seinigen — auch von Bürger dem ehemann,
an dem sich die schatten seiner seligen frauen
in der lebendigen rächen. —

Göttingen, den 6. Dec. 91.

Ein genauer umgang mit einer gewissen
madame Bürger ist den beiden mädchen [Caro-
linens schwestern], jetzt wieder sehr unvortheil-
haft gewesen! Frau Menschenschreck! Du
kennst die menschen, du hast wahr prophezeit!
Es ist ein kleines niedliches figürchen mit
einem artigen gesicht und gabe zu schwatzen
— empfindsam wo es noth thut, intriguen-
süchtig im höchsten grade — und die gehalt-
loseste coquetterie — der es nicht um einen liebhaber sowohl — ohngeachtet sie auch da so
weit geht wie man gehen kann — sondern um
den schwarm unbedeutender anbeter zu thun
ist, die ihre ganze zeit damit verdirbt und den
kopf dabei verliert. Mir thut's sehr weh für

Bürger — eine vernünftige frau, seinen jahren
angemessen, hätte ihn noch zum ordentlichen
manne gemacht — aber jetzt droht seiner haus-
haltung ein völliger untergang, weil sie sich um
nichts bekümmert — nicht einmal um ihr kind
— den kleinen Agathon*), der, seit die leute
sich nicht mehr über den nahmen wundern, von
aller welt und von der mutter vergessen ist.
Nicht ein funken mütterlich gefühl in ihr! —
— — Bürger fühlt alles und weiss sich nicht
zu helfen — ist es denn so schwer, mann neben
euch zu sein, sagt mir Tatter. —

8. Dec.

Er wird eigentlich stupide neben ihr — ist
still — und starrt mit abgestorbnen augen in
das wesen hinein. Neulich klagte er's mir
bitterlich, dass er so gar keinen geist mehr habe.
— Kommen Sie doch, ihn wieder aufzuwecken
— vor ihrem netz sind Sie sicher — ein ge-
scheuter mann war bis jetzt noch nicht darin.
Ach, dann wär's ja zu verzeihn — denn dass
ich nicht aus intoleranz so urtheile, versteht
sich wohl. Mein liebesmantel ist so weit als
herz und sinn des schönen gehn.

Gotha, 10. Mai 94.

Weisst du, dass Bürger sterben wird — im
elend, in hunger und kummer? Er hat die aus-
zehrung — wenn ihm der alte D. nicht zu essen

---

*) Dieses einzige kind der dritten ehe war fast
blödsinnig und ist frühzeitig gestorben.

gäbe, er hätte nichts, und dazu schulden und unversorgte kinder. Armer mann! Wäre ich dort, ich ginge täglich hin und suchte ihm diese letzten tage zu versüssen, damit er doch nicht fluchend von der erde schiede. Schreib ihm doch.

Der letzte brief erhält eine eben so trübe illustration durch eine supplik, welche Bürger an das hannoversche ministerium ein jahr vor seinem tode richtete, auf welche er abschläglich beschieden wurde, aber eine remuneration von 100 thaler empfing. Wer möchte es ihm übel nehmen, dass er das antwortschreiben, nach seines sohnes Emil*) erzählung, mit einem derben fluche bei seite warf?

Es war ein tristes ende des stückes, welches so glorreich begonnen. Und dennoch vermochte er noch sich in dem sonett «An das Herz» das eigene schwanenlied zu singen, so rührend schön, wie es nur den auserwählten vergönnt ist:

Lange schon in manchem Sturm und Drange
wandeln meine Füsse durch die Welt,
bald den Lebensmüden beigesellt
ruh ich aus von meinem pilgergange.

Leise sinnend faltet sich die Wange,
jede meiner Blüthen welkt und fällt.
Herz, ich muß dich fragen: was erhält
dich in Kraft und Fülle noch so lange?

---

*) Der sohn Mollys, 1841 in Leipzig in ärmlichen verhältnissen, ohne männliche nachkommen verstorben.

Trotz der Zeit Despotenallgewalt
fährst du fort, wie in des Lenzes Tagen,
liebend wie die Nachtigall zu schlagen.

Aber ach, Aurora hört es kalt
was ihr Tithons Lippen holdes sagen —
Herz, ich wollte, du auch würdest alt!

Am 25. und 26. februar 1794 besuchte ihn
der von Schiller so hochgepriesene Schweizer
Matthisson. Wohlwollend streckte ihm der
bescheidene Bürger die dürre hand entgegen
und sagte: Sie haben vier verse gemacht, die
mich oft getröstet haben und für die ich Sie
einen griff in meine gedichte möchte thun
lassen, welchen Sie wollten:

Psyche trinkt und nicht vergebens!
plötzlich in der Fluten Grab
sinkt das Nachtstück ihres Lebens
wie ein Traumgesicht hinab.

Er deklamirte gedämpft und leise, als
wehte die stimme vom stillen Lethe selber
hinauf. Wie Matthisson in seinen «Erinnerungen» berichtet, fand er Bürger «abgezehrt,
bleich und entstellt, mehr dem tode als dem
leben angehörend, nur seine blauen augen
leuchten noch. Man hat mühe seine leise
sprache zu verstehen, da seine stimmorgane
gelähmt sind.»
Ein ungenannter theilt in Herrig's Archiv
(band XXI) mit, dass Bürger noch einen tag vor
seinem tode sehr durch eine sendung gedichte
des universitätspredigers Volborth erheitert sei:

weil dieselben einen herrlichen beitrag zu seinem «Schofelarchiv» abgegeben hätten.

«Bürger», erzählt sein arzt und biograph, «lernte die über seinem haupte schwebende unüberwindliche todesgefahr erst wenige tage vor seinem ende kennen. Bis dahin nahm bei ihm, wie das bei schwindsüchtigen meistentheils zu geschehen pflegt, die hoffnung zur besserung mit der krankheit zu; und ich habe es immer für grausam gehalten, solchen kranken das einzige auch noch zu entreissen, was ihnen die natur absichtlich, wie es scheint, gelassen hat, um ihren bejammernswürdigen zustand erträglich zu machen, — die hoffnung. Erst als ihm selbst die augen über seinen zustand aufzugehen anfingen, gestand ich ihm, dass er freilich jetzt nicht mehr hoffen könnte, von dieser krankheit zu genesen. Weit entfernt, durch diese entdeckung beunruhigt zu werden, antwortete er, es komme ihm nun selbst so vor, und wünschte sich nur einen leichten tod. Er sagte mir, er würde es gern sehen, wenn in seiner todesstunde sich einige freunde um ihn versammelten, und sich, ohne die allergeringste betrübniss zu äussern, in munteren und geistreichen gesprächen unterhielten, indem er die augen für immer schlösse. Allein dazu kam es nicht. Am 8. junius 1794 verging ihm gegen abend der kleine überrest von sprache vollends. Er wollte seinem mehrjährigen rechtschaffenen freunde, dem Herrn Dr. J ä g e r, der auf seine dringende bitte die vormundschaft über die kinder übernommen hatte, und mir etwas sagen, konnte aber kein vernehmliches wort mehr hervorbringen. Wir baten ihn, zu versuchen, ob er uns seine meinung nicht schriftlich mittheilen könnte; aber auch die augen versagten ihm ihren dienst; es war und blieb ihm, aller angezündeten lichter ungeachtet, zu dunkel, und indem er den mund öffnete, um mir eine ihm vorgelegte frage mit ja zu beantworten, blies er sanft seinen letzten athem aus, in einem alter von sechs und vierzig jahren, fünf monaten und acht tagen.

So wurde ihm also doch der letzte wunsch gewähret, ihm, der so manchen in seinem leben vergebens gethan hatte, der tod zeigte sich ihm in einer gar nicht schrecklichen gestalt, indem er weder von moralischer furcht, noch körperlicher angst, oder schmerzen begleitet war. Ja, vielleicht würde er ihm, nach allem, was er erduldet hatte, sogar willkommen gewesen sein, wenn er ihn nicht von vier geliebten kindern, — einer tochter von der ersten frau, einem sohne und einer tochter von der zweiten, und einem sohne von der dritten, — getrennt hätte. Herr doctor und garnisonmedicus Jäger, den er unmittelbar nach jener entdeckung, etwa drei tage vor seinem ende, zu sich bitten liess, versichert, bei wenig menschen, die sich dem tode so nahe gewusst, eine ruhigere gemüthverfassung beobachtet zu haben.

Ueber sein vermögen, welches zur bezahlung der mässigen schulden nicht hinreichte,

die er bei so ungünstigen schicksalen zu
machen genöthigt war, entstand ein con-
curs-process, welcher jetzt der entscheidung
nahe ist».

Dr. Althoff's schilderung von Bürger's
charakter, aus mehrjährigem umgang ge-
schöpft, erscheint so unparteiisch und trefflich,
dass ich aus derselben hier ebenfalls das wichtigste beibringe:

«Was Bürgern, als menschen betrachtet,
am meisten auszeichnete, das war ein ungemein hoher grad von herzensgüte und wohlwollen gegen alle geschöpfe. Ich habe wenige
menschen gekannt, welche ihn darin übertroffen
hätten. Diese herzensgüte und dieses wohlwollen gegen andere zeigte sich nicht blos
durch wörtlich geäusserte theilnahme an frem-
dem unglücke, sondern er pflegte es auf die
thätigste art zu beweisen, wie innig und aufrichtig seine theilnahme war. Bei der grossen
berühmtheit seines namens wurde er sehr häufig
von fremden abenteurern überlaufen, und nicht
selten auch von wirklich hülfsbedürftigen gelehrten und künstlern um unterstützung ange-
sprochen. In solchen fällen gab er, der doch
selbst nichts übrig, oft das nothwendige nicht
einmal hatte, gewöhnlich einige gulden oder
thaler, und wären es auch seine letzten gewesen, mit einer so guten art hin, dass der
empfänger dadurch noch mehr, als durch die
gabe selbst, aufgerichtet und zur dankbarkeit
und liebe gegen den geber hingerissen wurde.
Ich weiss dieses theils als zeuge und theils aus

verschiedenen schriftlichen danksagungen der empfänger. Aber eine einzelne handlung meines freundes muss ich hier noch erzählen, weil sie den adel und das grossmüthige wohlwollen seines herzens, dem nachtragender hass und rachsucht ganz fremd waren, in einem schönen lichte darstellt.

Ein mann, der ihn auf das empfindlichste beleidigt, der ihn um die vom grossvater ihm anvertrauten cautions-gelder betrogen, der ihn bei seinem gerichtsherrn verleumdet, und das memorial an die königliche regierung, worin Bürger so böser dinge beschuldigt wird, verfasset hatte — eben dieser mann, der nun in den armseligsten umständen verstorbene hofrath Liste, dem es an menschenkenntniss gar nicht fehlte, hatte im jahre 1785 den muth, sich schriftlich an den von ihm so schwer beleidigten Bürger zu wenden, mit der bitte: alles vormals geschehene zu vergessen, und ihm in seiner gegenwärtigen noth, da es ihm an allen mitteln fehle, sich und seiner kranken gattin das leben zu fristen, mit einiger unterstützung beizustehen. Bürger vergass auf der stelle alle beleidigungen, wurde auf's innigste gerührt, und bedauerte, dass seine umstände ihn kaum eine gabe von einigen thalern verstatteten. Aber er that etwas, das ihm, bei seiner von jeder art der zudringlichkeit so weit entfernten denkungsart, gewiss weit grössere überwindung kostete, als die aufopferung einer namhaften summe aus seinen eigenen mitteln. Er forderte die angeseheneren einwohner von Göttingen durch einige zeilen, die er herumlaufen liess, auf, einem durch mangel in's höchste elend versunkenen men- schen von ihrem überflusse etwas mitzutheilen. Der mensch, sagte er, habe zwar keine grossen ansprüche auf hochachtung und sein gegen- wärtiges unglück sey wohl nicht ganz unver- schuldet; aber er habe als unglücklicher an- sprüche auf unser mitleiden, und das mitleiden borge ja der gerechtigkeit nicht immer die wage ab, u. s. w. — Der erfolg dieser unter- nehmung übertraf Bürger's erwartung. Es ka- men in wenigen stunden gegen hundert thaler zusammen, die er nebst seinem eigenen schärf- lein dem unglücklichen mit grosser freude übersandte.

Aber weichheit des herzens und empfäng- lichkeit für mitleid, selbst mit menschen, die es um ihn so wenig verdient hatten, war nicht der einzige rühmliche zug in Bürger's charak- ter. Sein moralischer sinn war eben so fein und zart als sein ästhetischer, und seine grund- sätze waren gewiss nicht verwerflich, wenn er gleich zuweilen, oder vielmehr oft, verleitet wurde, ihrer zu vergessen.»

Bildnisse von Bürger finden sich: vor dem 35. bande der Allg. deutschen Bibliothek, sehr unähnlich; im Journal von und für Deutsch- land (1785); vor seiner Gedichtausgabe von 1789 und vor dem Musen-Almanach von 1795. Ferner von J. C. Krüger in gr. 8°., von J. H. Klinger in kl. 4°., und von Riepentz in 12°. Von wem das ganz vorzügliche bild vor der Dieterich'schen ausgabe von 1844 ist, ist auf demselben nicht angegeben.

Von dem bilde von 1789 sagt Bürger selbst in der «Beichte»: «Das profil soll, wie viele behaupten, mir ziemlich gleichen, wiewol andere dies wieder läugnen... Ich habe dunkelblondes haar und blaue augen. Der mund soll ganz verzweifelt hässlich sein. Das liebenswürdigste der weiber pflegte zu sagen: Bürger, es ist kein anderes mittel, man muss dich unaufhörlich küssen, damit man nur den hässlichen mund nicht sehe, den du bisweilen wie ein wahrer tropf hängen lassen kannst.»

Bürger's handschrift war gross, derbe und frei, an Goethe entfernt erinnernd; er unterschrieb sich gern mit dem monogramm GAB. Gegen ende seines lebens wurde freilich auch die handschrift kleiner, krüppliger, man möchte ihr das gedrückte ansehen. Man vergleiche das facsimile seiner handschrift aus dem jahre 1791 (in der ausgabe von 1844) mit dem aus meinem besitz mitgetheilten facsimilirten briefe von 1778.

Bürger's und Molly's gräber sind unbekannt. Der als Bürger's grab geltende fleck des St. Johanniskirchhofes, mit einer mesquinen sandsteinsäule, (auf der, sogar *in duplo*, zu lesen «Die Stadt Göttingen dem Dichter Gottfried August Bürger») verunzierte, ist keineswegs sicher als identisch rekognoscirt worden. Nach des todtengräbers erzählung sah ein alter schneidermeister den buchhändler Dieterich auf das grab des dichters eine akazie pflanzen. An dieser wollte man gegen ende der vierziger jahre, als man auf das grab ein denkmal zu setzen beabsichtigte, die stelle erkennen. Die akazie wurde bei dieser gelegenheit abgehauen, um für das nachher nicht zu stande gekommene denkmal raum zu gewähren. Schon gleich nach Bürgers tode wurde ihm übrigens in dem Ulrichischen, später Seelenschen garten vor dem Albanithore, den er vorzüglich in den ersten morgenstunden der schönen frühlingstage zu besuchen pflegte, eine art von monument gesetzt, eine traurige person — muse oder Germania — an einer urne mit des dichters namen und falschem geburtsdatum. Die 200 thlr., die diese unwürdige pfuscherarbeit gekostet, wurden durch eine sammlung aufgebracht, wozu u. a. der kammerherr graf Harrach in Wien 48 thlr., der assessor baron Kielmannsegge in Güstrow 52 thlr., Dieterich 5 thlr., Nikolai in Berlin 3 thlr., Lichtenberg 2 thlr. und Schiller 1 thlr. 12 gr. beisteuerten. Gegenwärtig steht das mit ölfarbe übertünchte jammerbild, dem viele jahre hindurch die nase fehlte, in den göttinger städtischen anlagen.

Ovid's spruch hat sich nicht erfüllt:

Pascitur in vivis livor, post fata quiescit

und Schopenhauer hatte recht zu sagen: «Sie setzen leuten monumente, aus denen einst die nachwelt gar nicht wissen wird, was sie machen soll. — Aber Bürger'n setzen sie keines.»

Die erste original-ausgabe unseres dichters
führt den titel:

Gedichte

von

Gottfried August Bürger.

— — — · — —

Mit 8 Kupfern von Chodowiecky.

———

Mit Churfürstl. Sächs. Gnädigstem Privilegio.

— — · — — —

Göttingen,

gedruckt und in Kommission

bei

Johann Christian Dieterich.

1778.

Hievon erschien, noch im selben jahr, wol
der erste der nach Althoff «zahllosen» nach-
drücke, Frankfurt und Leipzig 1778 (ohne die
kupfer und das subscribentenverzeichniss) in
etwas grösserem oktav und auf weit schlech-
terem papier als das original. Die erste ausgabe enthält auf 328 seiten 66 gedichte, voran
gehen 14 unpaginirte blätter, jedes in zwei

enggedruckten spalten die subscribenten ver-
zeichnend (der preis betrug 1 thlr. 8 gr.); dann
folgen XXII seiten «Vorrede». Die sammlung
ist chronologisch geordnet und steht vor jedem
gedicht das datum seiner entstehung. Wie wenig
genau es der dichter indess mit dieser chronologie nahm, ergiebt ein von Weinhold zuerst
publicirter brief an Boie vom 6. april 1778.

Elf jahre später erschien die zweite und
letzte ausgabe von Bürgers hand:

Gedichte

von

Gottfried August BUIRGER.

Mit Kupfern.

Mit Churfürstl. Sächs. gnädigstem Privilegio.

Göttingen.

Bei Johann Christian Dieterich.

MDCCLXXXIX.

Dieser titel ist in stahlstich, mit geschmack-
loser verzierung ausgeführt, gegenüber steht
das portrait, das Althoff für das ähnlichste erklärt. Es folgt ein zweiter titel mit deutschem
druck, auf welchem «Erster Theil» bemerkt ist.
Auf die vorrede (p. 3—42) folgt das «Verzeichniss der Gedichte des ersten Bandes» (p. 43—46)

und dann mit neu anhebender paginirung ein schmutztitel:

Erſtes Buch.

Lyriſche Gedichte.

Es sind 73 gedichte (p. 3—272).
Der stahlstichtitel des zweiten bandes lautet:

Gedichte

von

Gottfried August Bürger.

———

Mit Kupfern.

———

Zweiter Theil.

————

Göttingen.

Bei Johann Christian Dieterich.

MDCCLXXXIX.

Auf das verzeichniss der gedichte des zweiten bandes (p. 3—6) folgen «Verbesserungen im ersten Bande» (p. 7—10), sodann auf sieben unpaginirten blättern, jedes von durchschnittlich 34 zeilen, das «Verzeichniss der Pränumeranten und Subscribenten». Boie nahm 10, Gleim 4, ein ungenannter für seine freunde 100 exemplare. Auch diese ausgabe kostete 1 thlr. 8 gr., auf schreibpapier 2 thlr.

Eine frische paginirung hebt vom ersten schmutztitel an:

Zweites Buch.

Episch-lyrische Gedichte.

22 gedichte (p. 5 bis 220).

Dann folgt:

Drittes Buch.

Vermischte Gedichte.

49 gedichte (p. 225—296).

Die 1. ausgabe, im cimelienschrank der göttinger bibliothek befindlich, habe ich auf das sorgfältigste mit der 2. in meinem besitz verglichen. Auch die exemplare der 2. ausgabe sind indessen nicht alle authentisch. Der verleger liess heimlich nachschüsse machen, welche druckfehler enthielten. Bürger protestirte hiegegen in einem brief an Dieterich; vom 3. april 1791 (in Westermanns Monatsheften vom mai 1872 abgedruckt) und erkannte nur die «ächte von ihm revidirte auflage» an.

Von den 66 gedichten der ausgabe von 1778 hat Bürger nun blos ein ganz bedeutungsloses 14 zeilen langes «Fragment» betiteltes stück, sowie das lateinische original des oben besprochenen zechliedes weggelassen. Die chronologischen daten hat er sämmtlich gestrichen um so mehr, da die anordnung nunmehr die allein in der sache begründete, den drei völlig verschiedenen kategorien dieser gedichte allein gemässe geworden war.

Die varianten im einzelnen zwischen den beiden ausgaben sind weder zahlreich noch bedeutend, meist leise änderungen im ausdruck, und stets wirkliche verbesserungen. Die erste ausgabe schloss mit dem lied an den mond (im april 1778), welches hier noch die nachher weggebliebene strophe enthielt, nach der verszeile:

Wollt ich allein dich stumm vorüber gehn,

Besonders da ich jetzt mit einem Bande
vol meiner Reimereien, her und hin
im ganzen werthen teutschen Vaterlande
haufiren umzugehn entschlossen bin.

Die 65 aus der ersten in die zweite auflage übergegangenen gedichte sind in letztrer also vertheilt: 1 bis 41 (An den Mond) im Ersten Buch «Lyrische Gedichte»; 1 bis 13 (Entführung) im Zweiten Buch; und 1 bis 10 im Dritten Buch «Vermischte Gedichte». Insofern ist also die chronologie im grossen eingehalten, dass diese 65 gedichte von 1778 überall, unvermischt mit späteren, vorangestellt worden sind.

Dem text von 1789, der ausgabe letzter hand, ist im einzelnen überall vor der ersten ausgabe der vorzug zu geben.

Inzwischen projektirte Bürger schon 1790 eine neue ausgabe seiner gedichte (vergl.

den brief an Meyer vom 20. märz 1790). Der
Musen-Almanach von 1792 brachte das Molly-
lied «das Mädel, das ich meine» in einer to-
talen umarbeitung unter dem titel «die Holde,
die ich meine» mit der anmerkung: «Zur probe
der feile, welche mehrere meiner lieder für die
ausserordentliche ausgabe erfahren haben, welche nunmehr gewiss, und, wenn anders die künstler keinen aufschub veranlassen,
zur nächsten L. ostermesse erscheinen wird.»

Obwohl aber nach und nach 205 abon-
nenten sich gefunden hatten, kam die ausgabe
nicht zu stande, weil Bürger kein ende am
korrigiren finden konnte. Auf diese unglückliche idee des ewigen verbesserns war er durch
Schiller's recension gekommen: er wollte, trotz
besserer, eigener einsicht, die vermisste «Idea-
lität» parforce hineinbringen. Ich verweise
von hier auf Bürger's eigene worte in seiner
«Rechenschaft über die Veränderungen in der
Nachtfeier».

Keinesweges aber will ich hier im allgemeinen A. W. Schlegel's meinung beistimmen,
wonach die kunstwerke gleich von selbst kor-
rekt zur welt kämen und dem künstler weiter
keine grosse arbeit verursachten. Aus den
briefen über die «Leonore» ergiebt sich, dass
Bürger wenigstens auch bei diesem werke die
definitive vollendung sich sauren schweiss
kosten liess. Althoff erzählt: Bürger habe
durch Boies anfängliche strenge kritik die
kunst gelernt, *de faire difficilement des vers* und
er habe ihn oft versichert: «Er hätte seinen

dichterruhm nicht sowohl ungemeinen talenten, als vielmehr der grossen mühe und dem langen unverdrossenen gebrauche der feile bei seinen kunstwerken zu verdanken. Dazu triebe ihn ein gewisser geschmack an, dem selten etwas ganz schlechtes genügte. Das wäre aber der fehler der meisten mittelmässigen dichter, dass sie sich in jede geburt ihrer muse sogleich verliebten, und sie keiner weiteren verbesserung bedürftig oder empfänglich glaubten. Seine besten gedichte hätten ihm gerade auch die meiste anstrengung beim ausbessern gekostet. — Er veränderte nicht blos einzelne wörter und zeilen; sondern es blieb oft, wie er zu sagen pflegte, kein stein auf dem andern.»

So pflegte auch Goethe und namentlich Heinrich Heine den grundsatz Swifts (wenn auch *cum grano salis* natürlich) anzuwenden: *If you admire anything particularly, strike it out!*

Die künstlerischen ideen kommen allerdings leicht und mühelos, wie im traume: ihre ausführung, die wirkliche produktion eines werkes ist eine geistige herkulesarbeit. Ich erinnere hier an das unsterbliche kapitel XXI in der *Cousine Bette* des grossen *De Balzac* «*Ce qui fait les grands artistes,*» und kehre zu Bürgers «ausserordentlicher» gedichtausgabe zurück.

Es war ein grosses glück, dass dieselbe nicht zu stande kam. Wir sind nun berechtigt, die ausgabe von 1789 als ausgabe letzter hand

anzusehen und nur in relativ seltenen aus-
nahmefällen auf die späteren lesarten rücksicht zu nehmen. Diese lesarten sind von
Reinhard zuerst mitgetheilt und in den text
aufgenommen, als er im auftrage der Dieterich'schen Buchhandlung, zur befriedigung der
pränumeranten, 1796 die neue (3.) ausgabe
bearbeitete. Er erklärte in der vorrede, dass
er unter den verschiedensten lesarten, die
Bürger theils in dem 1. band der ausgabe von
1789, theils auf lose blätter notirt habe,
selbständig gewählt habe. Nicht Bürger wählte
also, sondern der assessor Reinhard, einer der
mittelmässigsten poetaster, die je in Marsyas
fusstapfen gewandelt. Ein bestimmter befehl Bürgers, dass die künftige ausgabe etwa diese und nur diese lesart
haben dürfe, existirt nicht. Er hatte
sich eben nur allerlei marginalien notirt, heute
diesen, morgen jenen einfall, übermorgen ver-
werfend, was er gestern schrieb. Von einer
endgültigen redaction war nicht entfernt die
rede. Mit um so grösserem recht sagt daher
Schlegel, nachdem er bemerkt, dass der liebhaber, der die posthume ausgabe aufschlägt,
seine vormaligen lieblinge kaum wiedererken-
nen würde: «Ich glaube, die herstellung des
besseren würde keine verletzung der rechte
des dichters sein, der zwar mit seinen hervorbringungen nach willkür schalten, aber nichts
einmal gegebenes zurücknehmen kann. Konnte
doch Tasso, der mit den korrecturen ins
grosse gieng, sein umgearbeitetes, mit mühsam

demonstrirten vorzügen ausgestattetes Jerusalem nicht durchsetzen!»

Auf Reinhard's ausgabe der gedichte von
1796 (sie enthielt 133 gedichte — von den
144 der ausgabe von 1789 waren 36 zufolge
Bürger's schriftlicher oder mündlicher anordnung weggeblieben, nur 24 nach 1789 entstandene*) neu hinzugefügt), folgte nach mehreren auflagen bei Dieterich seine «Vollendete
rechtmässige Ausgabe» (Berlin, Christiani
1823), über welche er mit Dieterichs in process
gerieth. Diese ausgabe von 1823 nahm alle
die in der ausgabe von 1796, Bürger's willens-
meinung gemäss, fortgelassenen wieder in den
text auf und brachte die nummern der gedichte auf 170; alles offenbar nur um seiten zu
füllen und honorar zu lukriren. Die von ihm
einmal ausgewählten Bürger'schen neuen lesarten behielt er überall bei.

Die bei Dieterich erschienenen ausgaben,
von der von 1833 an, drucken nun diesen
Reinhard'schen text von 1823 im wesentlichen
einfach wieder ab.

Von sehr zahlreichen andern neuen ausgaben zu schweigen, erschien 1869 auch in
Brockhaus Bibliothek der deutschen Nationalliteratur eine «Neue vollständige*) Ausgabe» der
«Gedichte», herausgegeben von Julius Titt-

---

*) Die *nach* 1789 entstandenen, namentlich die
epigramme, am vollständigsten in Bürgers Werken
(*Wien* 1812); während Tittmann «manche als zur ver-
öffentlichung für die grosse leserwelt nicht geeignet»
auslässt.

mann, die ich schon mehrfach zu erwähnen
hatte. Auch diese hat sich, ohne jede berück-
sichtigung der ausgabe letzter hand, die Rein-
hardschen lesarten angeeignet, und giebt über-
dies einen durch mehrere sinnstörende druck-
fehler*) entstellten text. Tittmann befolgt
ebenfalls die geradezu konfuse anordnung,
eine chaotische unordnung, in die Reinhard
die gedichte gebracht hat, als er von Bürger's
weiser eintheilung in drei bücher willkürlich
abwich, die chronologische einführte und
nun, beim häufigen mangel von bestimmten
chronologischen daten, nach vagen vermu-
thungen die stücke blind durcheinander warf.

Möchten die künftigen herausgeber ausschliesslich die ausgabe letzter hand von 1789
zu grunde legen! Möchten sie aber auch er-
wägen was Herder in seiner recension der Alt-
hoffschen biographie sagte: «Bürgers leben ist
in seinen gedichten; diese blühen als blumen an
seinem grabe; weiter bedarf er, dem in seinem
leben brot versagt ward, keines steinernen
denkmals. Möge eine freundschaftliche hand
Bürgers gedichten ihre flecken nehmen und
eine ausgabe solcher gewählter stücke zum
bleibenden ruhm des dichters veranstalten!» —
und was Bürger selbst 5 jahre vor seinem tode
geschrieben: «Es möge das ächte poetische

---

*) Z. b. in dem gedichte: *»Ich lauschte mit Molly
tief zwischen dem korn»* lautet die zeile:
    O lieber, das glaube der trügerin nicht
bei Tittmann:
    O lieber, das glaube der tigerin nicht.

gold seiner gedichtsammlung, welches vermuthlich nur wenige bogen fasse (vgl. oben
p. 123), ausgebrannt und von den schlacken
gereinigt werden, welche deutschen geist und
geschmack vor gegenwart und zukunft entehren
könnten,» wobei ihm des Cervantes ausspruch
in dem berühmten sechsten kapitel des ersten
bandes seines hauptwerkes vorgeschwebt zu
haben scheint: «*Ein foliant «Schatz verschiedener
Dichtungen». Wenn es ihrer nicht so viele wären,
wären sie mehr werth; man müsste das buch
erst durchsieben und von den schlacken reinigen,
die sich unter den erhabenen stücken befinden.*»

W. d. …

… betrachte Liebe …
Superding! … an …
viel Geschichten und
alten Gesellen.

… bey … wir …
euch einander bestens …
… viel …
… wir …
weiß, ob ich euer …
auch. Adio!

DIE PARODIE IN OESTERREICH.

Die literaturbewegungen Norddeutsch-
lands im XVIII. jahrhundert haben
im süden Deutschlands eigentlich allemal nur in Oesterreich, als dem bedeutendsten staat mit der damals ersten stadt des
Deutschen Reiches, dem deutschen Paris, in
Wien ihr echo gefunden. Klopstocks Oden wurden von dem Wiener bibliothekar Michael Denis
in «Ossian und Sineds Liedern» nachgeahmt
Alxinger schrieb seinen «Doolin von Mainz»
und noch ein anderes langes heldengedicht,
dessen titel mir entfallen, welche beide von
Wieland's «Oberon» oder «Neuem Amadis»
kaum zu unterscheiden sind; der jesuit Aloys
Blumauer begann (in seinen gedichten von
1782) mit einer parodie des an sich schon
parodistischen carmens von Bürger «Herr
Bacchus ist ein braver mann» woraus er
machte (um den tyrannen zu übertyrannen):
«Herr Bacchus ist ein schlechter mann, ein
schmutzger grober bengel.»

Auch Blumauers berühmtes werk, die zuerst 1784 erschienene «Travestirte Aeneide»
wurde durch den norddeutschen poeten Michaelis angeregt, welcher seinerseits wieder
unzweifelhaft Bürgers berühmte parodistische
romanze von der «Princessin Europa» zum
inspirirenden genius hatte. Denn dies Bürger-
sche gedicht wurde, wie wir gesehen, 1771 an
Jakobi mitgetheilt und Jakobi ist grade des
Michaelis freund und gönner, an den er das
erste fragment seiner travestirten Aeneis
sandte. Dass es indess keineswegs der Bür-
gersche einfluss allein war, der die entstehung
der parodie in Wien veranlasste, wird die nach-
folgende, zugleich einen überblick über die gesammte parodieliteratur bietende skizze näher
ausführen. —

«Das verfahren der parodie besteht darin,
dass sie den vorgängen und worten eines ernst-
haften gedichtes oder dramas unbedeutende,
niedrige personen oder kleinliche motive und
handlungen unterschiebt. Sie subsumirt also
die von ihr dargestellten platten realitäten
unter die im thema gegebenen hohen begriffe,
unter welche sie nun in gewisser hinsicht passen
müssen, während sie übrigens denselben sehr
incongruent sind; wodurch dann der wider-
streit zwischen dem angeschauten und dem
gedachten sehr grell hervortritt». (Arthur
Schopenhauer, «Die Welt als Wille und Vorstellung» 3. aufl. II, 104). Von der parodie ist
die travestie nicht wesentlich, sondern nur
formell, nämlich dadurch unterschieden, dass

sie von wort und metrum des originals abweicht, durch ein eigenes burleskes versmass
lächerlich zu wirken sucht, während die parodie das metrum durchaus, die vorhandenen
worte so viel wie möglich beibehält und nur
in einem andern, komischen sinne anwendet.

Die plötzliche wahrnehmung einer incon-
gruenz zwischen dem abstracten und dem anschaulichen erklärt ja nach dem eben citirten
philosophen das phänomen des lachens; sein
ursprung ist allemal die paradoxe und daher
unerwartete subsumtion eines gegenstandes
unter einen ihm übrigens heterogenen begriff.
Schon der verfasser der «Vorschule der Aesthetik» hatte hierauf aufmerksam gemacht, indem er als classisches beispiel des komischen
die situation des Sancho Pansa anführte, welcher sich eine ganze nacht lang in der schwebe
über einem seichten graben erhielt, weil er ihn
für einen klaffenden abgrund ansah. Jean Paul
definirte das lächerliche daher als «den angeschauten unverstand», als «die unendliche un-
gereimheit», ein etwas unklarer ausdruck, dem
wir die deutliche bestimmtheit der Schopenhauer'schen definition unbedingt vorziehen
werden. Den humor, als die höchste gattung
des komischen, nannte der selbe Jean Paul
«den komischen weltgeist», indem er wiederum
an Cervantes nachwies, dass sein zwillings-
gestirn der thorheit, geist und leib, idealismus
und realismus, über dem ganzen menschen-
geschlecht stünde. Die niedern gattungen der
komik haben es eben nur mit einzelnen thoren,

einzelnen thorheiten zu thun; hier erwarten
und finden wir auch nicht jenen tiefen ernst,
den Schopenhauer hinter allen «scherzen und
possen des Romancero» merkte, und weshalb er Heinrich Heine einen «wirklichen
humoristen» nannte.

In der stufenleiter der species des komischen muss die parodie jedenfalls die unterste
stelle einnehmen, denn nur in voraussetzung
und stetem bezug auf ein schon vorhandenes
original ist sie überhaupt wirksam, ja verständlich. Jedes wirkliche kunstwerk ist aber ein
selbständiges ganze, eine welt für sich und aus
sich selber voll deutbar und erklärlich.

Die parodie ist zudem ihrem wesen nach
eigentlich nur eine, wenn auch besonders
drastische und mit allen vortheilen des rhythmus und reims ausgestattete literarische k r i t i k.
Sie ist daher auch nur auf kunstschöpfungen
mit erfolg anzuwenden und angewendet, welchen ein dichterischer grundmangel von geburt
anhaftet.

Euripides konnte vom Aristophanes in den
«Fröschen» wirksam parodirt werden, Aeschylos
und Sophokles haben keine solche parodien
erfahren. Und wenn die Griechen auch ernste
verse des Homer auf alltagsvorgänge komisch
anzuwenden liebten, wie Matron mehrere tausend homerische verse auf die kochkunst
applicirte, so dass Henricus Stephanus 1573
einen band *Homeri et Hesiodi certamen, Ma-
tronis et aliorum parodiae ex Homeri versibus*
ediren konnte: die Homerische dichtung als

solche ist doch nicht parodirt worden. Denn die «Batrachomyomachie» ist nach Welcker's gewiss richtiger ansicht eine satire auf späte schlechte nachahmungen der Ilias. Von Shakespeare's «Troilus und Cressida» urtheilte schon Goethe: hier sei weder parodie noch travestie, nur eine umformung, umsetzung jenes grossen werkes ins romantisch-dramatische («Briefwechsel mit Zelter» III, 436, 437). Es dürfte aber doch wohl wenigstens eine parodie des romantischen epos des Boccaz, «Filostrato», das Shakespeare durch Chaucer kennen lernte, vom dichter beabsichtigt gewesen sein.

Der grund, weshalb jene grössten alten nicht zu parodiren waren, ist leicht ersichtlich. Die erhabene einfalt des Aeschylos, das sittliche pathos des Sophokles und die ernste und heitere naivetät Homer's sind ungesucht und ungekünstelt, sie entspringen durchaus aus dem gegenstande und nirgends tritt übertreibung oder unnatur hervor. Bei dem sentimentalen Euripides ist fast überall das gegentheil der fall, bei ihm ist das pathos nur um des pathos willen da.

Noch weit weniger sind die grossen dichter der neuen literatur zu parodiren, ein Dante, Cervantes, Shakespeare. In ihren werken ist dem erhabenen das correctiv des komischen gleich mitgegeben, als wahre humoristen umfassen sie die ganze welt nach ihrer tragischen und lächerlichen, idealen und realen seite, immer aber schimmert eine grosse weltidee in tiefsinnigem ernste durch den hintergrund.

12*

Der dichter der «*Divina Commedia*» entlehnt
vergleiche dem würfelspiel der schenken; von
seinem teufel sagt er gelegentlich: *Et egli avea
del cul fatto trombetta (Inf. XXI)*, «und muss
schon allein wegen jenes grossen höllischen
genrebildes von den betrügern der höchste
meister kolossaler komik heissen» (Burckhardt,
«Kunst der Renaissance», 1. aufl., p. 155). Als
der edle Don Quixote auszieht, dem unrecht
in der welt ein ende zu machen, werden ihm
die ritterwaffen dazu von fahrenden dirnen
«del partido» angelegt! Fallstaff parodirt das
königthum, das in einer andern scene des
dramas seine schönste verherrlichung erfährt;
Hamlet und Polonius, Lear und der Narr,
Macbeth und sein Pförtner treten in Einem
stücke auf. Weil so diese werke in ihrer er-
staunlichen universalität die gemeine realität
so gut im spiegel der kunst auffangen wie die
sublimsten empfindungen und thaten des
menschengeistes, kann ihnen die parodie gemäss ihrem oben beschriebenen wesen gar
nicht beikommen.

Kein dichter aber in der gesammten weltliteratur ist so sehr zur zielscheibe der parodisten geworden wie der führer und meister
Dante's, P. Virgilius Maro. Man kann sagen,
dass er dazu prädestinirt war.

Denn wenn selbstverständlich Virgil's verdienst um den poetischen sprachgebrauch und
den stil der römischen poesie, für die er
in dieser hinsicht bewundernswerthes muster
wurde, von niemand geleugnet werden kann,

so muss das unternehmen, in der «Aeneis» ein
nationalepos schaffen zu wollen, doch von
vornherein verfehlt genannt werden. Während
volksepen naturgemäss nur am anfang einer
literatur hervorwachsen können, wollte der römische poet in der mitte der literaturentwicke-
lung künstlich und mit zugrundelegung jener
von selbst gewordenen originale eine nationale
dichtung schaffen, indem er eine einheimische
sage in historisch-psychologischer weise, aber
mit mythologischem hintergrunde zu gestalten
versuchte. Selbst ein noch grösserer dichter
als Virgil hätte hierbei scheitern müssen, so
gut wie später Tasso, Camoens und Voltaire
das selbe problem vergebens zu lösen versuchten. Aber der dichter theokritischer eklogen
war auch überhaupt nicht der mann für das
heroische epos, selbst angenommen, ein solches
wäre im alten Rom möglich gewesen. Es war
aber nicht möglich, da die italischen götter
nur abstractionen, und göttergleiche helden
dem bewusstsein fremd waren. Sehr bezeichnend ist es daher, dass die römische epik mit
Andronicus' übersetzung der Odyssee anfing. Sie kam denn auch später nie über die
nachahmung Homer's hinaus. «Am besten»
sagt der neueste geschichtschreiber der römischen literatur «gelingen Virgil in allen dicht-
gattungen solche gegenstände, welche gemüth-
liche wärme erregen oder zulassen, wie die
leblose natur, das heimatland, die familie und
die liebe. Aber er ist zu weich und zu wenig
genial, als dass er auf dem seiner natur zu-

sagendsten gebiete hätte beharren und darauf
ruhm ernten können. Er lässt sich von aussen
auf stoffe führen, für die er nicht geboren war.
Die gewissenhafteste arbeit ersetzt nicht den
mangel an schöpferkraft und erfindungsgabe,
an ursprünglicher frische, anschaulichkeit und
lebendigkeit». (Teuffel, «Geschichte der römischen Literatur», Leipzig 1868—69). Sein
held ist daher weit entfernt einen nationalhel-
den zu repräsentiren, und Saint Evremond hat
völlig recht mit seiner witzigen bemerkung:
Aeneas passe viel besser zum gründer eines
mönchsklosters als zu dem eines reiches. Voltaire, der dies dictum missfällig citirt, versteigt
sich dagegen in seiner masslosen bewunderung
Virgil's zu dem bonmot: *Homère a fait Virgile,*
dit-on: si cela est, c'est sans doute son plus bel
ouvrage («*Essai sur la poésie épique*», *chap. III.*)

Schon bei lebzeiten Virgil's wurden seine
gedichte daher vom thron der erhabenheit in
den staub des lächerlichen gezogen. Donatus
im «Leben Virgil's», Kap. XVI, § 61, berichtet
zwar nur von zwei antibucolicis, die ein ungenannter verfasst, sowie von der parodie
einer stelle der «Georgica»; allein es ist uns in
Herculanum eine merkwürdige caricatur auf
eine besonders populäre stelle der Aeneis aufbehalten. Sie stellt Aeneas' auszug aus Troja
dar, und Thomas Wright in seinem vorzüg-
lichen werke «*History of caricature and grotes-*
que in literature and art» (*London* 1865) hat sowohl die gleichfalls aufgefundene ernstgehal-
tene illustration der scene wie deren parodie

aus Gorius' «*Museum Florentinum*» im holz-
schnitt wiedergegeben. Auf dem erstern sehen
wir Aeneas als kräftig schönen mann seinen
alten vater tragen, während der kleine Aska-
nius an seiner andern hand ihm folgt. Weh-
müthig blickt er nach den flammen Trojas zurück. Die parodie reproducirt die nämliche
gruppe, aber die menschen sind in affen ver-
wandelt. Anchises sitzt als uralter nackter
ernstblickender affe, vor sich einen kasten,
worin die Penaten, auf der schulter des grossen
kräftigen affen Aeneas, der sich auch hier,
aber mit thierischem ernst, nach Troja um-
sieht. Statt des schwertes trägt er einen ähnlich gestalteten affenschwanz. Als sehr putziges
äffchen folgt Askan:

Julus sequitur non passibus aequis

wie es an der betreffenden stelle heisst. Die
ungleichen schritte des kleinen sind vortrefflich
dargestellt.

Allein die parodie zeugt andrerseits nur
für die berühmtheit des dichters, die ihm denn
auch in den spätern kaiserzeiten, wie namentlich durch das ganze mittelalter und bis auf
diesen tag mehr als sämmtlichen andern römischen dichtern zutheil geworden ist. Freilich
lebte er nicht nur als dichter sondern auch als
zauberer fort. Vgl. G. Zappert, «Virgil's Fort-
leben im Mittelalter» (Wien 1851, Denkschrif-
ten der Akademie); Roth, «Der Zauberer
Virgilius (Germania, band IV). Die Franzosen
haben ein volksbuch «*Les faictz merveilleux de*

Virgile», das in Genf 1867 in neuem abdruck
erschienen. Das deutsche hat Simrock herausgegeben, bei dessen ausgaben man leider nie
genau weiss, wie sie sich zur originalausgabe
verhalten. Ferner galt der heidnische dichter
als vorherverkünder des christenthums wegen
der einen bekannten ekloge, wesshalb A. Ro-
säus ein buch schreiben konnte: «*Virgilii
evangelisantis Christiados libri VIII*» (*Tigur.*
1664).

Der vater der mittelhochdeutschen poesie,
Heinrich von Veldekin, bearbeitete die Aeneide
in den achtziger jahren des 12. jahrhunderts
als höfisches ritterepos, worin ihm Boccaz
(1313 geboren) in dem schon erwähnten «Filostrato», welches die liebe des Troilus und der
Cressida schildert, folgte. Nach Virgil's muster
schrieb er auch andere aus Karl's des Grossen
sagenkreis entlehnte epische dichtungen, in
denen er aber — umgekehrt wie Veldek —
die christliche mythologie in die antike ver-
wandelte.

Indess auch auf diese ritterlichen helden-
gedichte, Virgilische sprösslinge, auf welche
die krankheit ihres vaters vererbt war, lauerte
die feder des parodisten. Luigi Pulci (1432—
87) behandelte in «*Il Morgante maggiore*» die
Rolandssage als burleske. Den kaiser Karl
und seine paladine zog er so gut in's lächerliche wie die geistlichen und, wenn auch ver-
hüllt, die religion selbst. Das letztere bezwei-
felt Lord Byron in der einleitung zu seiner
übersetzung des ersten gesangs: er meint, in

jener zeit habe man so kühn noch nicht sein
dürfen, und sei es auch nicht gewesen. Allein
wir haben schon eine parodie des *Pater noster*
aus dem jahre 1393 und eine des *Ave Maria*
von 1456, welche Zingerle in der «Germania»
(1869 p. 405) mittheilt. Das concil zu Trier
verbot sogar eigens «*Trutannos et alios vagos
scholares cantare versus super Sanctus et Angelus
Dei*» (*Delepierre*, «*La Parodie*». London, 1870,
p. 54). Besonders bezeichnend ist es, dass
Pulci seinen travestirten helden die vulgär-
sprache des florentiner pöbels in den mund
legt und sein buch mit toscanischen sprich-
wörtern spickt, was uns an den Cervantes erinnert, der ihn später, von den selben absichten
ausgehend, so unendlich weit übertreffen sollte.
Unter Pulci's zahlreichen nachfolgern ist der
merkwürdigste Teofilo Folengo, ein Mantuaner
wie Virgil, den 8. november 1491 geboren und
nach einem abenteuerlichen, zwischen weltlust
und klostereinsamkeit getheilten leben im december 1544 gestorben. In seiner jugend
schrieb er ein epos, in welchem er die Aeneide
weit übertroffen zu haben glaubte. Er legte
das werk dem bischof von Mantua vor; als
dieser ihm kein grösseres compliment glaubte
sagen zu können, als: sein gedicht komme
dem Virgil gleich, da verbrannte er sein manuscript und schrieb von nun an nur noch
maccaronische parodien, von denen «*Baldo da
Cipada*» (1517) die berühmteste ist. Die
sprache dieser maccaronischen poesie besteht
aus einer mischung von reinem latein mit

burlesk lateinisirten ausdrücken des pöbels,
und in dieser form war der zweck, das ritterepos zu travestiren, am sichersten zu erreichen.
Im Baldo parodirt Folengo gelegentlich auch
seinen nebenbuhler Virgil. Im «*Orlandino*»
stellte er Roland als betteljungen dar und erzählte dessen heldenthaten. Neben Folengo
ist besonders Evangelista Fossa zu nennen. Er
übersetzte um 1494 die Bukolika Virgil's und
parodirte ihn andererseits in dem gedicht «*De
Angelo Spuza Veneto*», welches der schon genannte französische bibliophile Octave Delepierre unter dem titel «*Virgiliana*» herausgab
in seinem prächtigen buch«*Macaroneana andra*»
(*London, Trübner*, 1862). Den Bojardo travestirte Berni († 1536).

Dass neben diesen epischen parodien auch,
bereits zu ende des 14. jahrhunderts, im sonett
Petrarchische liebesklagen und anderes der
art durch nachahmung ausgehöhnt wurde, versichert der geistreichste kenner dieser epoche,
Jakob Burckhardt («Kunst der Renaissance» p.
159). Von dem Florentiner barbier Domenico
Burchiello, welcher 1448 starb, haben wir
auch satirische sonette.

Viel später trat die parodie in Spanien auf.
Die älteste parodie ist «*L'Asneida*» (die Eseliade)
des Cosmo de Aldana. Kein exemplar des
buches ist jedoch auf uns gekommen. 1604
erschien des Cintio Merctisso heldengedicht
auf den tod und die obsequien der katze
Chrespina Maranzmana; und auch Lope de
Vega verfasste eine «*Gatomachia*», Ariosto's

liebesepos durch die historie der liebe zweier katzen parodirend. Im Cervantes endlich finden sich hie und da auch die alten ritterbücher geradezu parodirende stellen eingestreut; sonst gehört dies erhabenste werk des humors nicht in die geschichte der parodie.

Zuerst durch die Italiener, dann auch durch spanische einflüsse kam die parodie nach Frankreich.

Wie Antoine de la Sale,*) angeregt durch Boccaz, der selbst von einer französischen mutter in Paris geboren war, im jahre 1462 seine «*Cent nouvelles nouvelles*» componirte, welche ihr äusserliches italienisches vorbild, die «*Cento novelle antiche*» ebenso weit übertrafen, als sie dem Decamerone ebenbürtig an die seite traten: so wirkte Folengo ganz entschieden auf Rabelais ein, der ihn wol auf seiner reise nach Italien persönlich mochte kennen gelernt haben. Rabelais' grosses werk ist jedoch, gleich dem Don Quixote, unendlich mehr als eine blosse parodie der ritterromane. Später wurde die rein literärische parodie in Frankreich so beliebt, dass, nach Flögel, jede grosse oper, jedes trauerspiel, überhaupt jedes stück von bedeutung, das in Paris mit beifall gegeben wurde, alsbald travestirt wurde, so dass wir unter anderm eine vierbändige sammlung «*Parodies du nouveau théâtre italien*» (Paris 1731—35) haben.

*) Vgl. Ludwig Stern's höchst interessanten, vortrefflichen «Versuch über Antoine de la Sale» in Herrig's «Archiv» XLVI. 143 fg.

Im geburtsjahr Rabelais', 1483, erschien die erste gedruckte französische prosaübersetzung des Virgil unter dem titel: «*Le liure des Eneides*»; 1509 die erste übersetzung in versen. An einer späteren neuen übersetzung betheiligte sich auch Clement Marot (gest. 1554). Erst etwa hundert jahre später trat die berühmteste französische parodie des Virgil ans licht: der «*Virgile travesti en vers burlesques de Scarron*». Die ersten beiden bücher, welche der *Malade de la Reine* der königin widmete, wurden 1638 zu Paris gedruckt, 1650—51 kam eine ausgabe in fünf büchern heraus, 1652 die vollständige in acht. Das buch machte ungemeines aufsehen und erschien in sehr zahlreichen auflagen. Der erste gesang hebt also an:

> *Je, qui chantai jadis Typhon*
> *d'un stile qu'on trouva bouffon,*
> *aujourd'hui de ce stile même —*
> *encor qu'à mon visage blême*
> *chacun ait raison de douter*
> *si je pourrai m'en acquitter,*
> *devant que la mort qui tout mine,*
> *me donne en proie à la vermine —*
> *je chante cet homme pieux,*
> *qui vint chargé de tous ses dieux*
> *et de monsieur son père Anchise*
> *beau vieillard à la barbe grise*
>
> . . . .
>
> *Petite Muse au nez camard*
> *qui m'as fait auteur goguenard*
>
> . . . .

dis-moi bien, comment et pourquoi
Junon sans honneur et sans foi
persécuta ce galant homme,
sans lequel nous n'aurions pas Rome.

Scarron, auf den schon Cervantes und die schelmenromane, überhaupt die Spanier bedeutend einwirkten, brachte diese travestie ebenso wenig zu ende wie sein prosaisches hauptwerk. Ob der acht jahre später als Scarron, 1618 geborene französische literator Guillaume de Brébeuf seine travestirte Eneide früher als Scarron edirt und sie beendigt hat, kann ich nicht sagen, da mir das buch nicht zugänglich geworden. Brébeuf, welcher eine bekannte übersetzung des Lucan geliefert (*«La Pharsale en vers»*. *Leyde* 1658), hatte das erste buch dieses dichters auch travestirt: *«Lucain travesti ou les guerres civiles de César et de Pompée, en vers enjouez»* (*Rouen et Paris* 1656). Der artikel in Ersch' und Gruber's «Encyklopädie» kennt seinen travestirten Virgil gar nicht; ich finde aber in den *«Oeuvres diverses de Monsieur de Brébeuf»*, 1662, ein jahr nach seinem tode erschienen, einen *Lettre de M⟨ʳ⟩ de Verderonne* an den autor, worin es heisst: *«Ce que vous avez fait de Virgile… j'avais toujours cru, que celui qui, sans ôter à Virgile rien de ses beautés, en avait fait un burlesque, pourrait réussir aussi bien dans le sérieux.»* Brébeuf hatte dem briefschreiber nämlich seine übersetzung des ersten buchs des Lucan geschickt.

Dem Brébeuf schliesst sich d'Assoucy (geb.

um 1604, gest. 1674) an mit seinem *«Ovide en belle humeur»*, einer travestie der «Metamorphosen», und dem *«Ravissement de Proserpine»*, einer parodie des Claudian. Der *«Lutrin»* des Boileau ist endlich auch hierher zu zählen: er lässt die frau eines perrückenmachers im ton der hohen epopöe sprechen.

Man sieht, dass nach der mitte des 17. jahrhunderts die travestirung in Frankreich jedenfalls sehr in der mode war.

Sie wurde von dort natürlich nach Deutschland importirt.

Von älteren deutschen übersetzungen des Virgil — der oben erwähnte Veldek hat das original sicherlich nie gesehen, sondern ohne zweifel nach einer altfranzösischen quelle gearbeitet, wie ja in Frankreich auch die ersten gedruckten übersetzungen erschienen — ist vor allen diejenige zu nennen, welche Thomas Murner, der Franziscaner und narrenbeschwörer, 1515 herausgab und wovon 1545 zu Worms ein neuer abdruck erschien: «*Virgilii Maronis* dreyzehen Aeneadische bücher, von Trojanischer zerstörung und aufgange des Römischen reichs.» Ferner führe ich an: eine 1629 zu Frankfurt in 4°. erschienene: «Virgil's Aeneis, in reimen übersetzt von Joh. Spreng»; eine andere, Hamburg 1644: «Von reisen und ritterlichen thaten des gewaltigen und frommen helden Aeneä. Deutsch von B. Melethräus»; eine dritte 1668 zu Cöln an der Spree (Berlin): «In 12 büchern die Trojanischen Geschichten. Entworfen, verteutschet und in heroische Verse übersetzet von M. Schirmer», wovon 1672 eine neue auflage «in heroische Reime übersetzet» erschien.

Es sind unwillkürliche parodien, parodien *contre coeur*, so gut wie die folgende übersetzung aus dem jahre 1754: «Der Aeneis eines Heldengedichtes des Publius Virgilius Maro Zehntes Buch, in Deutsche Verse übersetzet von einem Mitgliede der Königlichen Deutschen Gesellschaft in Göttingen» (Göttingen, Verlegts Abram Vandenhöcks seel. Witwe. 1754. IV und 83 seiten), welche also anhebt:

Indeſſen öffnet ſich deß Himmels weites Haus
und Zeus, der Götter Fürſt, ruft einen Rathstag
aus.
Die Götter ſetzen ſich im offnen Saale hin.
„Ihr Großen dieſer Burg! Was ändert euren
Sinn?"
ſo fing der Vater an: „Ihr theilt euch, um zu
zanken?
wie? bleibt euch mein Verbot nicht länger in Gebanken?"

. . . .

So kurz ſprach Jupiter; doch Venus gülbner Mund
that ihren Gram hierauf mit mehren Worten kund
u. ſ. w.

Allein auch die travestien *ex professo* liessen nicht auf sich warten. Das früheste, gewiss ganz unter dem einflusse der genannten Franzosen entstandene werk rührt von einem strasburger licentiaten der rechte, Johann Georg Schmidt, her, geboren 1673, gestorben 1730.

Er war verfasser einer 1712 in Strassburg erschienenen übersetzung von Ovid's metamorphosen, und wie Brébeuf hatte er auch den
Lucan zu übersetzen begonnen. Die Aeneide
hat er aber nach einer notiz im «Morgenblatt»
(1809, Nr. 51, 52) vollständig in reimen travestirt, ein opus, das sich in zwei langen folio-
bänden auf der strassburger bibliothek im
manuscript befand. Der berichterstatter im
«Morgenblatt» zieht diese travestie dem Scarron
vor, und dem gelehrten Meusebach schien das
buch «nach den gegebenen proben allerdings
aufmerksamkeit zu verdienen» (handschriftliche
notiz in seinem exemplar der Blumauer'schen
Aeneis auf der königl. bibliothek zu Berlin).
Durch den brand der strassburger bibliothek
von 1870 wird diese erste, aus dem anfang
des 18. jahrhunderts stammende deutsche
Aeneis-travestie wahrscheinlich mit verloren
gegangen sein.

Inzwischen wurde das gefallen an parodien
und die lust am parodiren durch die geistreichste
dichtung Voltaire's in Frankreich wie in Deutschland neu und ausserordentlich geweckt. *«La
Pucelle d'Orléans»*, nach des autors eigener
angabe schon um 1730 verfasst und seitdem in
zahllosen, mehr oder weniger lückenhaften
handschriften, ausgaben und deutschen und
andern übersetzungen durch Europa verbreitet,
erschien in der ersten von Voltaire besorgten
ausgabe 1762. Sie nimmt parodistischen bezug auf des alten Chapelain ernste *«Pucelle»* und
travestirt auch sonst götter, helden und pfaffen.

Durch Wieland's nachahmungen — namentlich sein 1771 erschienener «Neuer Amadis»
ist durch und durch eine copie der «*Pucelle*» —
wurde die durch Voltaire erneuerte Pulci'sche
dichtungsweise in Deutschland noch besonders
populär gemacht. In der vorrede zur «*Pucelle*»
knüpft Voltaire ausdrücklich an Pulci an. Wenn
aber «*Il Morgante maggiore*» anfängt mit «*In
principio il Verbo*» und endet mit «*Salve regina*»
—natürlich zu komischem effect—so beginnt
Voltaire gleich:

Je ne suis né pour célébrer les saints.

Interessant ist übrigens, dass gerade der verfasser der «*Henriade*», ähnlich wie wir es von
Folengo sahen, später zum parodisten wurde,
während andererseits gleichzeitig sein «*Oedipe*»
auf den italienischen theater in Paris von
Riccoboni und Domenico travestirt wurde.

Den talentvollsten nachfolger fand Voltaire
in Parny, dessen *Guerre des dieux* 1799 erschien.

Ausser Voltaire ist indessen auch des englischen einflusses zu gedenken, und namentlich Pope's «*Rape of the Lock*» weckte in
Deutschland den geschmack für die burleske.
Dass die Engländer überhaupt, von Shakespeare's schon erwähntem stück abgesehen, so
gut wie die andern bereits besprochenen nationen ihre parodistische literatur haben, beweist ein 1814 in London bei John Miller erschienener band «*Posthumous Parodies & other
pieces composed of our most celebrated poets*». Er
enthält unter andern zahlreiche parodien des

monologs «*To be or not to be*»: was sich freilich
nur als eine armseligkeit qualificiren lässt.
Auch den Virgil haben verschiedene dichter,
besonders Dryden, verarbeitet.

Es war ein mit Gleim, Jakobi und auch mit
Wieland bekannter junger literat, welcher zuerst die idee hatte, mit dem parodistischen
hippogryphen einmal wieder einen ritt in das
reich des alten Virgil zu machen. Er hiess
Johann Benjamin Michaelis, war 1746 in Zittau
geboren und hatte in Leipzig medicin studirt,
ohne es jedoch zur absolvirung des examens
bringen zu können. Nach der sitte der zeit
hatte er dann eine hofmeisterstelle angenommen, 1770 in Hamburg am «Korresponden-
ten» mitgearbeitet und dann durch Lessing's
vermittelung eine stelle als theaterdichter bei
der Seydlerischen truppe erhalten, mit der er
bis 1771 herumzog. Dann verschaffte ihm der
mitleidige alte Gleim, das *ultimum refugium*
aller bedrängten brüder in Apoll, ein asyl in
Halberstadt, wo er das selbe zimmer bezog,
welches Jakobi vor seiner übersiedelung nach
Düsseldorf bewohnt hatte. Geschrieben hatte
er damals nur allerlei kleine fabeln und
satiren, nichts von bedeutung. Von gedach-
tem zimmer aus erliess er nun eine epistel «An
den Herrn Canonicus Jakobi in Düsseldorf»,
prosa und verse untermischt, worin es, ungefähr in der mitte, heisst: «Ich füge meinem
briefe den anfang eines gedichts bei, das Sie
bewundern werden. Es betrifft nur das leben
und die thaten eines und noch dazu unehe-

lichen sohnes der Venus.» Die «beilage» enthält dann: «leben und thaten des theuern helden Aeneas».

Erstes Buch. (Doch nur der anfang.)

Wie der theure held Aeneas nach Libyen verschlagen wurde, und wie er daselbst von der königin Dido aufgenommen wurde.

I.

Es war der Held von Venus' Stamm,
der, weil er Feuer scheute,
aus Troja lief, nach Welschland schwamm
und hungerte und freite.
Sanct-Juno nahm die Sache krumm,
vorjetzo weiß ich nicht: warum?
wir werden's aber hören.

In diesem tone vierzehn strophen. Die von einem freunde besorgte gesammtausgabe der «Poetischen Werke» (Giessen 1780) bringt noch einen «Verfolg von Leben und Thaten des theuern Helden Aeneas», strophe 15—30, woraus ich folgendes mittheile:

24.

Nur Venus sah den Kummel ein
und sprach: „Das Ding kann hapern!
frau Juno spielt ihr Röllchen fein,
man muß die Dido kapern."*)

---

*) Capere reginam meditor. I, 173.

13*

30.

Nur Dido zog der Musika
den Frembling vor und fragte:
„was macht die schöne Helena?
was Priam, der Betagte?
o, sprach sie, Freund, erzähle mir!"
und so erzählt' er denn, was wir
vorjetzo nicht erzählen.

Michaelis starb schon im jahre darauf,
september 1772.

Von einem mit X. unterzeichneten wurden im Musenalmanach für 1779 als «Zweites
Mährlein» 24 fortsetzungsstrophen im selben
versmass abgedruckt. Ich erwähne dies nur,
weil literaturgeschichtsschreiber derselben erwähnen, obwol das elende zeug gar keine
erwähnung verdient.

Abgesehen von den Voltaire-Wieland'schen
einflüssen muss hier auch noch auf die damals
grassirende parodistische romanze aufmerksam
gemacht werden, welche durch Jakobi's übersetzung des spanischen poeten Gongora (1767)
aufkam und von Gleim und anfangs auch von
Bürger cultivirt wurde. Von Gleim's bänkel-
sängereien zu schweigen, so war Bürger's
hauptproduct in dieser gattung: «Neue weltliche hochdeutsche Reime . . . von der Kaiser-
lichen Prinzessin Europa und einem uralten
heidnischen götzen Jupiter item Zeus» erschienen in Göttingen als fliegendes blatt
mit der jahreszahl 1777 und dann in die
erste ausgabe seiner gedichte von 1778

aufgenommen; gedichtet aber schon 1771.
(Vgl. p. 124).

Eine parodistische romanze, aber nicht in
Bürger's ton, lieferte 1783 auch Lichtenberg:
«Simple Relation von den curieusen schwim-
menden Batterien u. s. w.», nämlich von der
belagerung Gibraltars:

> Ein Kriegsrath war sogleich bereit,
> und alle sagten: O ja!
> die Sache hat viel Aehnlichkeit
> mit der vorm lieben Troja —
> doch dies ist schon zu früh geklagt,
> ich will dafür, wie Lessing sagt,
> fortfahren um fortzufahren.

Man sieht, dass Michaelis' glücklich gefun-
denes versmass auch in dieser, als fliegendes
blatt gedruckten gelegenheitspièce angewendet worden.

Aus den soeben skizzirten richtungen des
zeitgeschmacks und auf den schultern aller
genannten erwuchs nun das berühmteste parodistische werk der epoche, die im lustigen
Wien erzeugte «Aeneis travestirt von Blumauer».

Aloys Blumauer war den 21. december
1755 zu Steier ob der Enns geboren, in welcher kleinen stadt er auch das gymnasium
besuchte. 1772 trat er zu Wien in den jesuiten-
orden, welcher jedoch schon im juli 1773 unter pabst Clemens XV. aufgehoben wurde.
Nun ernährte er sich anfangs kümmerlich als

privatlehrer in Wien, bis er unter dem vorsitz
des barons von Swieten eine stelle bei der
Wiener büchercensur erhielt, die er bis 1793
bekleidete. Dies amt verhinderte ihn jedoch
nicht, von 1782—84 die redaction der«Wiener
Realzeitung» zu führen. Auch für die «Allgemeine Literaturzeitung» schrieb er recensionen.
Sein erster dichterischer versuch war ein jetzt
längst vergessenes ritterschauspiel, «Erwine
von Steinheim», welches 1780 herauskam. In
den darauf folgenden jahren veröffentlichte
er die später in seinen gesammelten werken wiederabgedruckten lyrischen gedichte,
welche fast sämmtlich in dem von Blum und
Ratschky herausgegebenen «Wiener Musenalmanach» erschienen. Wie das genannte
drama waren diese gedichte zum grossen theil
ernster gattung. Als beispiel analysire ich das
«Glaubensbekenntniss eines nach Wahrheit
ringenden Katholiken». Die erste der 51 vier-
zeiligen strophen beginnt:

> Zwei Kräfte ſind es, die den Menſchen lenken,
> ſie leiten ihn bald ſüd- bald nordenwärts . . .

nämlich der verstand und das herz. Nun folgt
eine lange auseinandersetzung über die «linie,
die das gebiet des glaubens von dem der
vernunft trennt» und sodann eine noch längere
aufzählung von allem was er, der verfasser,
glaubt. Jede strophe fängt hier mit «Ich glaube»
an. Eine erbarmungslose, rationalistische prosa!

Nach dem recepte: «Stets so allgemein als
möglich!» ist das gedicht «Die beiden Menschen-
grössen» angefertigt:

> 𝔐enſchengröſſen giꞵt eꞵ zwei ꞕinieꞵen,
> eine jeꞵe ꝃleiꞵet iꞕren 𝔐ann . . .

nämlich «lauten ruhmes grösse» und «stille
grösse».

Der exjesuit war inzwischen zum frei-
maurerorden übergetreten und gab 1785
«Freimaurerlieder» heraus (2. auflage 1791;
in den «werken» wiederabgedruckt). In ihnen
herrscht die selbe flache nüchternheit und
dürre prosa wie in seinen andern ernsten gedichten.

Da diese Blumauer'schen dichtungen jedoch dem österreichischen, durch Joseph II.
begünstigten aufklärungsgeiste gemäss waren,
fanden sie, zumal als von einem ehemali-
gen jesuiten herrührend, anklang, erschienen
1782 gesammelt, 1783 erschien ein anhang dazu, 1784 eine zweite, 1787 eine dritte
auflage.

Es kam hinzu, dass keineswegs alle die bezeichnete allgemein humanisirende, abstract
rationalisirende tendenz hatten. Manche waren ganz pikanter natur, wie das «Lob des
Flohs» und die seinerzeit berüchtigte, stellen-
weis nicht ganz witzlose, aber doch meist sehr
platte «Ode an den Nachtstuhl», den er als den
orkus der dichter besingt und woran Heine's
abenteuer mit der Hammonia in «Deutschland
ein Wintermärchen» erinnert.

Auch durch den skandal wurde die popularität dieser gedichte vermehrt. Das satirische
«Lob- und Ehrengedicht auf die sämmtlichen
neuen schreibseligen wiener Autoren» rief eine
grosse entrüstung hervor, der eine 1787 in
Wien erschienene schrift ausdruck gab: «Recensitisches Lob- und Ehrengedicht an den
schreibseligen deutschen Dichtergott und wienerischen Sittenrichter Herrn Blumauer, als
ein Beitrag zu seinen schon im Druck erschienenen Gedichtbändchen.» Noch viel mehr literärischer staub wurde durch Blumauer's streit
mit dem berliner aufklärungsbuchhändler Nicolai aufgewirbelt, zu dessen «Reisen» der wiener college einen satirischen prolog geschrieben. Die titel der zahlreichen streitschriften
können wir uns erlassen.

Unter den gedichten findet sich auch die
übersetzung des eingangs zu Voltaire's «Pucelle». Aus der Jeanne ist eine grobe deutsche
Hanne, oder vielmehr nach damals beliebter
geschmacklosigkeit «Miss Hanne» geworden.

Die erwähnung dieser übersetzung soll uns
auf die eigene grosse parodie Blumauer's überleiten, durch die sein name perpetuirt werden
wird.

Der erste band der originalausgabe erschien
unter dem titel: «Virgil's Aeneis travestirt von
Blumauer» (Wien, bei Rudolph Gräffer, 1784),
und enthielt auf 179 seiten die ersten vier
bücher der «Aeneis». Das zehn seiten lange
enggedruckte Pränumeranten - Verzeichniss
weist die meisten namen in Oesterreich auf.

Es folgte der zweite band (Wien, bei Rudolph Gräffer, 1785), 168 seiten, das fünfte
und sechste buch enthaltend. Ausser acht seiten pränumeranten ist auf sechs blättern das
Mayland 28. februar 1784 datirte privilegium
Joseph's II. vorgedruckt, worin es heisst: «und
thun kund allermänniglich, dass Uns Unser
und des Reichs lieber Getreuer, Aloysius Blumauer, unterthänigst zu vernehmen gegeben,
wasmassen Er über seine travestirte Aeneis des
Virgil eine mit vielen Kösten verbundene Auf-
lag veranstaltet habe» . . .

Der dritte band trägt die jahreszahl 1788
(180 seiten, buch 7, 8 und 9, und sechs blatt
pränumerationsverzeichniss).

Das aufsehen, das dies werk zu machen
herufen war, sah der alte Wieland, dem der
autor die ersten bücher übersandt hatte, richtig voraus. Wieland schrieb an Blumauer den
25. september 1783: «Sie konnten mir wol
nichts schmeichelhafteres sagen, als dass Sie
mir ihre ganze lust zum dichten zu danken
hätten . . . . Der gedanke, die Aeneis auf eine
solche art und nach einem solchen plane zu
travestiren, dass Sie dadurch eine der grössten
und gemeinnützigsten absichten Ihres grossen
monarchen befördern — dieser gedanke ist
Ihnen von einem gott eingegeben, und Sie sind,
nach den ersten büchern zu urtheilen, so reichlich mit allen gaben ausgerüstet, ihn auszufüh-
ren, dass ich Ihnen meinen beifall und mein
vergnügen nicht genug ausdrücken kann . . .
Sie werden sich einen ruhm erwerben, der

allein hinlänglich wäre, die eitelkeit zwanzig anderer aspiranten zu befriedigen.» (Weimarer Jahrbuch für Deutsche Sprache, Literatur und Kunst. 1856. p. 185 fg.)

Wie die oben mitgetheilten proben darthun, hatte Blumauer von Michaelis die form seines werkes durchaus entlehnt, sogar bis auf die überschriften über die einzelnen bücher und das citiren der lateinischen originalverse unter dem text. Von einer eigentlichen, sich auf den inhalt beziehenden nachahmung kann aber keine rede sein, schon wegen des so überaus geringen umfangs des Michaelis'schen fragments.

Ausserdem kam, wie schon Wieland andeutet, zu der oft sehr witzigen verspottung des römischen dichters die satire auf österreichische verhältnisse und namentlich auf pabst und pfaffen hinzu.

Blumauer hat hier, wo er allgemeine und dauernde katholische misstände beleuchtet, manchen glücklichen und heute in der unfehlbarkeitsepoche noch besonders treffenden vers gefunden. Als gegenstück zu dieser in der charakterisirung sämmtlicher päbste gipfelnden satire entwirft der autor eine enthusiastische schilderung von seinem monarchen. Das achte buch schliesst mit dem «römischdeutschen Kaiser». Es ist interessant, dass in dem von Friedrich Wilhelm IV. aus der Meusebach'schen sammlung der königl. bibliothek zu Berlin geschenkten exemplar der «Aeneis» gerade auf dieser seite (132) ein altes lesezeichen, das einzige in den drei bänden, lag.

Das urtheil der zeitgenossen über das werk
war ein sehr verschiedenes.

Schiller in seinem aufsatz «Ueber naive und
sentimentale dichtung» (1795, 1796) äusserte
sich in einer note dahin: «Man soll zwar gewissen lesern ihr dürftiges vergnügen nicht
verkümmern, und was geht es zuletzt die kritik an, wenn es leute gibt, die sich an dem
schmutzigen witz des herrn Blumauer erbauen
und erlustigen können. Aber die kunstrichter
wenigstens sollten sich enthalten, mit einer gewissen achtung von producten zu sprechen,
deren existenz dem guten geschmack billig ein
geheimniss bleiben sollte. Zwar ist weder talent noch laune darin zu verkennen, aber desto
mehr ist zu beklagen, das beides nicht mehr
gereinigt ist.»

Dieser kritische machtspruch entsprang bei
Schiller aus seiner übertriebenen schätzung des
«guten Virgil» (wie Goethe ihn bei Eckermann
nennt), welche wieder daher rührte, dass er
dessen original, nämlich den Homer, nicht im
original zu lesen vermochte. Er gab daher —
«um den römischen dichter bei unserm un-
lateinischen publikum in die ihm gebührende
achtung zu setzen, welche er ohne seine schuld
scheint verscherzt zu haben, seitdem es der
Blumauer'schen muse gefallen hat, ihn dem
einreissenden geist der frivolität zum opfer zu
bringen» — eine pomphafte «freie übersetzung»
in stanzen des zweiten und vierten buchs der
Aeneide heraus. Schiller mochte ahnen, dass
ihm selber späterhin auch parodien gewidmet

werden sollten. Julius von Voss, der berliner
romanschreiber, travestirte die «Jungfrau von
Orleans» (1803), wie er es im folgenden jahre
auch mit «Nathan dem Weisen» machte. 1826
erschien zu Leipzig «die Wurst», eine parodie
der glocke von K. Drut. Heinrich Heine parodirte die «Klage des Ceres». Drei parodien
der «Glocke» kamen noch 1869 in Nordhausen
heraus.

In dem selben jahre, in welchem Schiller's
oben angeführter aufsatz in den «Horen» erschien, hatte auch ein wirklich und noch heute
bedeutender kritiker anlass, sein urtheil über
Blumauer auszusprechen. A. W. Schlegel besprach ein 1796 erschienenes buch «Homer's
Iliade. Travestirt nach Blumauer», und sagt
hier: «Durch die worte auf dem titel «nach
Blumauer» widerfährt dem verfasser der tra-
verstirten Aeneide in der that eine wahre be-
leidigung; so wenig ein geläuterter geschmack
die ausschweifungen seines witzes und seiner
laune anerkennen wird, so bleibt ihm doch das
verdienst des freimüthigen eifers für anschauun-
gen, die in dem kreise, wo er schrieb, noch
heftigen widerspruch fanden, der keck treffenden satire und eines geschickten gebrauchs der
parodie, um auf zeitumstände anzuspielen.»

Ich muss gestehen, dass es mir, als ich die
Aeneide zuerst las, genau erging wie Goethe,
als er, «in eine frühere zeit durch Blumauer's
Aeneis versetzt, ganz eigentlich erschrak, indem er sich vergegenwärtigen wollte, wie eine
so grenzenlose nüchternheit und plattheit doch

auch einmal dem tag willkommen und gemäss
hatte sein können» (Annalen 1820). Bei nähe-
rer erwägung modificirte Goethe sein urtheil
aber gar sehr, was um so höher anzuschlagen,
wenn wir seine allgemeine ansicht über die
parodie ins auge fassen, die er im brief an
Zelter vom 26. juni 1824 ausspricht: «wie ich
ein todfeind sey von allem parodiren und travestiren, hab' ich nie verhehlt; aber nur deswegen bin ich's, weil dieses garstige gezücht das
schöne, edle, grosse herunterzieht, um es zu
vernichten.» Nachdem er nämlich Byron's «Don
Juan» gelesen und sogar durch übersetzung
einiger strophen «eine treue, ruhige, wohl-
häbige nation mit dem unsittlichsten, was jemals die dichtkunst hervorgebracht, bekannt
gemacht», äusserte er bei dieser gelegenheit:
«das deutschkomische liegt vorzüglich im sinne,
weniger in der behandlung. Lichtenberg's
reichthum wird bewundert; ihm stand eine
ganze welt von wissen und verhältnissen zu ge-
bote, um sie wie karten zu mischen und nach
belieben schalkhaft auszuspielen! Selbst bei
Blumauer, dessen vers- und reimbildung den
komischen inhalt leicht dahinträgt, ist es
eigentlich der schroffe gegensatz vom alten
und neuen, edeln und gemeinen, erhabnen und
niederträchtigen, was uns belustigt.»
In der that entspricht Blumauer's werk dem
am eingang dieser skizze dargestellten wesen
der parodie durchaus, und wenn eine historische betrachtung dieser zu allen zeiten dage-
wesenen kunstgattung zugleich die existenzbe-

rechtigung derselben erwiesen, so werden wir
auch Blumauer, als einem gliede in dieser literarischen kette, seine gerechtigkeit widerfahren
lassen. Es ist eine repräsentation des damaligen zeitgeistes und zugleich eine amüsante
kritik des Virgil, ein literaturdocument, das
wir so gut wie die Franzosen ihren Scarron
conserviren können. Ich möchte auch nicht
mit Schlegel die ausschweifungen des witzes
mit geläuterterm geschmack desavouiren: die
parodie, gemäss ihrem wesen, darf und muss
sich aller mittel bedienen, weil in der kunst
der zweck die mittel heiligt. Pöbelhafte ausdrücke, wie wenn Dido dem abziehenden
Aeneas «Galgenschwengel», «infamer Kerl»
und noch schlimmere sachen nachruft, oder
Aeneas mit «Kreusa! Schatzkind! Rabenvieh»
seine gattin sucht, sind daher ganz im geiste
dieser dichtungssorte. Wir hörten schon Pulci's heroen sich mit solch vulgären reden re-
galiren. Auch die helden in Shakespeare's
«Troilus und Cressida» belegen sich mit den
gemeinsten schimpfworten. Und man denke
nur an die caricatur in der bildenden kunst!
Man sehe sich zum beispiel das von Winckel-
mann in Rom abgezeichnete, jetzt in Sanct-
Petersburg befindliche bild an, auf welchem
Jupiter's besuch bei Alkmene travestirt wird:
Jupiter, in jämmerlichster verzerrung abcon-
terfeit, sucht mittelst einer leiter das sehr hohe
fenster der Alkmene zu ersteigen; diese sieht
als gemeine hetäre heraus; Mercur, mit einem
ungeheuren phallus ausgestattet, beleuchtet

die groteske, durch die colorirung noch besonders ins grelle gehobene scene. Und um
als pendant dazu eine mittelalterliche parodie
des göttlichen zu haben, so betrachte man sich
in der vorhalle des domes zu Magdeburg das
dicke, alte, scheussliche weib auf einem bocke
reitend — es ist frau Venus; oder man ver-
gegenwärtige sich Rembrandt's Ganymed,
dessen thränen zwiefältig fliessen. Die aus-
schweifung ist hier eben nicht nur nicht von
übel, sondern nothwendig, in der sache begründet.

Wenn Blumauer's buch nun nach seinem
erscheinen so heftige angriffe erfuhr wie den
Schiller'schen — ich hätte auch als freund des
beleidigten Virgil noch Uz daneben erwähnen
können —, so riefen dieselben, bei dem oben
gedachten grossen anklang, den es fand, auch
wiederum vertheidigungen des angegriffenen
hervor. Oettinger erwähnt in seiner «*Biblio-
graphie biographique universelle*» (1854) einer
«*Curiosité littéraire en vers burlesques*», welche
den titel führt: «Blumauer im Olymp oder
*Virgilius contra Blumauer puncto labefactae
Aeneidis*» (Leipzig 1792, und Graz 1796). Ich
theile den inhalt des mir zugänglich gewordenen seltenen werkchens mit, welches im versmass der Blumauer'schen Aeneide geschrieben
ist: In der götterversammlung will Zeus auf
herrn Blumauer zwei flammende donnerkeile
schleudern. Doch Venus liess ihr söhnchen
schnell einige der thränen des Rembrandt'-
schen Ganymed auf die heissen keile weinen,

und ihr feuer erlischt. Der casuist Sanchez trägt nun die beschwerden seines clienten Virgil in lateinischen knittelversen vor. Momus aber, der mandatar Blumauer's, plaidirt dagegen und verliest als beweisstück einige stellen aus der travestirten Aeneide. Die götter wollen sich todtlachen, und Zeus fordert Blumauer auf, andere dichter ebenso «schnakisch» wie den Maro zu parodiren. Am schlusse kommen einige strophen von Blumauer selbst, worin er sich für die vorstehende vertheidigung bedankt.

Er travestirte übrigens trotz der aufforderung des Zeus keine andern dichter mehr, er brachte nicht einmal die Aeneide zu ende. Er mochte wol das gefühl haben, das es *invita Minerva* gewesen sein würde. In den letzten jahren seines lebens wird ihn ausserdem das augenleiden, dessen die spärlichen biographischen notizen über ihn erwähnung thun, sowie die 1793 erfolgte übernahme der Gräffer'schen buchhandlung, an der er vorher blos einen antheil hatte, von weitern literärischen productionen abgehalten haben. Wir haben an den vorhandenen neun büchern der Aeneide in der that völlig genug, wie schon die recht verständige gleichzeitige recension in der «Allgemeinen Literaturzeitung» (1788, I, p. 698 fg.) hervorhebt. Ein mehr wäre vielleicht unerträglich geworden, und ein überbieten des gelieferten war nicht möglich.

Leider aber ward Deutschland die geister nicht los, die er gerufen.

Wer die wie pilze aus der deutschen erde
schiessenden nachahmungen Blumauer's ihren
titeln nach kennen lernen will, sei auf Flögel's
«Geschichte des Grotesk-Komischen, neu be-
arbeitet und erweitert von Dr. Friedrich W.
Ebeling» (Leipzig 1862) verwiesen. Nicht erwähnt wird hier der Strassburger Schaller,
dessen im ton und versmass Blumauer's geschriebene «Stutziade oder der Perrükenkrieg»
(1802) Wolfgang Menzel als «sehr schalk-
hafte und geistreiche dichtung» charakterisirt.
(«Deutsche Dichtung von der ältesten bis auf
die neueste Zeit,» Stuttgart 1858, vol. III, 170.
— ein wegen seines reichthums an stoff un-
schätzbares und von einem tiefen sinn für das
wahrhaft poetische und namentlich von einer
echt Herder'schen empfindung für die nationale
poesie erfülltes werk, das leider, vielleicht wegen
einzelner einseitiger urtheile über moderne
literatur, bei weitem nicht nach gebühr gewürdigt ist.)

Auf eine nachwirkung in Frankreich scheint
der «*Virgile en France ou la nouvelle Enéide*»
von Le Plat du Temple (4 vol. Offenbach und
Darmstadt 1810—12) schliessen zu lassen.
Ins russische wurde Blumauer's Aeneide von
Ossipof (St. Petersburg 1791—93) übersetzt.

Blumauer genoss seinen ruhm nur ein jahrzehnt lang, er starb am 16. märz 1798, an der
lungensucht.

Was wir von seiner äusseren erscheinung
und seinem privatleben wissen, reducirt sich
auf eine notiz in dem buche: «Roccocobilder.

Nach Aufzeichnungen meines Grossvaters von
Alfred Meissner» (Gumbinnen 1871). Der
grossvater, professor in Prag und verfasser jetzt
vergessener romane, wegen einer audienz bei
Joseph II. nach Wien gekommen, machte in
dem literarischen kaffeehaus jener zeit, «Beim
Kramer» genannt, einer spelunke im schloss-
gässchen, die bekanntschaft Blumauers, welcher mit Alxinger der hier allabendlich tagen-
den tafelrunde präsidirte. Der verfasser der
Aeneide wird also geschildert: «lang, hager»
(«sehr gelb», wie ich aus Ersch' und Gruber's
encyklopädie hinzusetze), «mit einem fauni-
schen zug um den mund, im punkte der toilette
ziemlich verwahrlost, stellte er sich als den halb
cynischen geist dar, den wir aus seinen versen
kennen. Er hatte die sache Joseph's wie seine
persönliche in sich aufgenommen und ver-
folgte die feinde dieser sache mit erbitterung.
Er war durch seine witzworte und impromp-
tus damals vielleicht der populärste mann
Wiens.»

Ein porträt Blumauers's steht vor dem
27. Bande der «Allgemeinen deutschen Bibliothek.»

Die erste ausgabe der Aeneide wurde von
Chodowiecki mit titelvignetten versehen. Dieser
zierliche modeillustrateur der damaligen zeit
gab dann auch noch 12 kupfer dazu im
«Lauenburger Kalender für 1790,» und weitere
6 im jahrgang 1793. Hosemann, der Raspe-
Bürger's «Münchhausen» so hübsch illustrirte,
machte auch bilder zu Blumauer, die sich aber

nicht entfernt mit Hasenclever's bildern zur
«Jobsiade» vergleichen lassen, welches auch
bis heute leben geblieben werk, eine ganz
lustige satire auf kleinbürgerliche und die damaligen universitätszustände, mit der Aeneide
im selben jahre geboren wurde.

In einzelausgaben und in den gesammt-
ausgaben der Blumauer'schen werke ist die
«Aeneis» bis auf den heutigen tag immer wieder
und wieder erschienen. Die erste gesammtausgabe in 8 bänden gab K. L. M. Müller
heraus, Leipzig, 1801—1803; eine andere
Kistenfeger, München 1827 (4 bde.); sodann
erschien eine zu Königsberg 1827 und 1832,
die neueste 1863 in Stuttgart, Rieger'sche Ver-
lagsbuchhandlung.

F. A. Brockhaus veranstaltete einen abdruck der ersten ausgabe der «Aeneis» (Leipzig
1872), den ich auf den wunsch jener verlagshandlung revidirt habe. Als ein charakteris-
tisches zeichen der zeit verdient angeführt zu
werden, dass diese neue ausgabe von der ultra-
montanen presse, und speciell von der in Wien
erscheinenden Literaturzeitung für das katholische Deutschland auf das heftigste angegriffen
und die buchhandlung für ihr unternehmen
mit den pöbelhaftesten, jener im eminenten
sinne unsittlichen partei freilich sehr geläufigen
schimpfworten ausgezeichnet worden ist.

Ich bin zwar auch nicht der meinung, dass
Blumauers Aeneis diese zahlreichen neuen ausgaben verdient; allein der besonnene literarhistoriker darf weder aus rücksicht auf die be-

14*

drohten interessen einer mit einem fuss im grabe stehenden religiösen institution, noch einer einseitigen aesthetik zu liebe die existenzberechtigung dieses werkes wie seiner ganzen gattung einfach zu negiren sich unterfangen. Blumauers Aeneis war einerseits eine wolverdiente satire gegen Rom, andrerseits ein sehr berechtigter protest gegen den von Goethe und Schiller wieder eingeführten falschen classicismus, eine renaissance der renaissance, von dem unhistorischen gesichtspunkt ausgegangen, dass die kunst der Griechen für uns etwas anderes sei als blosses bildungselement, ein nothwendiges, aber unwiederbringlich vergangenes moment der geschichtlichen entwicklung, nimmermehr aber ewige norm für die moderne deutsche kunst. Herder hatte schon, wie wir gesehen, das himmelweitverschiedene des griechischen und nordischen dramas gezeigt, aber wer dies nicht hatte von ihm lernen wollen, war eben sein früherer schüler Goethe und sodann Friedrich Schiller.

Da nun auch gegenwärtig die parodistische oper durch ein talent wie das des kölner Jakob Offenbach und seiner nachfolger in Deutschland die zweiten bühnen fast ausschliesslich beherrscht, so nehmen wir wol mit recht an, dass die parodistische literatur zu einer vollständigen signatur des abgelaufenen jahrhunderts der dichtung ganz wesentlich gehört. Besässen wir bereits ein nationales drama, so würden wir vermuthlich keine parodien besitzen. Das musikalische drama Richard

Wagner's, so hoch es als einzige, wirklich lebendige kunst zu stellen ist, vermag allein die moderne bühne und das dramatische bedürfniss des publikums nicht auszufüllen. Und so steht neben dem erhabenen deutschen dichterkomponisten der burleske jude, neben der «klassischen dichtung» Goethes und Schillers der cynische jesuit — Ἡρακλης και πιϑηκος.

DIE ROMANTIK

UND

CLEMENS BRENTANO.

Das auszeichnende und das verdienst der auf Goethe gefolgten und mit ihm gleichzeitigen romantik erkenne ich wesentlich in dem bestreben, die deutsche literatur mit sich selbst sowohl (den vergessenen schätzen des mittelalters), als mit den höchsten hervorbringungen der fremden literatur und zwar durch poetische übersetzung bekannt zu machen. Die idee ist durchaus eine Herdersche, der sie auch schon in seinen volksliedern (welche hauptsächlich lieder fremder nationen enthalten) und zuletzt noch im «Cid» verwirklichte. Goethe erfand das wort «Weltliteratur» dazu und so gab uns A. W. Schlegel den Shakespeare, sowie spanische dramen, indische epen und gedichte, Gries den Calderon und Ariost, Tieck den Don Quixote, Goethe den Hafis (ihn nach von Hammers übersetzung umdichtend), Rückert stücke aus Dschelaleddin Rumi, den arabischen Hariri, das lied von Sawitri, vom könig Nal, die Gita-Gowinda, u. a. m., Freiherr v. Schack

den Firdusi, 1846 endlich Georg Friedrich
Daumer einen, den ersten Goethe'schen versuch oft weit übertreffenden «Hafis,» das
schönste poetische werk der ganzen gattung,
das desshalb auch in Deutschland völlig un-
beachtet blieb, während ein matter theeauf-
guss des wahren Hafis, die lieder des Mirza-
Schaffy, ein halbes hundert auflagen erlebte.
Rückert spricht sich über diese weltliteratur-
thätigkeit einmal sehr richtig aus:

> Daß über ihrer Bildung Gang
> Die Menschheit sich verständge,
> Dazu hilft jeder Urweltsklang
> Den ich verdeutschend bändge.

Hiemit sollte es aber auch genug sein und
weder eine flache nachahmung jenes vielfäl-
tigen fremden die nationale dichtung unterdrücken, noch die durch die vorzüglichkeit der
übersetzung äusserlich ganz deutsch gewordenen dramen ausschliesslich unsre bühne be-
herrschen.

Jene übersetzungsliteratur der romantik,
mit welcher A. W. Schlegels literargeschicht-
liche, später gedruckte vorlesungen, sowie
Friedrich Schlegels «Geschichte der alten und
neuen Literatur» hand in hand gingen, beweist
uns übrigens nur die reproduktive, nicht die
produktive kraft jener dichterschule. Ihre
eigenen schöpfungen, und grade die vielver-
sprechendsten, sind nur fragmente, wie die
«Lucinde» und «Heinrich von Ofterdingen,»
Arnims so schön beginnende «Dolores» und

seine «Kronenwächter,» u. a.; theils begreift
man nicht wie die damaligen zeitgenossen an
so seltsamen machwerken geschmack finden
konnten, wie z. b. Tiecks dramen sind, und
selbst der ruhm seiner novellen erscheint heute
fast unverständlich.

Auch Goethes «Wilhelm Meister», der
eigentliche ausgangspunkt der produktiven
romantik, die im roman die wahre moderne
kunstgattung erkannte, auch der «Meister» blieb
fragment; während die vortreffliche künstlerische idee, die den tiefethischen «Wahlverwandt-
schaften» zu grunde liegt, umgekehrt in der
breite der behandlung erstickt wird. Goethe
bewies die inferiorität des deutschen romans
am besten dadurch, dass er selbst zum über-
setzer wurde, novellen aus den *C Nouvelles
Nouvelles* und andern französischen romanciers,
den memoirenroman des Benvenuto Cellini, sowie sogar noch Diderots Rameau ins deutsche
übertrug; und mit bewundernswürdiger objec-
tivität einräumte, dass wir dem grossen Walter
Scott nichts an die seite zu setzen hätten *).
Er wusste auch Balzac noch zu würdigen, von
dem er 1831 an Riemer sagte: «Ich las *la Peau
de Chagrin* weiter. Es ist ein vortreffliches
werk neuester art.» George Sand und Dickens
erlebte er nicht mehr.

Wollte man hier etwa Immermanns Ober-
hof als meisterwerk der nachgoetheschen no-

---

*) Auch Scheffels Eckehart nicht, wie ich hin-
zuzusetzen mir erlaube.

vellistik anführen, so erwidere ich, dass die *Romans champêtres* von George Sand nicht nur hoch über Immermann stehen, sondern ihr auch die priorität gebührt. Die Valentine von 1832 eröffnet die reihe, jener unübertroffenen meisterwerke, von denen ich nur Jeanne, Mare au diable, André, Petite Fadette nennen will. Im 14. kapitel der Jeanne sagt der dichter über die ganze gattung: «*Une véritable organisation rustique... types admirables et mystérieux qui semblent faits pour un âge d'or qui n'existe pas... la poésie les a toujours défigurés en voulant les i d é a l i s e r ou les traduire, oubliant que leur essence et leur originalité consistent à ne pouvoir être que d e v i n é s.*»

Ueberdiess hat Immermann dadurch, dass er Lisbeth zur tochter des baron Münchhausen, dieser greulichen karrikatur, macht, seine sonst lobenswerthes enthaltende, leider in den ungeniessbarsten literaturroman*) eingeflochtene idylle um allen künstlerischen werth gebracht.

Was aber die nachgoethesche und nachromantische salonnovelle anlangt, so wage ich nicht zu behaupten, dass Paul Heyse auch nur *eine* novelle geschrieben, die den vergleich mit Alfred de Müssets «Emmeline» oder «Le fils de Titien» aushielte, ja nur mit einer novelle wie «Diane de Lys» vom jüngeren Dumas.

---

*) Literaturroman im (schlechten) sinne wie des grafen Platen literaturkomödien, die mit Aristophanes zu vergleichen manche literarhistoriker sich nicht entblödet haben.

Als derjenige romantiker nun, welcher als typisch für alle gelten darf, und der zugleich eine wirklich producirende dichterkraft war, von dem einzelne werke noch heute dauern, ist mir immer Clemens Brentano erschienen. Er ist zudem auch der einzige, an den die weitere entwicklung der deutschen literatur unmittelbar angeknüpft hat, und verdient daher eine eingehendere betrachtung.

———————

In Tremezzo am Comersee steht das stammhaus der familie Brentano. Von dort wanderte Peter Anton Brentano in die freie reichsstadt Frankfurt am Main, gründete hier ein grosses handelshaus und verheirathete sich 1774 mit einer tochter von Sophie von La Roche, der romanschreiberin und freundin Wielands.

Im hause der grosseltern zu Thal-Ehrenbreitstein am Rhein wurde am 8. september 1778 das kind geboren, welches in der taufe von seinem pathen, dem kurfürsten von Trier, den namen Clemens empfing — Clemens Brentano.

Die schriftstellerei und die kirche sassen symbolisch an der wiege des knaben.

In den terzinen, welche den eingang zu einer der wundersamsten seiner späteren dichtungen, den «Romanzen vom Rosenkranz,» bilden sollten, finden wir bedeutsame züge seiner kindheit festgehalten:

Viel war ich krank, kam wenig an die Sonne...
Die Mutterpflege war mir Frühlingswonne.

Ich konnte oft den Abend nicht erwarten,
Wenn sie die Wunder-Mächen uns gesungen,
Daß rings die Kinder in Erstaunen starrten,

Und Keines ist mir so ins Herz gedrungen
Als von des süßen Jesus schweren Leiden.

Bald erfand der poetische knabe auch selbst
märchen, sodass Sophie La Roche oft die
selbe frage an ihren enkel richtete, die der car-
dinal von Este an Ariosto that. (Siehe zueignung zum Gockelmärchen.)

Sein erster vers war seltsamerweise die parodie des katholischen tischgebetes:

Komm Herr Jesu, sei unser Gast
Und segne was du bescheeret hast!

statt dessen Clemens sagte:

Komm Herr Jesu, sei unser Gast,
An meiner Kapp' ist ä goldene Quast.

Es war die anmeldung des humors bei einem
seiner auserwähltesten ritter.

Uebrigens war die jugendzeit im hause einer
tante zu Koblenz keine freudenreiche:

Getrennet lebte fern ich von den Meinen
An strenger und unmütterlicher Zucht,
Denk ich der Zeit, seh ich sich mir versteinen

Die Tage in des Lebens Blumenflucht,
Wie kleine Gärten zwischen steilen Mauern,
Die nie ein Sonnenstrahl hat heimgesucht;

Ich fühlte elend mich und tief verwaist.

An einer andern stelle der selben terzinen beschreibt er sehr innig und zart seine firmung.

Noch vor vollendung seiner gymnasial-studien musste er in das elterliche haus zu Frankfurt, den «goldenen Kopf» in der sand-gasse, zurückkehren, um hier nach dem willen des vaters die handlung zu erlernen.

Die zueignung zum gockel erzählt uns, mit welcher poesie er die prosaischen räume der speicher und vorrathskammern zu umkleiden suchte; und wie Goethes mutter ihn mit den reichskleinodien der phantasie belehnte; während der doch selbst literarische buchhalter des hauses, herr Schwab, seinen zögling um-sonst an die kaufmännischen pflichten erinnerte.

Nach einigen kämpfen zwischen dem an-geborenen und dem aufgezwungenen beruf bezog Clemens im jahre 1797 die universität Jena. Im selben jahre war sein vater gestorben, die mutter schon drei jahr vorher.

In Jena verkehrte er besonders mit Tieck, Achim v. Arnim, A. W. und Friedr. Schlegel.

1800 erschien sein erstes werk «Godwi. Ein verwilderter Roman,» unter dem pseudo-nym Maria, nach der vorrede «vollendet zu anfang des jahres 1799.» Goethes Wilhelm Meister, Heinses Ardinghello und Schlegels Lucinde hatten bei dem buche gevatter ge-standen. Aber auch frei angeeignete volks-weisen klangen darin hin und wieder. Hier singt die Lorelei zuerst ihr berückendes lied:

Zu Bacharach am Rheine
Wohnt eine Zauberin.

Hier begegnen wir jener strophe eines katholischen kirchenliedes:

Was heut noch grün und frisch dasteht,
Wird morgen schon hinweggemäht:
Die edlen Narcissen,
Die Zierden der Wiesen;
Die schön Hyacinthen,
Die türkischen Winden:
Hüte dich, schönes Blümelein!

die ihm am abend des lebens zu jenem wunderbarschönen erntelied wurde: Es ist ein schnitter, der heisst tod.

Aus seinem studium des Shakespeare, dessen stücke er in Schlegels übersetzung gern vorlas, ging 1801 das lustspiel «Ponce de Leon» hervor, das indessen erst 1804 (Göttingen bei Dieterich, XVI und 280 seiten) erschien.

Die sammlung alter volkslieder und märchen, überhaupt aller älteren literaturdenkmäler wurde von nun an sein hauptinteresse und regte seine eigne produktion kongenial an. Ein ächter romantiker, mit schwarzen locken, dunklen augen und südlichem teint, hochgewachsen, sang er seine lieder*) mit einer reichen tiefen stimme selbst und begleitete sie auf seiner alten viersaitigen guitarre, welche er für die erste hielt, die in Deutschland gebaut worden. So erschien er bald am Rhein, bald

---

*) Das bekannteste, noch heute gesungene ist: «Nach Sevilla, nach Sevilla.»

in Dresden, bald auf dem landgut seines schwagers Savigny, Trages bei Hanau, dann wieder in Wien oder in Böhmen auf dem Brentano'schen familienschlosse Bukowan; überall hin die poesie mit sich tragend.

In Düsseldorf schrieb er 1802 für eine dortige schauspieldirektion ein singspiel «Die lustigen Musikanten,» welches E. T. A. Hoffmann komponirte. Ein lied von Godwi liegt zu grunde:

> Hör, es klagt die Flöte wieder
> Und die kühlen Bronnen rauschen,
> Golden wehn die Töne nieder,
> Stille, stille! Lass uns lauschen!

Auf einer dieser fahrten war es, wo ihn Varnhagen in Prag traf und trotz seiner offenbaren antipathie gegen Brentano bekennen muss: «Ich war ganz bezaubert von seiner geistreichen laune, seinen überraschenden, oft das tiefste aufschliessenden, immer feuerwerkartigen bemerkungen.» (Denkwürdigkeiten 3. verm. aufl. III, 211.)

Friedrich Tieck machte um diese zeit seine marmorbüste und die geliebte frau, damals noch die gattin eines andern, schrieb darauf folgendes sonett:

> Welch süsses Bild erschuf der Künstler hier?
> Von welchem milden Himmelsstrich erzeuget?
> Nennt keine Anschrift seinen Namen mir,
> Da diese holde Lippe ewig schweiget?

Nach Hohem lebt im Auge die Begier,
Begeisterung auf die Stirne niedersteiget,
Um die, nur von der schönen Locken Zier
Geschmücket, noch kein Lorbeerkranz sich beuget.

Ein Dichter ist es. Seine Lippen prangen,
Von Lieb umweht, mit wunderselgem Leben,
Die Augen gab ihm sinnend die Romanze,

Und schalkhaft wohnt der Scherz auf seinen Wangen;
Den Namen wird der Ruhm ihm einstens geben,
Das Haupt ihm schmückend mit dem Lorbeerkranze.

Es war die gattin des jenaer professors Mereau, Sophie Schubert, die sich endlich von ihrem manne scheiden liess, um im jahre 1803 das weib von Clemens Brentano zu werden. Das glückliche paar lebte anfangs in Marburg, dann in Heidelberg, wo sie aber schon 1806, den 31. october, fünf und dreissig jahr alt im wochenbette starb.

Im ersten jahre seiner ehe schrieb Brentano, der damals die Limburger Chronik kennen lernte, eins seiner reinsten schönsten werke, ein seitenstück zu Novalis Heinrich von Ofterdingen, die leider auch unvollendet gebliebene «Chronik eines fahrenden Schülers» (gedruckt erst 1818 in Försters Sängerfahrt). An dies werk erinnerte er sich noch am lebensende, in der zueignung zum Gockel, mit freude, die «Blätter aus dem Tagebuch der Ahnfrau» für skizzen aus dem umfang jener chronik erklärend. — Die langen schmerzen der trennung, die mit seinem verhältniss zu Sophie verknüpft

gewesen waren, liess er hier in dem liede der
schönen Laurenburger Els rührend nachklingen:

Es sang vor langen Jahren
Wol auch die Nachtigall,
Das war wol süßer Schall,
Da wir zusammen waren.

Ich sing' und kann nicht weinen
Und spinne so allein
Den Faden klar und rein,
So lang der Mond wird scheinen.

Da wir zusammen waren,
Da sang die Nachtigall,
Nun mahnet mich ihr Schall,
Daß du von mir gefahren.

So oft der Mond mag scheinen
Gedenk ich dein allein,
Mein Herz ist klar und rein —
Gott wolle uns vereinen.

Seit du von mir gefahren
Singt stets die Nachtigall,
Ich denk bei ihrem Schall
Wie wir zusammen waren.

Gott wolle uns vereinen,
Hier spinn ich so allein,
Der Mond scheint klar und rein,
Ich sing' und möchte weinen!

Im todesjahr seiner frau gab er mit Arnim,
der inzwischen auch sein schwager geworden

war, «Des Knaben Wunderhorn» heraus, worin
jene jahrelangen liedersammlungen niedergelegt wurden. Goethe, «unser aller meister,»
wie ihn Brentano in einem briefe von 1806
nennt, hiess das buch als ein nationalwerk in
der jenaischen literaturzeitung bewundernd willkommen; J. Görres widmete im folgenden jahre
seine «Deutschen Volksbücher» an Clemens
Brentano, dessen bibliothek das hauptmaterial
geliefert. —

Was Herder schon im jahre 1767 ersehnt,
eine sammlung der alten deutschen «National-
lieder,» die den balladen der Britten, den
chansons der troubadoure, den romanzen der
Spanier an die seite treten könnte: das wurde
so erst vierzig jahre später wirklich geleistet.

Herder's «Gesänge der Völker,» die er in
dem selben jahre ans licht treten liess, in dem
Clemens Brentano geboren wurde, hatten kaum
zwanzig deutsche volkslieder enthalten, alles
übrige war nur übersetzung aus der dichtung
anderer nationen gewesen!

Da kam 1806 der erste band von «Des
Knaben Wunderhorn,» welcher nicht weniger
als 210 nur deutsche volkslieder brachte!

1808 folgten dann noch zwei eben so starke
bände.

Von den beiden herausgebern hatte Clemens
Brentano den meisten poetischen, Arnim den
meisten literarischen antheil daran, wie er denn
auch allein die angehängte abhandlung über die
volkslieder schrieb. Auch bei der Einsiedler-
zeitung, die Arnim und Brentano in jenen jahren

mit Görres und den brüdern Grimm zusammen
herausgaben, besorgte Arnim das seinem
freunde lästige geschäft des herausgebens. Als
sie die bald eingegangene zeitung dann in
einem quartbande als «Trösteinsamkeit. Alte
und neue sagen und wahrsagungen, geschichten und gedichte» (Heidelberg, bei Mohr &
Zimmer 1808) erscheinen liessen, nannte sich
nur Arnim als herausgeber und schrieb die
literarische einleitung «an das geehrte publikum» dazu. Gerade aus den beiderseitigen
beiträgen zu dieser zeitschrift ist nun zu ersehen,
wie weit der um drei jahre jüngere Arnim (geboren zu Berlin den 26. januar 1781) als lyrischer dichter hinter seinem freunde zurück-
stand. Brentano hat nur wenige gedichte bei-
gesteuert, aber in allen steckt echte poesie,
Arnim hat sehr viele und sehr lange poeme
hier abdrucken lassen, aber wenig oder nichts
ist von wirklich poetischem werthe. Arnims
wahre bedeutung tritt erst in seinen spätern,
an tiefsinnigen ideen reichen novellen und ro-
manen hervor.

Was daher im Wunderhorn eigene poetische
zuthat der herausgeber ist, davon muss das
schönste und gelungenste sicherlich Clemens
Brentano zugeschrieben werden. Er hatte auch
damals die reichste sammlung an material. —
Dass Arnim auf Brentanos zimmer in Heidelberg am Wunderhorn arbeitete, darf auch als
charakteristisch angeführt werden.

Was den titel des buches anlangt, so wurde
derselbe in der ersten ausgabe nicht nur durch

das einleitungsgedicht erläutert, sondern es
reitet auf dem in kupfer gestochenen titelblatt
ein knabe, d. h. ein blühender jüngling in alt-
deutscher tracht auf einem weissen rosse, in
der erhobenen rechten ein perlengeschmücktes
horn schwingend. Darüber steht «Des Knaben
Wunderhorn,» darunter:

Alte deutsche Lieder

L. Achim v. Arnim ✳ Clemens Brentano.

Heidelberg, bey Mohr u. Zimmer.

Frankfurt bey J. E. C. Mohr
1806.

Dann folgt ein gewöhnlicher titel:

Des Knaben Wunderhorn.

Alte deutsche Lieder.

Gesammelt von

L. A. v. Arnim und Clemens Brentano.

Erster Band.

Heidelberg bey Mohr und Zimmer 1806.

Nach der widmung an Goethe eröffnete
dann das buch (p. 13) mit dem einleitungsgedicht, worauf p. 15 «Des Sultans Töchter-
lein» und der «Meister der Blumen» folgt. Das
letzte gedicht ist «Des Schneiders Feyerabend.»
Von seite 425 bis 464 des bandes bildet die
Arnim'sche abhandlung den schluss.

15*

Der gestochene titel des zweiten bandes lautet:

Wunderhorn.   Alte deutsche Lieder.

A. v. Arnim.   C. Brentano.

II.

Heidelberg, bey Mohr und Zimmer 1808.

Ein äusserst wunderliches kolossales horn, auf dessen einer seite «drink aus», auf der andern «o mater Dei» zu lesen, nimmt fast die ganze seite ein. Im hintergrunde ragt die stadt Marburg (?), wo Brentano längere zeit gelebt. Es folgt ein gewöhnlicher titel, mit «des Knaben Wunderhorn» und dann die zueignung, «Lasset uns mayen und kränze bereiten.» Dieser band hat 448 seiten und schliesst mit «Ygels Art.»

Gleichzeitig mit dem zweiten erschien der dritte band. Auf dem gestochenen titel spielt ein mann in mittelalterlicher tracht die guitarre, ein mädchen die harfe, zwischen beiden sitzt ein papagei auf einer stange. Die titelworte sind die selben wie auf dem zweiten bande, ebenso ist der folgende gewöhnliche titel identisch. Dieser band hebt mit den «Liebesklagen des Mädchens» an und schliesst p. 233 mit «Hans Sachsens Tod.» Dann folgt auf ein besonderes schmutzblatt «Schluss» ein blatt, auf welchem steht: «Sr. Excellenz dem herrn geheimrath v. Goethe und allen förderern dieser sammlung unsern dank zum schluss.

L. Achim v. Arnim.   Clemens Brentano.»

Mit ganz neu anhebender paginirung kommen

dann die Kinderlieder; zuerst ein wundersam
symbolisches bild dem titel gegenüber, die geburt des heilands darstellend, wozu zwei knaben
flöte blasen, und alle thiere des waldes heran-
kommen. Auf dem titel selbst hebt ein knabe
eine grosse brezel auf einer stange in die höhe.
Darüber steht «Kinderlieder», die buchstaben
von zerbrochenen brezeln gebildet. Links von
dem knaben steht das lied «Wacht auf, ihr
schönen Vögelein», rechts «Wacht auf, ihr
kleinen Schülerlein.» Zu seinen füssen: «Anhang zum Wunderhorn. Heidelberg, Mohr
und Zimmer 1808.» Es sind 103 seiten.

Ueber die wirkung des buches hat Arnim
in der nachschrift zur zweiten ausgabe (1819)
berichtet. — Er hat dort auch die schönen
worte Goethes im auszuge mitgetheilt.

Was ein anderer grosser zeitgenosse der
romantiker über das Wunderhorn geschrieben,
war Arnim wohl nicht bekannt geworden:
Arthur Schopenhauer leitete die theorie der
lyrischen poesie in seinem 1819 erscheinenden
hauptwerk «die Welt als Wille und Vorstellung»
wesentlich aus der «trefflichen sammlung im
Wunderhorn» ab. Die stelle (p. 293—296 der
dritten auflage, 1859) ist zu lang zum hersetzen,
aber sie ist ausser dem über die tragödie und
das genie gesagten das schönste und lesens-
wertheste in jenem ganzen abschnitt des buches.

Wenn Kobersteins «Geschichte der deutschen Nationalliteratur» (I, 326 der 5. aufl. ed.
Karl Bartsch) Uhlands Alte hoch- und nieder-
deutsche Volkslieder (1844) «den reichsten

und zugleich zuverlässigsten schatz» nennt,
so darf man doch keineswegs glauben, dass
Uhland etwa im stärksten gegensatz zu Arnim
und Brentano seine urkunden mit diplomatischer genauigkeit abgedruckt hätte. Uhland
spricht sich selbst hierüber im anhang seines
buches aus. Nachdem er eine quellennach-
weisung und aufzählung der vorhandenen volkslieder gegeben, fährt er fort: die grosse lie-
dersumme, die sich aus obiger zahlenangabe
herausstellen würde, schwindet sehr zusammen,
nicht blos weil viele lieder vielfach wieder-
kehren, sondern mehr noch durch abrechnung
der künstlicheren gattungen. Die übrig bleibenden volksmässigen stücke waren wieder
nicht ohne abzug zulässig, weder zuchtlose,
noch leblose wurden hervorgesucht. So gab er
von den 262 nummern des Frankfurter lieder-
buchs (1584) nur 64! Von seiner texteskritik
bemerkt er, sie sei mit grosser zurückhal-
tung geübt worden. «Sie besteht zumeist in
weglassungen. Wenn mitunter auch müssige
oder unanständige stellen weggeblieben sind, ohne dass deren unechtheit
behauptet werden kann, so wird dies
keinen besondern tadel erfahren.»
Wir haben folglich bei Uhland so wenig
ganz genaue texte wie im Wunderhorn. Auch
Uhland stellte aus acht bis zehnfach vorhandenen texten einen her. Und was die sprachbehandlung anlangt, so urtheilte Emil Weller
(Annalen der poetischen nationalliteratur der
Deutschen im XVI. und XVII. jahrhundert.

Freiburg 1864. II, p. 111.) «Zu denen, welche
bei abdrücken willkürlich die alte sprache ver-
änderten, ohne sie zu modernisiren, gehört
ausser Schade noch Uhland.» Weller beklagt
auch p. 28, dass Uhland das liederbuch des
Apiarius, das so viel treffliches und volksthüm-
liches bringe, mit verachtung angesehen habe.

Wollte man daher die texte in «des Knaben
Wunderhorn» kritisch herstellen, so könnte
dies nur durch eine von grund aus neue ver-
gleichung mit den quellen selbst geschehen.
Mit einer blossen verbesserung nach Uhland,
wie eine solche der herausgeber der ausgabe
von 1846 vorgenommen, ist es nicht gethan.
Ein buch aber, das wie das Wunderhorn von
zwei wahren dichtern hervorgebracht und dann
eine völlige revolution in der deutschen dichtung bewirkt hat, das ist nationaleigenthum
geworden und verdient in jedem fall seine un-
veränderte konservirung.

Während sich Brentano gerade um das jahr
1818, wie wir weiter unten sehen werden, von der
literatur ganz zurückzog, sammelte Arnim fort
und fort, bis zu seinem indess schon 1831 (am
21. januar) erfolgten tode. Erst im jahre 1845
wurden diese nachgelassenen Arnim'schen manuskripte zum Wunderhorn zu einer neuen ausgabe verwendet, welche im 13., 14. und 17.
bande von Arnims «sämmtlichen werken»
erschien. Als herausgeber der Arnim'schen
werke nannte sich auf dem titelblatt der ersten
12 bände Wilhelm Grimm, der auch ein schönes
vorwort zum ganzen (vor dem ersten bande)

schrieb. Der 12. band erschien 1842. Erst
1845 kam der 13. band heraus und auf diesem,
wie auch auf allen folgenden findet sich die
notiz «Herausgegeben von Wilhelm Grimm»
n i c h t mehr auf den titelblättern. Der 13. band
enthält nun den ersten band von «des Knaben
Wunderhorn,» und hebt mit folgender von
niemand unterzeichneter vorbemerkung an:
«Der neuen ausgabe des Wunderhorns ist voraus
zu bemerken, dass sie in die Arnim'schen ge-
sammtwerke überzugehen bestimmt ist. Im
einverständniss mit den früheren herausgebern
ist diese sammlung nach den von Achim von
Arnim hinterlassenen vorarbeiten und correc-
turen gänzlich umgearbeitet, wie auch die von
allen seiten Deutschlands hinzugekommenen
varianten gesichtet und die besseren, das heisst
ursprünglicheren, die poetisch und wissenschaft-
lich dem wahren interesse am lebendigsten entsprechen, diesem werke als ihm eigenthümlich
zukommend einverleibt worden sind.» Mit
«den früheren herausgebern» kann nur Wilhelm
Grimm gemeint sein und ergibt sich daher
zweifellos, dass die umarbeitung des Wunderhorns nicht etwa von Grimm herrührt. Der
zweite und dritte band erschien «Berlin 1846,
expedition des v. Arnim'schen verlages.» Ferner wird eine neue ausgabe in vier bänden angeführt: Berlin 1846—1854. Dieser vierte band
enthält weitere nachträge. Da sich aus diesen
posthumen ausgaben nicht ersehen lässt, was
von Arnim herrührte, was von dem neuen
editor, so hätte eine neue ausgabe des Wunder-

horns, wenn es eben das Wunderhorn von
Arnim und Brentano sein sollte, sich an die
von diesen selbst besorgte ausgabe zu halten.

Das «Wunderhorn» ist unser allernatio-
nalstes buch. Hier wird das evangelium der
echten poesie verkündet, das evangelium, dass
nicht eine abstrakte schönheit, ein nie und
nirgends sich begebendes ideal motiv und inhalt der kunst sei, sondern dass sie überall der
spiegel dieser welt, der wirklichkeit, einer bestimmten nation sei. Die erhabensten züge
des deutschen geistes sind daher in diesen liedern ebenso festgehalten, wie die düstersten
irrwege der leidenschaft darin beleuchtet werden. Nationallaster und nationaltugenden zeigen sich hier, das reine und unreine wird mit
gleicher naivetät dargestellt, heidnische weltlust wechselt mit den süssesten inspirationen
des christenthums. Das buch ist eine ganze
welt für sich allein, wie Homer, Cervantes und
Shakespeare. —

Ein im Wunderhorn enthaltenes volkslied
(II, 204) gab Brentano die idee zu seiner einfach-
ergreifenden «Geschichte vom braven Casperl
und schönen Annerl» (geschrieben um 1808,
erschienen erst 1817 in Gubitz' Gaben der
Milde). Es ist die alte furchtbare sage von dem
schwert des scharfrichters, das im schrank zu
klirren anfängt, wenn ein mensch ins zimmer
tritt, der dereinst mit ihm hingerichtet werden
soll. E. Th. A. Hoffmann hat in seinen späteren novellen nie die klassische form dieser

Brentanoschen erzählung zu erreichen vermocht, wenn er auch den kreis des gespenstischen dadurch glücklich erweiterte, dass er es nach seinem eignen ausdruck als das «entsetzen an dem tief gespenstischen philistrismus,» der grauenhaften alltäglichkeit des damaligen deutschen lebens auffasste.

In des dichters eigenes leben sollte um diese zeit eine schreiende dissonanz kommen. Ein junges mädchen, Auguste Busmann, die nichte des banquier Bethman in Frankfurt a. M., fasste für ihn eine heftige leidenschaft, deren sinnlicher rausch ihn ebenfalls hinriss, so dass er das mädchen nach Cassel entführte und dort heirathete, obwol ihn schon auf dem wege zur kirche die reue überfiel. Sie lebten erst in Cassel, dann in Landshut, aber noch vor ablauf des ersten jahres löste er das ihm unerträgliche verhältniss durch die flucht. Sie setzte die gerichtliche scheidung durch und heirathete bald wieder.

Brentano zog nach Berlin, Mauerstrasse 34, wo wir ihn zu anfang des jahres 1810 ganz mit seinen «Romanzen vom Rosenkranze» beschäftigt finden. Der maler Runge in Hamburg sollte randzeichnungen dazu entwerfen, ähnlich den Dürer'schen im münchner gebetbuch. Als dies sein lieblingsprojekt durch Runges frühen tod vereitelt wurde, liess der dichter die arbeit liegen. Von der dichtung selbst hatte er an Runge geschrieben:

«Es ist nicht dieses lied selbst, das ich liebe, es ist die fata morgana über meinem versunke-

nen irdischen paradiese, das nest eines verbrannten, aber nicht wieder erstandenen
phönixes, in dessen asche blasend ich diese
gestalten gesehen habe, aber ich konnte sie
nicht zeichnen, ich musste sie singen mit ge-
brochener stimme».

In der that finden wir in den erst 1852 gedruckten fragmenten des werkes, u. z. in der episode Biondettas mit dem teufel, die ganze glut
der sinnlichkeit, wie sie sein verhältniss zu seiner
zweiten frau oder auch zu einem mädchen von
dem er gesungen, «o lieb mädel wie schlecht
bist du», dem dichter eingegeben haben mochte,
und die geistigste zartheit in der ehe Jakopones
und Rosablancas scheint wie eine erinnerung
an seine Sophie. Die lösung aller angeregten
konflikte, die büssung der schweren alten erb-
sünde mit der entstehung des rosenkranzes
hat er uns nicht gegeben. Denn das werk,
in das auch die sage vom Tanhäuser, dessen
lied im Wunderhorn zuerst wieder bekannt gemacht worden, auf eine neue art*) verflochten
werden sollte, ist kaum zur hälfte vollendet
worden.

Merkwürdig kontrastirt mit dem an Runge
geschriebenen die sechszehn jahr spätere selbst-

---

*) In den prosanotizen, die fortsetzung der rosen-
kranzromanzen betreffend, theilt Brentano ganz neue
mythen vom Tanhäuser mit: von seinem verhältniss
zu einer schönen zigeunerin, die er trifft, als er vom
pabst verstossen in den Venusberg zurückkehrt und
mit der er zwei kinder, Kosme und Abano zeugt; und
anderes sehr sonderbare.

kritik (in einem briefe aus Koblenz vom
3. juli 1826): «Die romanzen vom rosenkranz! .. Der halb zwischen pomeranzen,
apfelsinen und dergleichen in thränen ge-
pökelte, verschimmelte wechselbalg der melancholisch funkelnden phantasie und des zer-
rissenen herzens. Was soll ich um himmels
willen mit diesen geschminkten, duftenden
toilettensünden unchristlicher jugend anfangen? Das ist eine wahrhaft liebliche und
darum um so ängstlichere todtenerscheinung!
Ich habe keinen zusammenhang mehr mit
diesen dingen als das tragische gefühl aller
vergeblichkeit und eine leise beschämung, dass
ich hinein blickend so vieles seichte und un-
gründliche darin finde, welches das colorit,
die interessante stimme und überhaupt der
ganze syrenosyropismus des dichters nicht für
ihn selbst verbergen kann. — Wer nur einen
moment des lebens, nur das kleinste fragment
der natur, ich will nicht sagen versteht, nein,
nur ruhig stehen lässt und vorübergehend an-
schaut, ohne daran zu zerren, zu modelliren,
zu metamorphisiren: der findet eine so unendliche, tiefe, hohe und doch naive, einfältige
würde und bedeutung in jeder realität, ohne
übrige deutung, dass für das empfangen nur
dank und für das besitzen nur opfer übrig
bleibt, um es zu würdigen. Aller übrige umgang mit den dingen, der sie dreht und wendet
und färbt und schmückt und überdestillirt,
was die poesie besonders will, ist am ende nur
ein götzendienst, der durch seine spiritualität

um so gefährlicher ist. Ich könnte hier eine ganze abhandlung schreiben, aber sie würde uns beide nicht weiter führen: alles das will erlebt sein».

Neben dieser dichtung beschäftigte ihn der deutsche märchenschatz, aus dem er grossen und kleinen kindern allerorten in phantastischer umbildung mittheilte. Nachdem er schon im juni 1810 an Runge gemeldet: «Ich gehe jetzt damit um, kindermärchen zu sammeln», trat er 1816 mit Reimers buchhandlung über die herausgabe des erst zum theil vollendeten märchencyklus in unterhandlung. Schinkel sollte das buch durch seine zeichnungen verschönern. Allein es trat inzwischen der grosse wendepunkt in seinem leben ein, und so blieben die märchen unvollendet liegen.

Im september des jahres 1816 nämlich, an einem donnerstag abend, lernte Brentano in einem jener vornehmen geistreichen abendzirkel des damaligen Berlin, wo er aus seinem drama «Die Gründung Prags» und der patriotischen «Viktoria» vorlas, ein junges mädchen kennen, Luise Hensel, die dichterin des in das schlussgedicht des Gockelmärchens verflochtenen abendgebetes «Müde bin ich, geh' zur Ruh». Er fühlte bald die tiefste neigung für sie. Als er — nach seinen eigenen worten — verwüstet, geängstigt, im innern unheilbar krank, erstarrt gegen gott und geekelt gegen die welt, wie in einer pfadlosen traumöde, im verderbten leben stand, und verzweifelt an sich selbst, ohne lust am bösen und guten, nichts war als ein

dumpfer, todter mensch: da erschien sie ihm
wie der samariter dem unter die räuber ge-
fallenen. In den leidenschaftlichsten, noch erhaltenen briefen und gedichten schüttete er ihr
sein herz aus; «Vergeblich! Kennst du dies
schreckliche wort? Es ist die überschrift meines
ganzen lebens; es brennt mir auf der stirne
äusserlich wie im hirne innerlich; all mein
denken, thun und leiden, mein unendliches
leiden war vergeblich». Sie aber antwortete
ihm: «Was hilft es Ihnen, dass sie einem jungen
mädchen das sagen? Sie sind so glücklich die
beichte zu haben, Sie sind katholik, sagen Sie
Ihrem beichtvater was Sie drückt».

Und er ging in der Hedwigskirche zu Berlin,
ende februar 1817, zum ersten mal seit funfzehn jahren zur beichte.

Ein im januar vorher geschriebener brief
ist wie ein blick in seine seele: «Mein armes
herz war so voll, ich hätte sterben mögen, ich
zitterte, dich an mein herz zu drücken und zu
sterben. O, was habe ich dir zu danken! Nicht
diese minuten sind es, nein, die innere wohl-
that ist es, das leben, womit du mich durch-
drungen und geflügelt, das leben das mir nie
geworden, den zweiten, vollen, seligen frühling
für den ersten, der vergeblich und ohne sonne
war. Ich weiss wohl, das alles ist dir nicht
recht und du wünschest alles ganz anders.
Aber ich sage dir, lasse meiner liebe diese
jugend, denn alles andere wird auch kommen;
so nur fühle ich, dass ich noch lebe.

Als ich so in der dunklen treppenecke auf

dich harrte, sang ich still für mich folgenden
lächerlichen vers, bei dem ich schier weinte:

Ach, Alles geht vorbei!
Selbst dieser Unverstand,
Den ich in einer wunderselgen Stunde
An einer Wand empfand,
Hat nicht Bestand.

Ich ging bis zwölf uhr spazieren, meine
brust war frei und ich sang fort:

Schweig Herz, kein Schrei!
Wenn Alles geht vorbei,
Doch daß ich auferstand
Und, wie ein Ährstern, ewig sie umrunde,
Ein Geist, den sie gebannt,
Das hat Bestand».

So schwankte er noch zwischen Amor und
Caritas. Das irdische glück der liebe, um das
er doch auch und mit solcher innigkeit bei
ihr warb, hat sie ihm strenge versagt, aber er
fand endlich durch sie ruhe in der göttlichen
liebe. Mit ihr zusammen noch gab er in
Berlin das büchlein heraus «Trutznachtigall»
mit einer vorrede «Einiges von dem Leben,
Handeln, Leiden und Sterben des geistlichen
Vaters Spee von Langenfeld» (Berlin bei
F. Dümmler 1817). Dann aber verliess er die
stadt. Die immer wieder ihn übermannende
sehnsucht, die geliebte ganz die seine zu
nennen, konnte nur durch ein grausames los-
reissen von ihrer nähe zum schweigen gebracht
werden. Schon aus Brandenburg, den 15. sep-

tember 1819, abends 10 uhr schrieb er: «Du zürnst nicht, dass ich dir schreibe, ja es macht dir freude, denn du bist meine liebe seele. Ich habe gebetet und liege im bett und weiss gar nicht, wie ich auf einmal neun meilen von dir bin, ja ich will es gar nicht denken, es müsste mich ja betrüben und wenn ich ein stein wäre, so lieb bist du mir. Ich will diese täuschung, dass du mir ganz nah seist, dass ich mit dir redete, gar nicht unterbrechen. Vor allem möchte ich dich an mein herz drücken; dann aber den menschen, der das schreiben und der die posten erfunden hat». — Er konnte sie nicht vergessen, aber die räumliche und zeitliche ferne lässt die geliebte, unerreichbare, ewigverlorene gestalt wie durch einen mildernden flor erscheinen. Er flüchtete sich nach Dülmen in Westfalen, um am kranken- bett der frommen nonne Katharina Emmerich deren wunderbare visionen niederzuschreiben und für die mit- und nachwelt aufzubewahren. Dies erkannte er nun als seinen einzigen beruf. Alle seine reichen sammlungen, bücher und manuskripte verkaufte er, mit seinem ganzen bisherigen leben brach er, von der poesie nahm er in einem gedicht an die freundin, die er nur am schmerzenslager der heiligen und dann als barmherzige schwester wiedersah, mit einem bittern fluche abschied:

> Poesie, die Schminkerin,
> Nahm mir Glauben, Hoffen, Lieben,
> Dass ich wehrlos worden bin,
> Nackt zur Hölle hingetrieben.

„Nur ein Schild blieb unbewußt
Mir noch aus der Unschuld Tagen:
Heilge Kunst, auf Stirn und Brust
Ein katholisch Kreuz zu schlagen.

In frommem wahnsinn schrieb er zu Dülmen bis zum tode der Emmerich, februar 1824,
die betrachtungen, ahndungen und gesichte
der mit den wundenmalen des herrn, gleich
dem h. Franziskus, gezeichneten auserwählten
nieder. Sein übriges leben verwendete er
zur ausarbeitung dieser manuskripte, 14 bände,
womit wir ihn dann in Koblenz, Regensburg
und München ausschliesslich beschäftigt finden.
Bei seinen lebzeiten erschien aber davon nur
«Das bittre Leiden nach den Betrachtungen der
gottseligen Emmerich» (1833), von dessen
ersten sechs auflagen mehr als 15000 gulden
zu frommen zwecken verwendet wurden. Erst
1852 folgte «Das Leben der allerseligsten Jungfrau Maria», wovon er noch 1841 die ersten
druckbogen gelesen hatte. Der rest der manuskripte befindet sich im benediktinerkloster zu
München.
Aber wie der stumme schwan nach der
alten sage vor dem sterben noch zu singen
anhebt, so liess auch der unter tiefen theo-
logischen studien und immerwährenden seelen-
kämpfen verstummte und ergraute romantiker
noch einmal das wunderhorn seiner jugend
ertönen, er stimmte seinen schwanengesang an:
das liederdurchklungene märchen «Gockel,
Hinkel und Gackeleia».

Dr. Grisebach, Literaturgeschichte 16

Schon seit dem jahre 1826 hatten ihn
freunde gebeten, jene märchen drucken zu
lassen, über die er einst in Berlin mit Reimer
unterhandelt hatte. Er antwortete: «Die
märchen sind sehr obenhin gesudelt; ich selbst
aber vermag dergleichen nicht mehr zu über-
arbeiten» und ein jahr später etwas milder,
weil es sich um die zuwendung des ertrages
an ein armenhaus handelte: «Es kommt auf
Jhre liebe an, ob Sie etwan die correktur über-
nehmen wollten? Aber mein gott! es ist ja
mehr dabei zu thun; der stil ist so nachlässig
und einzelne partien sind gewiss unaussprech-
lich schlecht. Ich erinnere mich oft des ekels
bei den letzten vorlesungen. Ist es wohl möglich, dass Sie das manuskript durchlesen und,
ohne alles mindeste vorurtheil, was gar zu
ledern gedehnt ist zusammen ziehen? Vielleicht hülfe der liebe Thomas oder gar frau
Willemer, die so viel sinn und talent hat. Der
titel könnte sein: Märchen, nachlässig erzählt und mühsam hingegeben von Clemens
Brentano». Damals wurde nichts aus der unter-
nehmung und zu der gesammtumarbeitung
kam es überhaupt nie; die nach Brentanos
tode von G. Görres (zum besten der armen)
herausgegebenen märchen bieten eben nur
den vom verfasser wie gezeigt desavouirten
text. Aber zum glück gab er gerade dem
schönsten dieser märchen, dem kinde auch
seiner alleinigen und eigensten erfindung, dem
Gockelmärchen die definitive vollendung, als
er es zu München im jahre 1836 mit der alten

lust und liebe zur poesie umarbeitete. Schreibt
er doch selbst an eine jüngere freundin,
München, den 21. januar 1838: «Ich danke,
dass du meine kinderei [eben das märchen]
wohlwollend aufgenommen, so möge denn
meiner strafe [weil ihn die publication von
seiner eigentlichen lebensaufgabe abzog] durch
den vielen verdruss bei dieser arbeit genüge
gethan sein. Du hast recht, es ist viel tief
gefühltes und erlebtes darin, und selbst der
muthwille ist ein kind des schmerzes». Und
an seinen bruder Georg, den 27. november
1838: «Herzlichsten dank für die mühe, mir
die wohlgemeinte kritik meines märchens
durch eine geistreiche dame abzuschreiben.
Ich habe diese kritik mit grosser bewunderung
gelesen; welche märchen man über ein märchen erdenken kann! Lieb ist mir, dass lauter
tugend und religion herausgefunden ist, und
lustig ist mir, dass ein schweisstropfen, der auf
eine der steinplatten beim lithographiren fiel
und einen weissen fleck bildete, als ein stern
über dem bilde der treue erscheint, welche
figur nichts anderes ist, als eine altmodische
kindermagd, von der ich einmal sprechen
hörte. Der lebküchler, welcher auf allerlei
religionskriege deuten soll, ist nichts als ein
hier durchreisender bildhauer, der alle leute
par force in suppenteller mit wachs *en bas
relief* porträtiren wollte u. s. w., ist alles ganz
lustig vertroffen. Das ganze jedoch mit weit
grösserm scharfsinn ausgewickelt, als das
kindische märchen verwickelt».

16*

Der verdruss, von dem in dem ersten briefe
die rede ist, bezieht sich auf die funfzehn bilder,
mit denen die erste ausgabe geziert ist und
deren ideen von dem dichter selbst herrühren,
seine «mühseligen erfindungen» sind, wie er sie
in einem andern briefe nennt. Die steinzeich-
nerin der vier ersten bilder, Maximiliane
Pernelle, starb nämlich, ehe sie die weiteren
vollenden konnte an der cholera, und es
kostete grosse mühe einen ersatz zu finden.
Moritz von Schwind, «den ausgezeichnetsten
künstler hier ausser Cornelius und Schnorr,»
lernte Brentano leider zu spät für das Gockelmärchen kennen.

Am 15. januar 1837 schreibt er an einen
freund: «das manuskript liegt seit einem
monat beendet». Das buch erschien dann mit
der jahreszahl 1838 «Frankfurt bei Schmerber»
[XIV (zueignung) und 346 seiten in hoch
oktav].

Das «grossmütterchen,» dem die widmung
gilt, ist die schon erwähnte frau geheimrath v.
Willemer in Frankfurt, die freundin Goethes.

Dass auch erinnerungen an seine frühver-
storbene mutter in das werk hineingeheimnisst
worden, geht aus einem briefe an seine nichte
Mathilde von Guaita, München 1836, hervor:
«Ich will dir schreiben was mir von dem
mutterglück meiner mutter mit mir übrig blieb.
Als ich früh, einfach katholischer sitte ent-
wöhnt, ohne segen, durch allerlei erziehungs-
methoden der scheinwisserei und schönfühle-
rei überliefert, endlich durch das Babylon des

geschmacks ohne glauben hinirrte und in Norddeutschland ausser der kirche, ohne steuer und mast, wie Robinson auf einer sandbank gestrandet war, lag ich nachts in grossem seelenleiden auf meinem lager und dachte die ganze wüste schifffahrt nach der entdeckung der neuen welt zurück, ob denn gar kein punkt sich finde, woher ich rettung erschreien könne. Da gedachte ich, dass ich als kleiner knabe manchmal von einer gewissen frische erweckt, nachts meine mutter, die im winter aus der gesellschaft gekommen war, über mich gebeugt sitzen sah, die das ave maria und das gebet an meinen schutzengel über mich betete und mir das kreuz auf die stirne machte. — Da knüpfte ich an und suchte die kindergebete wieder zusammen, es war der einzige faden, an dem ich mich gerettet, alles andere hat nichts geholfen. Wo hatte meine gute mutter das her? Wahrscheinlich von einer altväterlichen hatholischen kindermagd, wie das Vreneli im gockel. Gott lohn es ihr. P. S. Du hast ganz recht, wenn du streitest: es sei nichts persönliches noch politisches in meinem märchen; wenn man strümpfe gestrickt hat, können zwar einzelne, aber nicht jedermanns beine hinein».

Mit der «fügung», wovon in der zueignung die rede und die ihn mahnte allen lohn, «den mir gockel je zu tage scharren wird, nach Gelnhausen zu wenden», ist der merkwürdige zufall gemeint, dass während der ausarbeitung des Gockel ein geistlicher in des autors zimmer trat, um für die erbauung einer katholischen kirche in Gelnhausen zu sammeln. Für diesen zweck wurde denn auch der ertrag bestimmt.

Eine besondere erklärung verlangt auch eine stelle in der rede Gackeleias, kurz nach dem liede

> Kein Thierlein ist auf Erden
> Für dich, o Herr, zu klein.

Die worte nemlich «jetzt kam auch ein wehen und regte die wipfel des hains auf» bis «prächtig herauf» — sind einem lieblingsgedichte des jungen Brentano entnommen, den distichen «Die Nacht» von dem durch frühen wahnsinn der literatur entrissenen Hölderlin:

> Rings nun ruhet die Stadt. Still wird die erleuchtete Gasse
> Und mit Fackeln geschmückt rauschen die Wagen hinweg.
> Satt gehn heim, von Freuden des Tages zu ruhen, die Menschen,
> Und den Gewinn und Verlust wäget ein sinniges Haupt
> Wohlzufrieden zu Haus. Leer steht von Trauben und Blumen
> Und von Werken der Hand ruht der geschäftige Markt.
> Aber das Saitenspiel tönt fern aus Gärten; vielleicht, daß
> Dort ein Liebender spielt, oder ein einsamer Mann

Ferner Freunde gedenkt und der Jugendzeit. Und
die Brunnen
Immer erquillend und frisch rauschen im duftenden
Beet.
Still in dämmriger Luft ertönen geläutete Glocken
Und der Stunden gedenk rufet ein Wächter die
Zahl.
Jetzt auch kommet ein Wehn und regt die Gipfel
des Hains auf,
Sieh! und das Ebenbild unserer Erde, der Mond,
Kommet geheim nun auch, die schwärmerische, die
Nacht kommt,
Voll mit Sternen und wohl wenig bekümmert um
uns
Glänzt die Erstaunende dort, die Fremdlingin unter
den Menschen,
Ueber Gebirganhöhn traurig und prächtig herauf.

«Ich wünsche», schreibt er 1816 an Luise
Hensel, «dass sie die wunderbare gewalt dieses
einfachen gedichtes so fühlen könne wie ich,
der es viel hundertmal seit zwölf jahren gelesen und in mancherlei zuständen frieden und
erhebung darin gefunden, ja, es nie ohne tiefe
bewegung und ohne neue bewunderung empfunden hat. Es ist dieses eine von den
wenigen dichtungen, an welchen mir das wesen
eines kunstwerks durchaus klar geworden.
Es ist so einfach, dass es alles sagt: das ganze
leben, der mensch, seine sehnsucht nach seiner
verlorenen vollkommenheit und die bewusst-
lose herrlichkeit der natur ist darin. Ist das
alles? Wo ist denn die erbarmung und er-

lösung? fragt sie vielleicht und ich sage: sie
lese es als ein ebenbild aller geschichte und
sie wird auch erbarmung und erlösung darin
finden».

Die im tagebuche der ahnfrau zweimal
wiederkehrenden ihm «ungemein lieben, süssen
reime»

O Stunde, da der Schiffende bang lauert
Und sich zur Heimath sehnet an dem Tage,
Da er von süßen Freunden ist geschieden,
Da in deß Pilgers Herz die Liebe trauert
Auf erster Fahrt, wenn ferner Glocken Klage
Den Tag beweinet, der da stirbt in Frieden —

diese verse eröffnen den achten gesang von
Dantes Purgatorio, wo sie also lauten:

Era già l'ora, che volge 'l disio
    A' naviganti, e 'ntenerisce 'l cuore
Lo dì, ch' han detto a' dolci amici A Dio;
E che le nuovo peregrin d'amore
    Punge, se ode squilla di lontano,
Che paja 'l giorno pianger, che si muore —

Lord Byron übersetzte die stelle im Don
Juan am schluss des dritten gesanges:

Soft hour! which wakes the wish and melts the heart
    Of those who sail the seas, on the first day
When they from their sweet friends are torn apart;
    Or fills with love the pilgrim on his way,
As the far bell of vesper makes him start,
    Seeming to weep the dying day's decay.

Das gebet, welches die edle gouvernante,
am schluss des märchens, mit den kindern singt,
ist wie schon bemerkt das bekannte von Luise
M. Hensel.*)

Schön und tiefsinnig ist die grundidee
dieser dichtung. Der ring Salomonis hatte
seinen eignern alle herrlichkeiten der welt
herbeigezaubert, sie sassen an der hochzeittafel
des daseins. Was bleibt nun zu wünschen
übrig? Prinzessin Gackeleia wünscht: Mache
uns zu kindern alle! Und sie werden alle
fromme, fröhliche kinder, denen die ganze geschichte als ein märchen erzählt wird. Ja,
nur in den träumen der kindheit ist das glück
und die liebe ewig und wechsellos. Aber der
zauberpalast des grafen von Hennegau ver-
schwindet über nacht, wie er über nacht em-
porgewachsen!

Das reichste füllhorn der erfindung ist
über das detail der dichtung ausgeschüttet.

---

*) Geboren am 30. märz 1798 zu Linum in der
Mark Brandenburg, wo ihr vater prediger war. Nach
dem tode desselben (1809) siedelte die familie nach
Berlin über. Im jahre 1817 wurde Luise erzieherin
im hause des preussischen gesandten am spanischen
hofe, Freiherrn v. Werther. 1818 trat sie zur katholischen kirche über. Später lebte sie in verschiedenen
städten der Rheinprovinz und Westfalens, überall als
erzieherin oder gesellschafterin wirkend. Seit dem
vorigen jahre in Paderborn infolge eines beinbruchs bett-
lägerig, starb sie, wie Brentano, an der wassersucht,
am 18. december 1876 um 10 uhr morgens.

Welch ein humor, dass es alte juden sind, die das ehrwürdige geschlecht des deutschen reichsgrafen an den bettelstab bringen! Wir werden oft an den unsterblichen Cervantes erinnert und Clemens Brentano hat sehr unrecht, wenn er am schlusse der zueignung in die rührende klage ausbricht: die kinder dieser zeit hätten ihm den rücken gewandt wie die phantasie.

Er steht in seinem letzten werk noch ganz auf seiner höhe. In allen seinen schöpfungen, selbst im kleinsten gelegenheitsgedicht, hat er immerdar ächte, wirkliche empfindung ausgesprochen, sie sind alle offenbarungen seines innern lebens, alle inspirirt von dem mitteilungsdrange eines tief poetischen gemütes. Es schwebte ihm immer etwas ganz reales vor, konkrete poetische ideen und gestalten, der wirklichkeit entnommen; nirgend finden wir blosse poetische floskel und phrase, nirgend jenen falschen idealismus, der mit seinen grössten allgemeinheiten des wahren, schönen und guten in Wolkenkukuksheim nur eine tönende wortpoesie zeugt. — Was Brentano fehlt, ist, nach George Sands ausspruch, *un défaut de ses vertus.* Sein innerer reichthum war so gross, dass er in dessen gestaltung nicht immer den forderungen der strengen kunstform nachkam. Er lässt die arabesken seiner phantasie oft die einheit des kunstwerks überwuchern. Seine improvisationen mochte er später nicht mühsam bearbeiten oder zu ende führen. Daher so viel unvollendete werke. Indessen *si quis totâ die currens pervenit ad vesperam satis est:* dieser spruch, den der philosoph von Frankfurt aus seinem Petrarca auf sich anwandte, mag auch auf diesen, nächst Goethe, grössten dichter Frankfurts mit recht angewandt werden.

Die worte des ernteliedes am schluss des tagebuchs der ahnfrau:

> Es ist ein Schnitter, der heißt Tod,
> Er mäht das Korn, wenns Gott gebot;
> Schon wetzt er die Sense —

gingen für den dichter bald in erfüllung. Schon in München längere zeit an der wassersucht leidend reiste er endlich zu besserer pflege nach Aschaffenburg, in das haus seines bruders Christian. Anfangs war er hier wohler und heiterer und freute sich auf ein künftiges dauerndes zusammenleben. Aber bald verschlimmerte sich sein zustand. Das wasser stieg und stiess gewaltsam ans herz. Und nachdem er die heiligen sterbesakramente, in gegenwart des malers Steinle und des Abts vom Trappistenkloster auf dem Olivenberg im Elsass, mit grosser ruhe, andacht und klarheit empfangen, verschied er am 28. juli 1842 halb neun uhr morgens.

Den schönsten nachruf widmete ihm der edle, mit dem feinsten verständniss für alle ächte poesie begabte Wolfgang Menzel in seinem literaturblatt vom 22. und 25. september 1852, als Christian Brentano die werke seines bruders in einer (übrigens nicht voll-

ständigen und durch äusserst fade widmungs-
gedichte des editors verunstalteten) gesammtausgabe erscheinen liess. Wolfgang Menzel,
dessen tod wir jetzt auch zu beklagen haben,
schrieb:

«Der selige Clemens Brentano war eine
der reichbegabtesten und liebenswürdigsten,
wie liebreichsten seelen in Deutschland; aber
sein leben fiel in eine zeit, in welcher nichts
so wenig anerkannt und überhaupt begriffen
worden ist als eine innige, kindliche, naive und
überall sich in ihrer unbewussten schönheit
gehen lassende natur, in welcher endlich auch
die frömmigkeit nur für heuchelei oder
poetische caprice und phantasterei gilt.

Wenige die das reich der neuen deutschen
poesie durchwanderten, geriethen in die einsamkeit jener abgelegenen gebirgsregion, in
welche zartere geister sich vom marktlärmen
unten zurückziehen, und verweilten beim anblick der seltenen blumen, die hier aufgegangen waren. Als nun vollends über jenem
wunderbaren waldgärtlein das kreuz sich er-
hob, da liefen die wanderer lieber gleich
naserümpfend weiter, und gaben die arme
seele verloren, die so weit abgeirrt von den
gemeinen und sichern pfaden des welt- und
poesieverkehrs».

Ausser der erwähnten marmorbüste von
Friedrich Tieck kenne ich eine Brentano als
dichter des Gockel darstellende radirung von
Ludwig Grimm. Er ist hier in ganzer gestalt
abgebildet, hält die feder in der hand und ist

von den emblemen des gockelmärchens um-
geben.

Auf dem titelbild der gesammtausgabe
blickt uns Clemens Brentano als ernster, tief-
denkender mann an. Es ist ein brustbild und
darunter stehen in feiner zierlicher handschrift
die schlussverse des gockelmärchens:

O Stern und Blume, Geist und Kleid,
Lieb, Leid und Zeit und Ewigkeit!

HEINRICH HEINE.

u Düsseldorf am 13. december 1799 wurde Harry Heine von jüdischen eltern geboren und empfing in der christlichen taufe zu Heiligenstadt bei Göttingen am 28. juni 1825 den namen Heinrich. Seine studien begann er in Bonn unter A. W. Schlegel, setzte sie in Berlin unter Hegel fort und erwarb in Göttingen fünf tage nach seiner taufe den grad eines doctors der rechte. Dass er unter einem der häupter der Romantischen Schule anfing blieb für seine dichterische laufbahn bedeutsam; dass er sich ernstlich mit der rechtswissenschaft beschäftigte deutete seine tätigkeit als publicist an; Hegels einfluss aber stand dominirend über beiden seiten der Heine'schen persönlichkeit.

Im jahre 1823 gab er schon (in den briefen an L. Robert u. a. p. 133) gleichsam das programm seiner künftigen poesie mit folgendem worte aus: «Etwas das ein individuell-geschehenes und zugleich ein allgemeines, ein

weltgeschichtliches ist und das sich klar in mir
abspiegelt, einfach, absichtslos und episch-
parteilos zurückgeben im gedichte». Aber erst
auf der höhe seines schaffens wurde er diesem
programm gerecht, ja, am allervollendetsten
finde ich diese symbolische poesie ausgeprägt
in dem erst aus seinem nachlass veröffentlichten «Bimini».

> Einsam auf dem strand von Cuba,
> Vor dem stillen wasserspiegel,
> Steht ein mensch, und er betrachtet
> In der flut sein konterfei.

> Eben nicht mit sonderlichem
> Wohlgefallen scheint der greis
> In dem wasser zu betrachten
> Sein bekümmert spiegelbildniss.

Dieser mann ist einer der spanischen con-
quistadores, welcher ein schiff ausrüstet um die
insel aufzusuchen, wo nach der cubanischen
sage der quell der ewigen jugend fliesst. Er
umgiebt sich mit einer schaar von freunden
und weibern, alle alt wie er, und sie ziehen
sich jugendliche kleider an, um, am ziele der
reise angekommen, sogleich das passende
costüm anzuhaben. Und so kreuzt er jahre lang
auf dem meere umher und

> Während er die jugend suchet
> Wird er täglich alt und älter —

bis der tod ihn belehrt, dass die wahre quelle
der verjüngung das wasser des Lethe ist.

Hier hat der dichter, selber «unjung und nicht mehr ganz gesund», uns eine allgemein gültige idee in konkreteste form gekleidet, hier ist das abstraktum zum s y m b o l verkörpert, und das höchste geleistet was die poesie überhaupt leisten kann. Bimini ist durch keine, dem stoffe fremde zutaten in seiner reinen wirkung beeinträchtigt. Das gedicht hat die strengste künstlerische einheit und zugleich das allerreichste detail der schilderung.

In den selben kreis gehört das kleine Kortez-epos im «Romanzero»: die dichtung Vitzliputzli mit dem Praeludium, reich an gradezu einzigen schönheiten. Wiewol aber Kortez im eingange zum eigentlichen helden des liedes erklärt wird, ist die i d e e dieses meisterwerks der symbolischen poesie: der kampf der götter und das verdrängen der einen religion durch die andre:

> Doch ich sterbe nicht; wir götter
> Werden alt wie papageyen,
> Und wir mausern nur und wechseln
> Auch wie diese das gefieder.

Deshalb ist das gedicht auch Vitzliputzli und nicht Kortez betitelt. Kortez ist nur der fahnenträger der heiligen Jungfrau wider den gott von Mexico. Indessen sind auch sozusagen die personalien dieses heiligen conquistador mit vorliebe geschildert, so jene scene, wo die gefangenen spanier in der stadt Mexiko hingerichtet werden und der feldherr mit wenigen der seinen auf der landzunge

drüben, unter den trauerweiden, zusieht, und
wie Kortez, als der sohn der schönen abbatissin,
seiner ersten jugendliebe, zum tode geschleppt
wird, sich die trähnen aus den augen wischt

> Mit dem harten büffelhandschuh

— das, das ist poesie!
In einer strophe des Vitzliputzli feierte der
dichter als seinen bessten heros den Moses,
der uns mehr als Columbus, dieser schenker
einer welt,

> Der uns einen gott gegeben.

Die jüdische abstammung Heines und die
von seiner streng-orthodoxen mutter geleitete
erziehung machten in seinen späteren mannes-
jahren ihr recht wieder geltend, und es ist gewiss einer der edelsten und menschlich ergreifendsten gemütszüge des dichters, dass er
im Romanzero zu dem verlassenen glauben
seiner kindheit zurückkehrt. Und wenn es
auch nur eine vergebliche sehnsucht war, wie
man einer durch eigene schuld verlorenen geliebten gedenkt, so gab ihm dies sehnsüchtige
erinnern doch mit seine sublimsten schöpfungen
ein. Das III. buch des Romanzero eröffnen
die Hebräischen Melodien mit der «Prinzessin
Sabbath» in welcher das heil und der fluch
des judentums unübertrefflich symbolisirt
wird.
Während dies gedicht von grosser künst-

lerischer geschlossenheit ist, ist Jehuda ben
Halevy fast nur aus episoden zusammenge-
setzt, freilich kostbare perlen der poesie ein-
schliessend. Unvergesslich rührende töne ent-
lockt ihm hier seine jugendreligion:

> Lechzend klebe mir die zunge
> An dem gaumen und es welke
> Meine rechte hand, vergäss ich
> Jemals dein, Jerusalem.

Auch jene tiefsinnige, ganz der symbolischen poesie angehörende dichtung von der
wilden jagd im «Atta Troll» umwebt mit den
süssesten tönen der poesie die gestalt der
Herodias und klingt tiefergreifend in der klage
um das verlorene Jeruscholaym aus.

An Herodias gemahnt den dichter auch
der tanz der «Königin Pomare», in jenem
brillanten gedicht, wo er die tragik der modernen Hetäre, das thema der langatmigen
romanoktavbände der franzosen, in wenigen,
unvergänglichen strichen zeichnet; wie er andrerseits die tragik der reinen, aber unglücklichen liebe in jenen vier strophen vom dem
ebenfalls semitischen sklaven aus dem stamm
der Asra und der schönen sultanstochter durch
ein bild voll unbeschreiblichen poetischen
zaubers darzustellen wusste.

Eine tiefe symbolik liegt auch den gedichten des Romanzero zu grunde, welche die
geschichte oder die mythologie humoristisch auf-
fassen, wie «Rhampsinit», «Marie Antoinette»,
der «Apollogott» oder auch jenes poem von

dem könig von Mahavasant und seinem weissen
elefanten. Weit entfernt, dass diese dichtungen
den vorwurf der frivolität verdienten, merkte
schon Schopenhauer den ernst hinter all
diesen scherzen und possen. Heine hat sich
hier vom witz seiner jugendgedichte zum
humor des mannes erhoben, zum humor, der,
wie er selbst sagt, die lächelnde trähne im
wappen hat.

Mit «Bimini» und den sich daran schliessen-
den gedichten hat Heinrich Heine die bahn
weiter verfolgt, die Goethe mit der «Braut von
Korinth», dem «Mahadöh» und namentlich
mit seinem gedicht «Legende»

> Wasser holen ging die reine
> Edle frau des hohen Bramen

eröffnet hat. Denn dies gedicht entfaltet auch
in anschaulich konkreter gestalt eine tiefste
idee, es ist symbolisch. Die poetische symbolik ist aber himmelweit verschieden von der
immer abstrakt bleibenden allegorie, von welch
letzterer Goethes gedicht «Geheimnisse» ein
abschreckendes beispiel ist. Theoretisch verstand Goethe die sache aber sehr gut und
bezeichnete sehr richtig (1811, zu Riemer)
den Chevalier de Grieux und seine Manon
Lescaut als «sinnliche abstrakta der
kunst».

Noch weit unmittelbarer als an Goethe
schliesst sich Heine jedoch an Brentano an,
dessen rosenkranzlegende die symbolik zuerst

17*

zum alleingültigen poetischen princip zu er-
heben unternahm. Und nicht nur das symbolische princip eignete sich Heine von dem
romantiker an, auch die form seiner oben
erwähnten dichtungen ist ganz direkt von
Brentano adoptirt.

Wie der held in Bimini steht Cosme in der
1. romanze vom rosenkranz, am strand des
meeres:

> Aus dem wasserspiegel mahnt
> Ihn des alters ernster bote:
> Du wirst bald die schuld bezahlen!
> Spricht des hauptes silberlocke.

Wie sehr erinnert an verschiedene verse
Heines folgender seufzer Brentanos:

> Ach, es spiegeln sich die sterne
> In dem blanken, bösen dolche.
> Ach! wie schrecklich sind die sterne,
> Denkt im herzen Jacopone,
>
> Unbekümmert um mein elend
> Spielen sie mit meinem dolche.

Und jene glänzende episode in der III.
abteilung des Jehuda ben Halevy von dem
kästchen, in welches Alexander «die gedichte
des ambrosischen Homeros» gelegt und des
kästchens fernere wanderung: in der IX.
rosenkranzromanze hat diese stelle ihr ganz
unzweifelhaftes vorbild: Apone erhält hier das
mysterienbuch von Moles, welcher dabei erzählt:

Mir gabs meine selge mutter,
Die drum einen mönch ermordet,
Der es in dem sarg gefunden
Eines zauberischen mohren;

Der von einem alten Juden
Es getauscht um heilge brode
Wahren leibs und wahren blutes,
Die er vom altar gestohlen!

Und der Jude, einen Hunnen
Hat er um das buch betrogen,
Der von einem arzt beim sturme
Von Cracovia es erobert.

Und der arzt kam zu dem buche
Durch die erbschaft eines Kopten,
Dessen stamm durch manch jahrhundert
Es erhielt, Gott weiss wie? woher?

Doch dass über Adams schulter
Einstens an dem dritten morgen,
Es ein engel abschrieb munter —
Stehet auf dem letzten bogen

Freier Wille ist des buches
Süsser titel in zwei worten.

Heine war der glücklichere dichter, er
konnte wenn auch noch nicht vollenden doch
weiter führen was Brentano als glänzenden
torso zurückgelassen hatte.

Ich glaube, dass die poesie der zukunft
überhaupt symbolisch sein wird. Sie wird
nicht idealistisch sein, denn das erträumt
seinsollende, nie und nirgends sich begebende,
das thema von Schillers pessimistischen klagen

in den «Idealen» und «Ideal und Leben» —
alles das verfliegt wie schatten vor der sonne,
wenn eine kräftige nation sich auf sich selbst
besinnt und ihre uralte politische macht wieder-
findet. Die poesie der zukunft wird nicht
realistisch sein, im sinne eines blossen
photographier-apparats für das sich immer
und alltäglich begebende. Die poesie sucht in
der wirklichkeit die sie beherrschenden
ideen, sie weist die bedeutsamkeit alles geschehens auf, in konkreten symbolen erschliesst
sie die tiefen des daseins. Als H. Heine eines
abends in Berlin bei Hegel war, sagte ihm
dieser: Die sterne sind es nicht, sondern was
der mensch hineinlegt, das eben ist es *). — Das
letzte ziel der kunst ist hiebei immer ethisch,
aber sie nimmt als ihr unveräusserliches recht
in anspruch, alle vorgänge und geschehnisse,
die ganze breite des lebens, das sittliche und
das unsittliche mit gleicher unparteilichkeit zu
schildern; niemals aber darf die dichtung sich
herablassen, einer falschen schönseligen, schön-
färbenden, ruchlosoptimistischen aesthetik zu
liebe ein unvollständiges und verfälschtes
weltbild zu liefern. Das s. g. schöne ist
nicht inhalt der kunst, sondern ihre form.
Ebensowenig das gute. «Das übel macht
eine geschichte und das gute keine» sagte
Goethe zu Riemer. Aber das höchste ziel der

---

*) «In diesem augenblicke fühlte ich dass in diesem
mann der puls des jahrhunderts zitterte». Heine in
einem briefe von 1846 an F. Lasalle.

kunst muss mit der idee des guten überein-
stimmen. Das wort Arthur Schopenhauers:
«dass die welt bloss eine physische, keine moralische bedeutung habe, ist der grösste, der ver-
derblichste, der fundamentale irrtum, die eigentliche perversität der gesinnung» — dies
wort, in dem er sich mit dem verfasser der
«Theologia deutsch», dem namenlosen sachsen-
häuser priester des 14. jahrhunderts begegnet —
dies wort ist und bleibt der leitstern der poesie.

In Deutschland aber scheint der unter-
scheidungssinn abhanden gekommen zu sein
zwischen der ethischen tendenz des ganzen
und dem auf dem wege zu diesem ziel neben
lieblichem wiesengrün auch notwendig zu
passirenden schmutz der welt. Sie sehen nur
auf den schmutz und finden ihn schmutzig.
Sie sehen nur die schuld und ignoriren die
busse. Darum wird ein tiefsittlicher schriftsteller wie Honoré de Balzac in Deutschland
verunglimpft; er, der selbst eine sittenstudie
wie «La Fille aux yeux d'or» schreiben konnte,
weil er sich bewusst war die wahrheit zu sagen,
wenn er im vorwort zu jenem werk schrieb:
«Dans la jeunesse on lit cet ouvrage (la Nouvelle
Héloïse) avec le dessein d'y trouver la chaude
peinture du plus physique de nos sentiments,
tandisque les écrivains sérieux et philosophes n'en
emploient jamais les images que comme la con-
séquence ou la nécessité d'une vaste
pensée.» (Meudon, 6. avril 1835).

In Deutschland aber wagt eines der nam-
haftesten literarischen blätter sogar Goethe,

40 jahr nach seinem tode, ins grab die infame
anschuldigung nachzurufen, dass er auf der
höhe seines schaffens ein gedicht geschrieben
habe, welches als «obscön» von seinen werken
auszuschliessen sei. Es ist das gedicht «Das
Tagebuch» von dessen existenz wir zuerst
durch Eckermann erfahren haben, der in seinem
Goethe-Journal «Mittwoch den 25. februar
1824» schreibt: «Goethe zeigte mir heute zwei
höchst merkwürdige gedichte, beyde in hohem
grade sittlich in ihrer tendenz, in einzelnen
motiven jedoch so ohne allen rückhalt natürlich und wahr, dass die welt dergleichen un-
sittlich zu nennen pflegt, weshalb er sie denn
auch geheim hielt und an eine öffentliche mit-
teilung nicht dachte. Könnten geist und
höhere bildung, sagte er, ein gemeingut werden,
so hätte der dichter ein gutes spiel; er könnte
immer durchaus wahr sein und brauchte sich
nicht zu scheuen, das beste zu sagen. — Gegenwärtig aber, fügte Goethe hinzu, könnten
die Engländer nicht einmal die sprache
Shakespeares mehr ertragen und sey ein Fa-
mily-Shakespeare bedürfnis geworden.»

Das eine nun der von Goethe an Eckermann
gezeigten gedichte ist in antikem versmaas gedichtet, wobei Goethe die anmerkung machte,
dass seine römischen elegieen in der form von
Byrons Don Juan sich «ganz verrucht» aus-
nehmen müssten; so viel komme auf die form
eines gedichtes an. Das andre Goethe'sche
gedicht aber behandelt «ein abenteuer von
heute, in der sprache von heute und führt den

titel: Das Tagebuch.» Ueber dies nämliche
gedicht haben wir dann im jahre 1841 in
Riemer's Mitteilungen über Goethe weitere
aufschlüsse erhalten. Nachdem Riemer berichtet dass Nr. II und III im ursprünglichen
manuscript der «Römischen Elegieen» später
«als verfänglichen inhalts» ausgelassen worden
seien, fährt er fort: «Eine s. g. erotische elegie,
wahrscheinlich angeregt durch die *novelle
galanti* des Abbate Casti, die er bereits in Rom
von ihm selber hatte vorlesen hören und nun
gedruckt wiederzusehen bekam, aber von der
Casti'schen art himmelweit verschieden, vielmehr rein moralischer tendenz, dictirte er mir
in Carlsbad 1810. Es ist «Das Tagebuch»
betitelt». Dies somit durch Eckermann und
Riemer als vorhanden bezeugte und von Goethe
offenbar für bedeutend gehaltene gedicht, ist
nach S. Hirzels Verzeichnis einer Goethe-bibliothek zuerst im jahre 1861 (20 seiten 8⁰) gedruckt
worden, 1869 erschien zu Berlin eine vierte
auflage (Buchhandlung von Th. Lemke, o. j.,
11 seiten 16⁰) und endlich ist es in die von
Heinrich Kurz besorgte ausgabe von Goethes
werken aufgenommen und dadurch allgemein
zugänglich geworden. Man kann in der tat
Goethes eigenem, sowie seiner beiden an-
hänger urteil über dies meisterhafte gedicht
nur rückhaltlos beistimmen. Im ersten teil
des werkes hat Goethe freilich seines Hans-
wursts hochzeit, die bekannten walpurgis-
nachtverse, die paralipomena zu Faust, die
briefe aus der Schweiz, der müllerin verrat

und sämmtliche römische elegien in der *wahrheit der motive* dermaassen in den schatten gestellt, dass weder Aretino noch sein zügelloser illustrateur, Rafaels schüler Giulio Romano, jemals weiter, ja kaum je so weit gegangen sind als Goethe in zwei schlusszeilen einer ottave, deren erste Kurz nur mit punkten wiedergiebt, welche aber sehr durchsichtig ist und in der berliner ausgabe lautet:

Vor deinem jammerbild sogar, o Christe.

Allein der zweite teil des «Tagebuches» benutzt grade jene motive des ersten zu einem entschieden ethischen schlusse, der um so bedeutender wirkt, je unwahrscheinlicher die im ersten teil geschilderte situation den sittlichen ausgang gemacht hatte. Das ethos der deutschen kunst feiert hier einen glänzenden triumph über das italienische vorbild des gedichts, eben die Ottaverimenovellen des Giambattista Casti. Ton und versifikation des Goethe'schen gedichts, ebenso wie von Byrons Don Juan, ist durchaus von dem italiener entlehnt, aber geist und tiefe haben dieser form nur Goethe und Byron eingehaucht, zum ethos hat sich nur Goethe erhoben; während wir von Lord Byron anzunehmen haben, dass er sein letztes grosses werk sicherlich ebenfalls durch einen ethischen schluss gekrönt haben würde, wenn er nicht mitten in der dichtung vom tode ereilt worden wäre. Der italiener Casti hat eigentlich nichts weiter getan als den Boccaccio in verse gebracht; wo aber Boccaccio ehrlich, naiv und natürlich ist, da wird Casti frivol, raffinirt, witzelnd und gemein; so dass wir hier in der italienischen literatur den selben fall haben wie in der französischen mit Grécourt und auch schon mit La Fontaine in ihrem verhältnis zu jenen alten schönen Fabliaux und Nouvelles in prosa.

Wenn wir den berühmten römischen elegieen und mehreren der venetianischen epigramme nicht die selbe sittliche tendenz zuschreiben können wie dem «Tagebuche», und auch Goethes berufung auf die antike form nicht als entschuldigung gelten lassen wollen, so genügt doch ein auf Goethes dichtung in ihrer gesammtheit geworfener blick, um ein t i e f - e t h i s c h e s, worin die schöpfungen des grossen mannes doch schliesslich verliefen, als das versöhnende gesammtresultat seines wirkens anzuerkennen. Mit jenen versen, die er am abend seines lebens zu Dornburg im september 1828 aufzeichnete und «Weimar den 14. august 1830» erneuerte:

> Und wenn mich am tag die ferne
> Blauer berge sehnlich zieht,
> Nachts das übermaass der sterne
> Prächtig mir zu häupten glüht:
>
> Alle tag und alle nächte
> Rühm ich so des menschen loos;
> Denkt er ewig sich ins rechte
> Ist er ewig schön und gross —

mit diesem gedicht zog er eine summe seiner lebensanschauung. Er hatte sich eben immer wieder ins rechte gedacht, nach noch so wilden stürmen, römischen und deutschen. — Und er, der die tiefe des christentums (eben weil er ein so viel grösserer dichter war) stets besser begriffen hat als Schiller, aber doch auch in seinen werken sich keineswegs immer als christlichen dichter gezeigt hatte, am schlusse kehrte er in den schooss der kirche zurück und sein «im Sommer 1831» vollendeter zweiter teil des Faust endet mit der schönsten verherrlichung der wolverstandenen christlichen symbole. Faust wird gerettet:

> Gerettet ist das edle glied
> Der geisterwelt vom bösen:
> Wer immer strebend sich bemüht
> Den können wir erlösen;
> Und hat an ihm die liebe gar
> Von oben teil genommen,
> Begegnet ihm die selige schaar
> Mit herzlichem willkommen.

Es ist aber wol zu bemerken, dass diese rettung nicht durch busse und entsagung bewirkt wird, sondern durch strebendes bemühn und zwar in und für den staat. Nicht die orientalische askese hat uns unser grösster dichter als vermächtnis hinterlassen, sondern die occidentalische tat.

> Ja, diesem sinne bin ich ganz ergeben,
> Das ist der weisheit letzter schluss:
> Nur der erwirbt sich freiheit und das leben
> Der täglich sie erobern muss.

Und so durfte er getrost von sich sagen:

Es kann die spur von meinen erdetagen
Nicht in aeonen untergehn.

Und wie die details des «Tagebuchs» durch
den schluss des gedichts ihre erklärende versöhnung und ethische umkehrung finden, wodurch ihnen alles unmoralische benommen
wird, das sie selbständig für sich gedacht
zweifellos haben würden: so erscheinen die in
«verruchtem» glanze glühenden lichter der
römischen elegien und ihrer verwandten durch
die ethische centralsonne des Goethe'schen
genius zwar nicht ausgelöscht, aber an der
ihnen zugewiesenen bescheidenen stelle bren-
nend, und in jene höhere verklärung mit aufgenommen, welche vom schlusse des Faust
ausstrahlt.

Noch weit mehr wie Goethen ist nun aber
H. Heine der vorwurf der unsittlichkeit gemacht worden, und namentlich seinem grössten
werk, dem «Romanzero». Wie jenen oben
signalisirten symbolischen gedichten indess
der vorwurf der unsittlichkeit im ernst gemacht
werden kann, ist mir nur daraus erklärlich,
dass man jene schöpfungen einfach nicht kennt
oder nicht verstanden hat. Hier, in seinen
reifsten und vollendetsten schöpfungen ist
Heine ganz sicherlich mit der ethik der poesie
in übereinstimmung und zeigt sich als ein ab-
kömmling des volkes, das er selbst als das
volk der sittlichkeit mitten im wüsten Venus-
dienst der nachbarnationen definirt.

Anders verhält es sich allerdings mit denjenigen Heine'schen gedichten, welche in die
bisher allein in betracht gezogene episch-
lyrische, symbolische kategorie nicht gehören,
seinen rein lyrischen, gleichsam persönlichen
gedichten.

Was freilich das schon 1827 im wesentlichen abgeschlossene «Buch der Lieder» anlangt, worin der 27jährige die ergüsse einer
sehr inhaltsarmen liebe zu seiner später an
einen herrn Friedländer verheirateten cousine
Amalie (tochter seines reichen onkels Salomon
Heine in Hamburg), niedergelegt hat, so
kann diese, vom verfasser selbst als «tugend-
hafte ausgabe seiner gedichte» bezeichneten
jugendwerke der vorwurf der immoralität sicherlich nicht treffen.   In diesen liedern ist beständig von unsäglichem elend, von todt-
schiessen und aus dem munde quellenden
blutströmen (das heisst im traume) die rede;
es ist eine in verse aufgelöste sentimentale
Wertheriade, die nur dadurch pikant wird,
dass Heine Lessings recept befolgte, nämlich
jene bekannte aufforderung an den dichter des
Werther: Also noch ein schlusskapitelchen,
lieber Goethe, und je cynischer je besser.
Diese schlusskapitel hat der witzige, sich selbst
ironisirende Heine nun sehr vielen seiner hoch-
platonischen liebeslieder angehängt und eine
kurzsichtige kritik hat hierin das charakte-
ristische der Heine'schen poesie überhaupt gefunden.   Die pointe, welche wie ein eimer
kaltes wasser über die schönen phrasen des

gedichtanfangs ausgegossen wird, findet sich
eben nur im buch der lieder, wo Heine selber
jener könig Wismawitra ist, der so viel leidet
und büsset und alles für eine kuh. Der eigentlich poetische gehalt dieses liederbuches ist
dagegen meines erachtens sehr gering und nur
durch die grossen deutschen liederkomponisten
dürfte davon auf die nachwelt kommen.

Ganz in übereinstimmung mit diesem
meinen urteil fällt der von Heine hochbewun-
derte Grabbe — beide hatten in Berlin zusammen studirt — in einem ungedruckten, in
meinem besitz befindlichen briefe an den buchhändler Schreiner, der ihm vier bücher und
journale geliehen, folgende sentenz über den
dichter des buchs der lieder:

Heine ist ein magrer, kleiner, häßlicher Jude,
der nie Weiber genossen hat, sich deßhalb alles ein-
bildet. Sein Schmerz, so unnatürlich er ist, mag
wirklich seyn. Poesien sind seine Gedichte aber
nicht. — — — — — — —.

Ich kann das Zeugs nicht weiter lesen. Betrug,
Lug und Dummheit. Man muß nachdenken wie
man trotzt und dazwischen wirkt. Der Phönix hat
mich wo erwähnt. Taugt doch nichts.

Düsseldorf, Juli.   Ew. Wohlgeboren

Hiebei 1 Mappe mit   ganz gehorsamster

4 Eseln, blauen.   Grabbe.

Aber Heine machte jene «verlorene süsse,
blöde jugendeselei» später durch gedichte wett,
welche «poesien waren», als er auf dem kran-
kenbett in Paris seiner jugend gedachte:

Im traume war ich wieder jung und munter —
Es war das landhaus, hoch am bergesrand,
Wettlaufend lief ich dort den pfad hinunter,
Mit mir mein muntres mühmchen hand in hand.

Ich glaub, am ende brach ich eine blume,
Die gab ich ihr und sprach ganz laut dabei,
Heirathe mich, du allerliebste muhme,
Damit ich fromm wie du und glücklich sei. . . .

und wiederum

> Am strand des Rheins wo rebenhügel ragen
> Ergingen wir uns einst in sommertagen.

Freilich auch diese nachklänge des lieder-
buchs reichen nicht an jenes unvergleichliche
gedicht The Dream, in welchem Lord Byron
seine jugendliebe verherrlichte. Dies Eine poem
wiegt zehn bücher der lieder auf, wie Heines
Bimini sämmtliche orientalische erzählungen
Byrons.

Am 1. mai 1831 passirte der inzwischen
durch die Reisebilder berühmt gewordene vertreter des jungen Deutschlands den Rhein und
schlug seinen wohnsitz in Paris auf, das er nur
einmal, im jahre 1844, zu einer kurzen reise
nach Deutschland wieder verlassen hat. Seine
nächste poetische schöpfung sind die «Neuen
Gedichte» und hier hat er plötzlich allen pla-
tonismus seines jugendliederbuches vergessen
und ist der dichter der sinnlichen liebe geworden. Diese «Neuen Gedichte», welche seine
«wunderschönen weiberverhältnisse» in Paris
in persönlichster sprache und fast so ungenirt
wie Goethes römische elegien schildern —
diese gedichte sind es nun, die ihm den ruf

des unsittlichsten dichters verschafft haben.
Obwohl nun in den gesammten Neuen Gedichten nicht eines vorkommt, das nur entfernt die natürlichkeit des Goethe'schen
Tagebuches erreichte: so fehlt doch diesen
Heine'schen gedichten in der tat jeder schim-
mer jenes ethos, der das Tagebuch verklärt.
Es ist wahr, mitten in diesem bacchanal der
lust hört der dichter einmal die geigen ver-
stummen, die zum tanz der leidenschaft auf-
gespielt, er sieht die lampen erlöschen und:

> Ausgetrunken ist der kelch
> Der mit sinnenrausch gefüllt war,
> Glühend, lodernd bis am rande —
> Ausgetrunken ist der kelch.
>
> Morgen kommt der aschermittwoch
> Und ich zeichne deine stirne
> Mit dem aschenkreuz und spreche:
> Weib, bedenke, dass du staub bist!

Aber wenn der katzenjammer ausgeschlafen,
geht die sache doch wieder von neuem an und
unmittelbar auf das ebencitirte folgt die fast
berüchtigt zu nennende «Diana»:

> Eh ich mich ihr anvertrau
> Gott empfehl ich meine seele.

Es ist äusserst charakteristisch für diese
phase der Heine'schen poesie, dass er in derselben (1836) den «Tanhäuser, eine Legende»
neu bearbeitete und diese tiefsinnige christliche
illustration der idee von schuld und busse mit

einem politisch witzigen kladderradatsch-
schlusse enden lässt. Tieftraurig kehrte der
Tanhäuser des volkslieds, als er keine ver-
gebung gefunden, zum Venusberge zurück:
der pabst hatte ihn verflucht, ewig in der hölle
zu brennen. Kein wort sprach er zu frau
Venus, die ihn empfing. Und am dritten tage
grünt der stab und aus seinen rosen blüht die
hoffnung der erlösung hervor.

Heine's Tanhäuser beschreibt der göttin
dagegen seine rückkehr von Rom wie Heine
selber seine reise nach Deutschland im Wintermärchen beschrieb. Er erzählt: von der höhe
der alpen

> Da hört ich Deutschland schnarchen,
> Es schlief da unten in sanfter hut
> Von sechsunddreissig monarchen.

Da aber eine parodie des wirklich göttlichen und heiligsten künstlerisch unmöglich
ist, so beweist Heine durch diese verhöhnung
vielleicht des herrlichsten christlichen volksliedes, dass ihm allerdings nicht nur der christliche, sondern überhaupt der ethische sinn
abgeht, ohne den keine kunst ist. Jene einzelnen, das bacchanal der sinne schildernden
gedichte wären nur dann erträglich wenn sie
als durchgangspunkt der verschuldung in die
höhere poetische einheit der busse aufgenommen und dadurch nur zum moment herabge-
setzt worden wären. Aber der verfasser der
Neuen Gedichte denkt gar nicht daran, sein
leben und die davon kunde gebenden lieder

als eine verschuldung aufzufassen, obwohl sein leben selbst ihn dazu aufzufordern schien.

Im jahre 1848 erreichte Heine's rückenmarksleiden einen solchen grad, dass er die krankenstube nicht mehr zu verlassen vermochte. Seinen letzten ausgang, auf dem er sich vor der Venus von Milo niederwarf, schildert das meisterhaft geschriebene Nachwort zum Romanzero (1851).

Die persönlichen gedichte des «Romanzero» und die von 1852 bis 1856 entstandenen «Letzten Gedichte» sind die sterbeseufzer des poeten. In einem dieser wunderschönen, tiefsinnigen, rührenden gedichte zweifelt er, ob er wirklich noch am leben:

Vielleicht bin ich gestorben längst,
Es sind vielleicht nur spukgestalten
Die phantasien, die des nachts
Im hirn den bunten umzug halten.

Es mögen wohl gespenster sein
Altheidnisch göttlichen gelichters,
Sie wählen gern zum tummelplatz
Den schädel eines todten dichters.

Die schaurigsüssen orgia,
Dies nächtlich tolle geistertreiben
Sucht des poeten leichenhand
Manchmal am morgen aufzuschreiben.

Allein vergebens würde man in diesen geistreichen klagen nach irgend einem ethischen moment suchen. Wie die aphrodisien der Neuen Gedichte in ihrer vereinzelung geblieben sind, so sind diese Lazarus-gedichte von keinem

18*

bande der künstlerischen einheit umflochten
und in die ethische sphäre der kunst erhoben.
Wir erfahren aus diesen gedichten nicht den
grund seiner leiden, wie wir aus den Neuen Gedichten nicht die folgen seines liebeswahnsinns
erfuhren. Das fragmentarische der persönlichen
lyrik kann aber nur dann zu einer höheren bedeutung erhoben werden, wenn es eine ethische
idee ausspricht, oder die ethische fortentwick-
lung des dichters, wie bei Goethe, ihr spätes
licht auf jene früheren schöpfungen zurückwirft
und sie dadurch aus ihrer unsittlichen vereinzelung gleichsam erlöst.

Was Heine in seiner episch-lyrischen dichtung so tief begriffen hatte, das fehlt den übrigen
lyrischen gedichten seiner reifsten jahre.   Er
hat die lust besungen und sie scheint allein
recht zu haben, er hat darnach das leiden besungen, als wenn nur er, der kranke, allein auf
der welt existirte.

Selten nur erhebt sich dieser persönlichste
pessimismus zu einem allgemein - gültigen und
echt poetischen aperçu: so in der Erinnerung
an Hammonia, wo er die gut gepflegten waisen-
kinder Hamburgs mit dem grossen waisenhaus,
der w e l t, vergleicht:

> Die montur ist nicht egal,
> Manchem fehlt das mittagsmahl,
> Keiner geht dort mit dem andern,
> Einsam, kummervoll dort wandern
> Viel millionen waisenkinder.

oder in dem gedichte:

> Lasst die heilgen parabolen!

Das einzige positive und beinahe bis zur
versöhnung durchgedrungene element dieser
Letzten Gedichte ist in den versen zu finden,
die er seiner frau gewidmet hat. Diese in form
und inhalt echt modernen, den feinsten realismus heiter widerstrahlenden, köstlich geschlif-
fenen venetianischen lebensspiegel sind zugleich die erste verherrlichung der ehe in der
deutschen poesie.

Mathilde Mirat war lange zeit die geliebte
des dichters gewesen, ehe er sie vor dem
pistolenduelle (wegen der von ihm beleidigten
freundin Börnes) heiratete. Sie war, wie
persönliche bekannte des dichters berichten,
eine pariser grisette (wenn auch vielleicht im
bessten sinne des wortes). Vor allem aber
war sie, wie ihr mann 1843 an seinen bruder
schrieb, «ein gutes, natürliches, heiteres
kind, launisch wie nur irgend eine französin
sein kann und sie erlaubt mir nicht in me-
lancholische träume, wozu ich so viel anlage
habe, zu versinken. Seit 8 jahren liebe ich
sie mit einer zärtlichkeit und leidenschaft, die
ans fabelhafte grenzt. Ich habe seitdem
schrecklich viel glück genossen, qual und selig-
keit in entsetzlichster mischung, mehr als meine
sensible natur ertragen konnte. Werde ich
jetzt die nüchterne bitterniss des bodensatzes
schlucken müssen? Wie gesagt, mir graut
vor der zukunft.»

Sie war mir weib und kind zugleich
Und geh ich in das schattenreich,

Wird witwe sie und waise sein!
Ich lass in dieser welt allein
Das weib, das kind, das trauend meinem mute
Sorglos und treu an meinem herzen ruhte.

Und wie zu diesen rührendsten gefühls-
lauten, so gab ihm diese ehe auch zu den
ergötzlichsten ausbrüchen eines optimistischen
humors anlass:

Mich locken nicht die himmelsauen
Im paradies, im selgen land;
Ich finde dort nicht schönre frauen
Als ich bereits auf erden fand.

O herr! ich glaub es wär das besste
Du liessest mich auf dieser welt.

Geniren wird das weltgetreibe
Mich nie, denn selten geh ich aus;
Im schlafrock und pantoffeln bleibe
Ich gern bei meiner frau zu haus.

Lass mich bei ihr! Hör ich sie schwätzen
Trinkt meine seele die musik
Der holden stimme mit ergötzen,
So treu und ehrlich ist der blick ...

Seltsam aber und tiefbezeichnend ist es,
dass auch diese längste und treueste liebe
gegen das ende seines lebens des dichters herz
nicht allein auszufüllen vermochte. In den
träumen seiner krankenstube gedenkt er nicht
nur, wie wir schon erinnert, seiner jugendliebe,
sondern es findet sich auch ein ausruf wie der
folgende:

Besonders eine feuergelbe
Viole brennt mir im gehirn,
Wie reut es mich, dass ich dieselbe
Nicht einst genoss, die tolle dirn.

Und in jenem reizenden gedichte des Romanzero seufzt er:

Noch einmal möcht ich vor dem sterben
Um frauenhuld beseligt werben.

Und eine blonde müsst es sein
Mit augen sanft wie mondenschein,
Denn schlecht bekommen mir am ende
Die wildbrünetten sonnenbrände.

Unjung und nicht mehr ganz gesund
Wie ich es bin zu dieser stund
Möcht ich noch einmal lieben, schwärmen
Und glücklich sein — doch ohne lärmen.

Diesen wunsch gewährte ihm das schicksal. Madame Krinitz hiess die mysteriöse frau, welche der sterbende Heine liebte und der gegenüber Mathilde nur das «gute dicke kind» war, seine treue pflegerin. Er nannte diese letzte geliebte «seine Mouche» und einige auf das verhältniss licht werfende briefe sind aufbehalten worden von denen ich folgenden einschalte:

1. jänner 1856.

Liebes kind!

Ich gratulire dir zum neuen jahre und schicke dir anbei eine schachtel chocolade — die wenigstens de bon goût ist. Ich weiss sehr gut, dass es dir nicht ganz recht ist, wenn ich dergleichen convenienzen beobachte, aber es geschieht auch unserer äusseren umgebung wegen, die in der nichtbeachtung der üblichen aufmerksamkeit einen mangel an wechselseitigem estime sehen würde. Ich liebe dich so sehr, dass ich für meine person gar nicht nöthig hätte, dich zu estimiren. Du bist meine liebe Mouche, und ich fühle minder meine schmerzen, wenn ich an deine zierlichkeit, an die anmut deines geistes denke. Leider kann ich nichts für dich tun, als dir solche worte, «gemünzte luft» sagen. Meine besten wünsche zum neuen jahre, ich spreche sie nicht aus — worte!

Ich bin vielleicht morgen im stande, meine Mouche zu sehen, dann lasse ich es ihr wissen. Jedenfalls aber kommt sie übermorgen zu ihrem

Nebukadnezar II.,

ehemaliger preussischer atheist, jetzt lotosblumenanbeter.

Das berühmte gedicht

Es träumte mir von einer sommernacht *)

ist «An die Mouche» überschrieben. Das ergreifendste ist aber wol «Die Wahlverlobten»:

Im grossen buche stand geschrieben
Wir sollten uns einander lieben.
Ich weiss es jetzt. Bei Gott, du bist es,
Die ich geliebt. Wie bitter ist es,
Wenn im momente des erkennens
Die stunde schlägt des ewgen trennens!
Der willkomm ist zu gleicher zeit
Ein lebewohl! Wir scheiden heut
Auf immerdar.

---

*) Der schluss dieses gedichtes ist nur durch zusammenhalten eines briefes von H. Heine an Alexander Dumas père vom 8. februar 1855 richtig zu verstehen. Das widerwärtigst-prosaische der wirklichkeit stellte sich ihm im wiehern des esels dar und darum weckt ihn dies geschrei aus seinem sublimsten traume. Das ist keine cynische schlusspointe!

Mit solchen tiefsten, unversöhnten schmer-
zensklängen zerreisst die saite des liebes-
dichters.

Heinrich Heine starb am 18. februar 1856.
Wenn wir bei aller anerkennung der zahlreichen und ausserordentlichen detailschön-
heiten, die in den «Neuen Gedichten», im lyrischen teil des «Romanzero» und den «Letzten
Gedichten» enthalten sind, doch ihnen die
höchste weihe der kunst, die künstlerische
einheit durch zusammenfassung des vereinzelten unter eine ethische idee, absprechen,
wenn wir sagen müssen, dass der dichter hier
vergessen, «dass die welt eine moralische
bedeutung hat»: so erscheint die berechtigung
hiezu um so grösser, wenn wir Heine als politische persönlichkeit betrachten und auch hier
und leider in noch unendlich höherem grade
finden, dass ihm jeder ethische sinn abging.
Heine hat öfter ausgesprochen, dass er seine
politische tätigkeit, die arbeit für die mensch-
heitsbefreiung als seine eigentliche mission an-
sehe. Deshalb ging er nach der Juliusrevolution
nach Paris, um von diesem lande der eben
blutig erworbenen freiheit aus zum bessten
seiner landsleute als publicist zu wirken. Seine
in dem damaligen weltblatte, der Allgemeinen
Zeitung, zuerst veröffentlichten politischen berichte gab er nachher in verschiedenen bänden
gesammelt heraus, zuerst 1832 die «Französischen Zustände». In diesem buche heisst es in der
vorrede: «Als alle könige von Europa sich gegen
den Napoleon zusammenrotteten und der mann

des volkes in dieser fürsten-emeute unter-
lag und der preussische esel dem ster-
benden löwen die letzten fusstritte
gab: da bereute er zu spät die unterlassungs-
sünde (Preussen nicht zertreten zu
haben).» — und im texte unterm 1. märz 1831:
«Sollte sich jedoch das entsetzliche begeben
und Frankreich ginge verloren durch leichtsinn
und verrat und die potsdämische junker-
sprache schnarrte wieder durch die strassen
von Paris, und **schmutzige teutonenstiefel be-
fleckten** wieder **den heiligen boden der boule-
vards** . . .»

Nachdem ein buch, in welchem solche
stellen über Deutschland und über des verfassers specielles vaterland Preussen enthalten
waren, auch zu Paris in französischer sprache
erschienen war (De la France. Par Henri
Heine), erhielt Heine eine geheime pension
aus französischem staatsfonds in höhe von
jährlich 4800 francs. Bis zum 6. mai 1843
fuhr er darauf fort politische artikel in der
Augsburger Zeitung zu schreiben, von diesem
zeitpunkte an legte er die politische feder
nieder, deren führung er sonst als die haupt-
aufgabe seines lebens betrachtet hatte.

Erst im jahre 1848 erschien ein dies ver-
stummen erklärender anonymer artikel in der
selben Allgemeinen Zeitung, welcher darauf
aufmerksam machte, dass ein pariser journal,
die «Revue Rétrospective» Heine als empfänger
einer pension aus französischem staatsfonds genannt habe. Die redaktion der Augsburger

Zeitung begleitete diesen artikel mit einer note:
«Heine könne die pension in keinem falle für
das was er geschrieben, sondern nur für das
was er nicht geschrieben empfangen haben.»
In der beilage der Allgemeinen Zeitung
vom 23. mai 1848 erliess Heine darauf eine
öffentliche erklärung, worin er die tatsache,
seit «bald nach 1835» eine pension bezogen zu
haben, zugestand, gegen die redaktionelle note
aber behauptete: «Die redaktion hatte seit
zwanzig jahren nicht sowohl durch das was sie
von mir druckte, als vielmehr durch das was
sie nicht druckte, hinlänglich gelegenheit
zu merken, dass ich nicht der servile schriftsteller bin, der sich sein stillschweigen bezahlen
lässt». Diese behauptung begründete Heine
in einer der «Lutetia» einverleibten «Retrospectiven Aufklärung. August 1854» durch
einen witz, nämlich damit, dass der censor der
Augsburger Zeitung schon vor antritt des
ministeriums Guizot (29. november 1840) von
Louis Philipp zum officier der ehrenlegion
ernannt und deshalb jedes von Heine geschriebene missliebige wort gegen den bürger-
könig gestrichen hätte! Dies unterdrücken
Heine'scher freimütiger äusserungen über die
julimonarchie könnte sich aber höchstens nur
auf seine artikel vor 1843 beziehen, denn
Heine räumt in dieser «Retrospectiven Aufklärung» selbst ein, dass er von 1844 an (genauer: 6. mai 1843) seine politische correspondenz ganz eingestellt habe. Und warum?
Er musste sich, wie er selbst sagt, anno 1844

gestehen, dass, wenn herr Guizot von seiner correspondenz erführe und die darin enthaltene kritik ihm einigermassen missfiele, der leidenschaftliche mann wohl fähig gewesen wäre, dem unbequemen kritiker in einer sehr summarischen weise das handwerk zu legen. Guizot würde nämlich, mit andern worten, Heine die pension entzogen, vielleicht auch ausgewiesen haben. Heine schwieg und behielt seine 5000 francs. Das nannte eben die wohlunterrichtete redaktion der Augsburger Zeitung vollkommen zutreffend: er hat die pension empfangen für das was er nicht schrieb. —

Und deshalb sagte ich in der ersten auflage dieser studien und wiederhole es hier: Heine, der sich das schweigen in seiner heiligsten angelegenheit, als politischer redner, bezahlen liess*) und der sein vaterland vor den franzosen in deren eigener sprache beschimpfte — besass keinen funken deutsches ehrgefühl, und verdiente vollkommen die öffentliche züchtigung, die ihm ein ächter patriot wie Wolfgang Menzel zu teil werden liess.

---

*) Dass Heinen durch die sogenannte proscription des bundestages sein erwerb abgeschnitten und er deshalb auf die französische pension angewiesen gewesen, um nicht zu verhungern, ist eine aberwitzige behauptung. Erstens publicirte Heine auch nach 1835 fortwährend in Deutschland seine bücher, in denen er sich nur einer etwas vorsichtigeren sprache bediente, zweitens wurde er nach wie vor von seiten seines onkels Salomon durch eine ansehnliche pension unterstützt.

Verschiedene journale und zeitungen haben
diesen tatsachen gegenüber Heine dadurch als
guten Deutschen zu reklamiren versucht, dass
sie mit viel emphase vorbrachten: er habe
sich ja nicht naturalisiren lassen. Allein Heine
selbst teilt uns (1854) mit: «Aus missmütiger
fürsorge erfüllte ich die formalitäten
(der naturalisation), die zu nichts ver-
pflichten und uns doch in den stand setzen,
nötigenfalls die rechte der naturalisation ohne
zögerniss zu erlangen. Aber ich hegte immer
eine unheimliche scheu vor dem definitiven
akt». Diese scheu hielt Heine jedoch nicht ab
in dem nämlichen jahre 1854 in den ebenfalls
in französischer sprache publicirten «Ge-
ständnissen» folgende erklärung über seine
staatsangehörigkeit zu geben:

«Chateaubriand .... brachte eine flasche
wasser aus dem Jordan mit .... und seine im
laufe der revolution wieder heidnisch gewordenen landsleute taufte er ..... und die be-
gossenen Franzosen wurden jetzt wahre
Christen .... bekamen im reich des himmels
ersatz für die eroberungen, die sie auf erden
einbüssten, worunter z. b. die Rheinlande,
und bei dieser gelegenheit wurde ich ein
Preusse. —

«Ich habe oben erwähnt, bei welcher trau-
rigen (!!) gelegenheit ich ein Preusse wurde.
Ich war geboren im letzten jahre des vorigen
jahrhunderts zu Düsseldorf, der hauptstadt
des herzogthums Berg, welches damals den
kurfürsten von der Pfalz gehörte. Als die

Pfalz dem hause Bayern anheimfiel und der
bayrische fürst Maximilan Josef vom **Kaiser** (!)
zum könig von Bayern erhoben .... wurde,
hat der könig von Bayern das herzogtum
Berg zu gunsten Joachim Murat's, schwagers
des kaisers, abgetreten; diesem letztern ward
nun .... als grossherzog von Berg gehuldigt.
Aber ... derselbe entsagte der souveränetät ...
zu gunsten des prinzen François, welcher ein
neffe des kaisers und ältester sohn des königs
Ludwig von Holland und der schönen königin
Hortense war. Da derselbe nie abdicirte und
sein fürstentum, d a s v o n d e n P r e u s s e n
okkupirt ward,(!) nach seinem ableben
dem sohne des königs von Holland, dem
prinzen Louis Napoleon Bonaparte **de jure**(!!!)
zufiel: so ist letzterer, welcher jetzt auch kaiser
der Franzosen ist, **mein legitimer souverän.**»

Hiermit halte man zusammen, dass Heine
sich St. René Taillandier gegenüber in einem
briefe im jahre des staatsstreichs seiner «Beiden
Grenadiere» als eines gedichtes auf Napoleon
rühmte und zugleich berichtete: sein geburtsdatum sei früher falsch angegeben, «in folge
eines absichtlichen irrtums, den man zu
meinen gunsten während der preussischen invasion beging, um mich dem
dienste Sr. Majestät des königs von Preussen
zu entziehen»! —

Jeder kommentar würde das gewicht solcher
«Confession» nur abschwächen. Solche worte,
die ein Deutscher in einem französischen journal
und an Franzosen über sein vaterland zu

schreiben vermochte, machen uns eine bisher
noch nicht bekannt gewordene äusserung des
alten Arago verständlich, die der berühmte
freund Alexander von Humboldt's zu Julius
Froebel tat: «der einzige in Paris lebende
Deutsche, den wir respektirten, war herr Börne.»

Was helfen diesen tatsachen gegenüber all
die schönen sehnsuchtsklagen nach Deutschland:

> O Deutschland meine ferne liebe!

oder:

> Denk ich an Deutschland in der nacht.

Was hilft die schöne Rotbart-episode in
jenem «Wintermärchen», das übrigens durch
die gleichzeitigen, pöbelhaftesten schmähungen
nicht nur Preussens und seiner könige, sondern
auch Deutschlands ein poetisches denkmal
vaterlandsloser schamlosigkeit darstellt, wie es
wol unter allen nationen ohne beispiel ist.

In dem bekannten gedicht: «Die schle-
sischen Weber» lässt er diese, sich mit ihnen
identificirend, Gott und den könig und endlich
das vaterland selbst verfluchen:

> Deutschland, wir weben dein leichentuch,
> Wir weben hinein den dreifachen fluch.
> Wir weben, wir weben!

Hiermit war Heine bei der negirung alles
staates und damit aller sittlichkeit, die nur im
staate möglich, hiemit war er bei der kommune
angelangt.

Ueber den bevorstehenden sieg derselben lässt er sich denn auch in den «Französischen Zuständen» also vernehmen:

«Der kommunismus ist der düstre held, dem eine grosse rolle in der modernen tragödie beschieden ist und der nur des stichworts harrt, um auf die bühne zu treten ....

«Für den kommunismus ist es ein unberechenbar günstiger umstand, dass der feind, den er bekämpft, bei all seiner macht dennoch in sich selber keinen moralischen halt besitzt. Die heutige gesellschaft verteidigt sich nur aus platter notwendigkeit, ohne glauben an ihr recht, ja ohne selbstachtung».

Wenn Heines politischer schriftstellerei, wie seinen politischen gedichten somit jedes ächte nationale und ethische gefühl abgesprochen werden muss, so werden wir uns zwar nicht gegen den glänzenden witz verschliessen, der auch diese erzeugnisse auszeichnet. Allein auch der witz soll nur im dienste einer ethisch bedeutsamen idee stehen. Wir verlangen allerdings ein talent u n d einen charakter.

Heine ist ein renegat seiner religion; ein renegat Deutschlands, wo er geboren, und das er im selbstgewählten exil wie Petrus verleugnet hat; er wurde auch zum renegaten der poesie, indem er das ewige ethos der kunst verriet; aber in seinen höchsten hervorbringungen schuf er doch, über ihn selbst hinausweisende, meisterwerke, so dass jene verse

auch für ihn wahr sind, mit denen er
von der Mouche und vom leben abschied
nahm:

> . . . . Kein wiedersehn
> Giebt es für uns in himmelshöhn.
> Die schönheit ist dem staub verfallen,
> Du wirst verstieben, wirst verhallen.
> Viel anders ist es mit poeten,
> Die kann der tod nicht gänzlich tödten;
> Uns trifft nicht weltliche vernichtung,
> Wir leben fort im land der dichtung,
> In Avalun, dem feenreiche —
> Leb wohl auf ewig, schöne leiche!

ERRATA:

p. 104 z. 23 v. o. lies: der Apostelgeschichte
,, 136 ,, 7 ,, ,, ,, 1798
,, 240 ,, 1 ,, ,, ,, 1817

Druck von W. Drugulin in Leipzig.